연구보고서 2025-11

가정외보호 경계선지능아동 지원체계 진단 및 내실화 방안 연구

임성은
이은주·박현숙·이주민·민구홍

KOREA INSTITUTE FOR HEALTH AND SOCIAL AFFAIRS

연구진

연구책임자	**임성은**	한국보건사회연구원 부연구위원
공동연구진	**이은주**	청주교육대학교 교육학과 교수
	박현숙	경계선지능연구소 느리게 크는 I(아이) 소장
	이주민	한국보건사회연구원 연구원
	민구홍	한국보건사회연구원 연구원

연구보고서 2025-11

가정외보호 경계선지능아동 지원체계 진단 및 내실화 방안 연구

발 행 일	2025년 3월
발 행 인	신 영 석
발 행 처	한국보건사회연구원
주 소	[30147]세종특별자치시 시청대로 370
	세종국책연구단지 사회정책동(1~5층)
전 화	대표전화: 044)287-8000
홈페이지	http://www.kihasa.re.kr
등 록	1999년 4월 27일(제2015-000007호)
인 쇄 처	㈜정인애드

16,000원

ⓒ 한국보건사회연구원 2025
ISBN 979-11-7252-090-8 [93330]
https://doi.org/10.23060/kihasa.a.2025.11

발|간|사

경계선지능은 지적장애에 해당하지 않으나 평균 지능보다 낮은 인지능력으로 인하여 다양한 어려움이 발생할 수 있어 사회적 도움이 요구된다. 특히 최근에는 경계선지능으로 의심되거나 진단받는 가정외보호 아동이 증가하는 것으로 나타났다. 이들 아동은 상대적으로 성장환경이 취약하며, 성인기 자립이나 안정적인 경제활동에서도 어려움을 경험할 가능성이 높다. 그럼에도 가정외보호 경계선지능아동을 위한 장기적 관점의 전문적 보호·지원체계는 여전히 불안정하고 제한적인 상황이다.

이러한 문제의식을 바탕으로 본 연구는 가정외보호 경계선지능아동을 위한 지원 정책 현황과 지원체계 전반을 진단하여 실질적인 지원 강화 및 지원체계 개선 방안을 모색하고자 하였다. 또한 아동보호치료시설(나형)이 경계선지능아동을 위해 기능할 수 있는지 그 가능성도 함께 검토하였다. 본 연구의 결과가 경계선지능아동이 사회구성원으로서 삶의 질을 향상할 수 있도록 다층적이고 체계적인 지원 강화에 기여하기를 기대한다.

본 연구는 본원의 임성은 부연구위원의 책임으로 이주민 연구원, 민구홍 연구원과 청주교육대학교 교육학과 이은주 교수, 경계선지능연구소 느리게 크는 I(아이) 박현숙 소장이 참여하였다. 연구 과정에서 귀중한 조언을 해주신 본원의 이민경 부연구위원과 경기도여성가족재단의 전민경 연구위원께 깊은 감사의 뜻을 표한다. 마지막으로 이 보고서에 포함된 모든 내용은 연구진의 의견으로, 본원의 공식적인 견해가 아님을 밝힌다.

2025년 3월
한국보건사회연구원 원장
신 영 석

목 차

요 약 ·· 1

제1장 서론 ··· 7
제1절 연구의 배경 및 목적 ··· 9
제2절 연구의 내용 및 방법 ·· 15

제2장 이론적 배경 ··· 19
제1절 경계선지능의 개념 ··· 21
제2절 경계선지능 진단 도구 ·· 25
제3절 경계선지능아동·청소년의 특성 및 지원 욕구 ··············· 36
제4절 경계선지능아동·청소년 개입 및 지원 효과 ·················· 57

제3장 보호체계별 경계선지능 진단 및 지원체계 ··············· 61
제1절 아동보호체계 ··· 63
제2절 청소년보호체계 ·· 96
제3절 요약 및 시사점 ·· 102

제4장 경계선지능 진단 및 지원체계 주요 쟁점 ·············· 107
제1절 FGI 개요 ··· 109
제2절 주요 분석 결과 ·· 116
제3절 요약 및 시사점 ·· 163

제5장 아동보호치료시설의 기능 탐색 ·········· 169
제1절 아동보호치료시설 일반 개요 ·········· 171
제2절 아동보호치료시설 설문조사 방법 및 분석 결과 ·········· 179
제3절 요약 및 시사점 ·········· 222

제6장 결론 ·········· 225
제1절 연구 결과 종합 ·········· 227
제2절 정책 제언 ·········· 232

참고문헌 ·········· 243

부록 ·········· 253
[부록 1] 아동보호치료시설 설문조사 ·········· 253
[부록 2] 국가기초학력지원센터 느린 학습자 선별 체크리스트(초등학생) ······ 265
[부록 3] 국가기초학력지원센터 느린 학습자 선별 체크리스트(중학생) ········ 268

Abstract ·········· 271

표 목차

〈표 1-1-1〉 연구의 범위 ·· 14
〈표 1-1-2〉 정책 포럼의 구성·운영 ·· 17
〈표 2-2-1〉 초등학년별 경계선지능 선별 체크리스트 ···································· 26
〈표 2-2-2〉 초등학년별 경계선지능 선별 집단군 점수 구간 ·························· 27
〈표 2-2-3〉 중학생 경계선지능 선별 체크리스트 ·· 29
〈표 2-2-4〉 아동권리보장원의 경계선지능아동 선별 체크리스트 ···················· 30
〈표 2-2-5〉 종합심리검사의 구성(사례) ··· 35
〈표 3-1-1〉 보호대상아동 보호조치 현황(2020~2023) ································· 64
〈표 3-1-2〉 아동양육시설·공동생활가정·전문가정위탁 보호아동 현황(2022) ···· 64
〈표 3-1-3〉 아동양육시설 및 공동생활가정 경계선지능아동 분포가 제시된 연구 ············ 66
〈표 3-1-4〉 보호조치 초기단계의 경계선지능아동 발견 및 진단 ···················· 71
〈표 3-1-5〉 보호조치 이후 양육 과정에서의 경계선지능아동 지원 ················ 72
〈표 3-1-6〉 자립 준비 단계의 경계선지능아동 지원 ····································· 73
〈표 3-1-7〉 시설에서의 보호단계별 경계선지능아동 발견 절차와 지원 내용 ···· 75
〈표 3-1-8〉 보호대상아동 보호조치 전 심리검사 절차 ·································· 76
〈표 3-1-9〉 아동서비스 보호조치 매뉴얼 서식 4 욕구조사표 예시 ················ 77
〈표 3-1-10〉 경계선지능아동 맞춤형 사례관리서비스 업무 흐름도 ················ 81
〈표 3-1-11〉 경계선지능아동 맞춤형 사례관리서비스 사업 추진체계 및 역할 ·········· 86
〈표 3-1-12〉 전문가정위탁사업의 법적 근거 ··· 87
〈표 3-1-13〉 전문위탁가정의 기준 ·· 90
〈표 3-1-14〉 경계선지능아동 보호·양육에 따른 지원 사항 비교 ···················· 94
〈표 4-1-1〉 FGI 참여자 집단별 선정 기준 ··· 110
〈표 4-1-2〉 FGI 참여자 일반 특성 ··· 112
〈표 4-1-3〉 아동보호전담요원 질의 내용 ·· 113
〈표 4-1-4〉 아동양육시설과 공동생활가정 질의 내용 ·································· 114
〈표 4-1-5〉 전문위탁가정 질의 내용 ··· 115
〈표 4-1-6〉 중장기 청소년쉼터 질의 내용 ··· 115

〈표 5-1-1〉「아동복지법」상 아동보호치료시설의 유형 및 정의 ·················· 172
〈표 5-1-2〉 아동보호치료시설 현황(2023.12.31. 기준) ··························· 174
〈표 5-1-3〉 아동보호치료시설 종사자의 직종·수 및 배치 기준 ············· 176
〈표 5-1-4〉 아동복지시설 종사자의 자격 기준 ······································· 177
〈표 5-2-1〉 아동보호치료시설 현황 ·· 179
〈표 5-2-2〉 아동보호치료시설 운영 기간 ·· 180
〈표 5-2-3〉 아동보호치료시설 조직(운영) 형태: 회사 이외 법인 ············ 181
〈표 5-2-4〉 아동보호치료시설 종사자 배치 기준 ···································· 182
〈표 5-2-5〉 아동보호치료시설 종사자 수 ·· 183
〈표 5-2-6〉 아동보호치료시설 종사자 현황: 성별 ·································· 184
〈표 5-2-7〉 아동보호치료시설 종사자 현황: 직종 ·································· 185
〈표 5-2-8〉 아동보호치료시설 종사자 현황: 연령대 ······························· 186
〈표 5-2-9〉 아동보호치료시설 종사자 현황: 현 기관 근무 기간 ············ 187
〈표 5-2-10〉 아동보호치료시설 종사자 현황: 사회복지 분야 총 경력 기간 ················ 188
〈표 5-2-11〉 아동보호치료시설 종사자 현황: 자격증(중복응답) ············· 189
〈표 5-2-12〉 아동보호치료시설의 보호아동 현황 ··································· 190
〈표 5-2-13〉 아동보호치료시설 보호아동 현황: 성별 ····························· 191
〈표 5-2-14〉 아동보호치료시설 보호아동 현황: 연령대 ························· 192
〈표 5-2-15〉 아동보호치료시설 보호아동 현황: 학령기 ························· 193
〈표 5-2-16〉 아동보호치료시설 보호아동 현황: 보호자 여부 ················ 194
〈표 5-2-17〉 아동보호치료시설 보호아동 현황: 입소 의뢰기관 ············· 195
〈표 5-2-18〉 아동보호치료시설 보호아동 현황: 평균 입·퇴소 기간 ······ 196
〈표 5-2-19〉 아동보호치료시설 종사자 1인당 보호아동 수 ··················· 197
〈표 5-2-20〉 아동보호치료시설 경계선지능아동 현황 ···························· 199
〈표 5-2-21〉 경계선지능 주된 진단 시기(중복응답) ······························· 200
〈표 5-2-22〉 경계선지능 주된 진단기관 ·· 201
〈표 5-2-23〉 경계선지능 주된 진단 심리검사(중복응답) ························ 202

〈표 5-2-24〉 경계선지능 진단 비용 부담 주체 및 회당 평균 비용 ·················· 203
〈표 5-2-25〉 경계선지능 진단 시 우선 제공 프로그램: 종합 ······················· 203
〈표 5-2-26〉 경계선지능 의심 시 우선 제공 프로그램: 종합 ······················· 204
〈표 5-2-27〉 경계선지능 진단·의심 아동 보호의 어려움 ···························· 205
〈표 5-2-28〉 경계선지능 진단·의심 아동 보호 어려움 이유(중복응답) ··········· 207
〈표 5-2-29〉 경계선지능아동 맞춤형 사례관리서비스 인지 정도 ·················· 208
〈표 5-2-30〉 경계선지능아동 맞춤형 사례관리서비스 도움 정도 ·················· 209
〈표 5-2-31〉 경계선지능아동 맞춤형 사례관리서비스 지원 필요 정도 ··········· 210
〈표 5-2-32〉 경계선지능아동 대상 자체 운영 프로그램 ······························ 211
〈표 5-2-33〉 경계선지능아동 대상 자체 운영 프로그램: 주 대상자 ·············· 212
〈표 5-2-34〉 경계선지능아동 대상 자체 운영 프로그램: 회당 이용 아동 수 ··· 213
〈표 5-2-35〉 경계선지능아동 대상 자체 운영 프로그램: 주당 제공 주기 ······· 214
〈표 5-2-36〉 경계선지능아동 대상 자체 운영 프로그램: 회당 제공 시간 ······· 215
〈표 5-2-37〉 아동보호치료시설의 전문 기능 수행 정도 ······························ 216
〈표 5-2-38〉 아동보호치료시설의 전문 기능 강화 필요 정도 ······················ 217
〈표 5-2-39〉 아동보호치료시설의 전문 기능 강화 우선순위: 종합 ················ 218
〈표 5-2-40〉 경계선지능아동 보호 및 지원 시 가장 큰 어려움 ···················· 219
〈표 5-2-41〉 경계선지능아동 대상 자체 프로그램 운영 필요 사항(전체) ······· 219
〈표 5-2-42〉 경계선지능아동 대상 효과적인 진단 및 지원을 위한 필요사항(전체) ······· 220

그림 목차

[그림 1-2-1] 연구 수행체계 ·· 18
[그림 2-3-1] 가정외보호 경계선지능아동의 어려움 ·· 37
[그림 2-3-2] 가정외보호 경계선지능아동의 발달 지원 욕구 ······························ 39
[그림 3-1-1] 「아동복지법」 내 경계선지능아동 지원 범위 ································ 70
[그림 3-1-2] 아동보호조치 단계 활용 서식 9 아동 상황 점검표 ······················ 77
[그림 3-1-3] 가정위탁 유형 ·· 89
[그림 3-1-4] 전문가정위탁 보호 절차(중장기 보호) ·· 92
[그림 6-2-1] 가정외보호 경계선지능아동 지원 관련 정책 제안 ······················ 233

요약

1. 연구의 배경 및 목적

최근 보호대상아동 중 경계선지능으로 의심되거나 진단받는 아동의 비율이 증가하고 있으나, 이들을 위한 진단 및 지원체계는 미비하고 지자체 및 보호체계별 편차가 심각한 상황이다. 특히 경계선지능은 지적장애로 분류되지 않아, 경계선지능아동은 사회적 보호가 필요함에도 기존 복지체계에서 제외되는 사각지대에 놓여 있으며, 전문위탁가정을 포함한 위탁가정, 또는 소규모 공동생활가정에서의 보호에 한계가 있어 대규모 시설보호에 집중되는 경향이 있다.

또한 경계선지능 관련 법령이 부재하여 지원체계 구축에도 한계를 보인다. 경계선지능아동은 낮은 인지기능 외에도 정서적 불안정, 공격성, ADHD, 사회 적응 문제, 학습 부진 등 다층적인 어려움을 겪는다. 성인이 되어서도 진학이나 취업이 어려워 성인기 자립이나 안정적인 경제활동이 쉽지 않다. 그러나 이들을 위한 국가 차원의 법적 정의, 지원 정책, 통합적 서비스 제공 시스템은 미흡하며, 비영리 민간단체를 통한 지원이나 특정 정부 지원 사업에만 의존하고 있는 실정이다.

무엇보다 같은 연령대라도 아동과 청소년은 주무부처별로 보호체계가 상이하다. 따라서 본 연구에서는 가정외보호 경계선지능아동 진단 및 지원의 실태와 체계를 청소년 영역까지 확대하여 종합적으로 파악하고자 한다. 또한 정서적·행동적 어려움을 겪는 아동을 보호·치료하는 목적의 아동보호치료시설(나형)이 경계선지능아동을 위한 기능을 할 수 있을지 그 가능성도 함께 검토한다. 종합하면, 본 연구는 가정외보호를 받는 경계선지능아동·청소년을 위한 지원 정책 현황과 지원체계 전반을 분석하여 그 실태를 진단하고, 실질적인 지원 강화 및 지원체계 개선 방안 모색을 주요 목적으로 삼는다.

2. 주요 연구 내용

가. 가정외보호 경계선지능아동·청소년 지원 욕구

가정외보호 경계선지능아동·청소년은 본인의 기저에 존재하는 인지적 특성으로 인한 학습, 사회적 상호작용, 그리고 적응적 행동의 어려움뿐만 아니라, 원가정에서의 경험과 그로부터 분리되는 과정에서의 어려움, 분리 후 보호체계라는 특수한 환경에서의 생활로 인한 어려움까지 복합적으로 중첩된 어려움에 직면한다. 이처럼 경계선지능아동·청소년은 다양한 특성과 지원 욕구를 갖고 있고, 가정외보호를 받을 경우에는 그 취약성이 더 높아 조기 개입과 다층적 지원이 요구된다.

나. 보호체계별 경계선지능 진단 및 지원체계

보호체계별 경계선지능 진단 및 지원체계 실태를 살펴보면, 아동보호체계에서는 아동양육시설, 공동생활가정, 전문위탁가정을 중심으로 경계선지능아동의 보호가 이루어지나 진단 및 지원 절차는 비표준적이다. 종사자의 역량 강화가 요구되나 인력 부족이 심각한 상황이다. 또한 청소년쉼터 및 자립지원관에서 보호되는 청소년보호체계 내 경계선지능청소년 역시 유사한 어려움을 겪고 있으나, 소관부처 복지체계와의 연계가 부족하며 진단 및 지원은 더욱 미흡한 실정이다. 양 체계 모두에서 경계선지능아동·청소년은 자립 준비, 학교적응, 사회참여 등 다차원 영역에서 장기적 취약성을 보이고 있다.

이를 위해 정책적으로 가정외보호 경계선지능아동·청소년을 위한 별도의 분리된 지원체계가 아닌 통합적 환경 내에서의 맞춤형 지원 마련, 시설 내 체계적인 행동지원 프로그램 도입, 경계선지능아동·청소년의 특성과 욕구 반영을 위한 다양한 조사·진단 도구들의 정교화, 개별보호·관리계획의 법적 역할과 기능 구체화, 보호·양육(입소)-보호종료(퇴소)-자립단계까지 아동·청소년의 경계선지능 특성과 요구에 맞는 연속적이고 체계적인 지원체계 마련 등이 모색될 필요가 있다.

다. 경계선지능 지원체계의 주요 쟁점

본 연구에서는 가정외보호, 즉 보호대상아동과 가정 밖 청소년 대상 아동보호체계와 청소년보호체계 내에서의 경계선지능 진단 및 지원체계의 현황과 한계, 개선 의견 등 주요 쟁점을 파악하기 위하여 현장 실무자 중심의 초점집단면접(이하 'FGI')을 실시하였다. 참여한 FGI 집단은 아동보호전담요원, 아동양육시설의 임상심리상담원, 공동생활가정의 종사자, 전문위탁가정의 부모, 중장기 청소년쉼터의 종사자로 구분하였다.

FGI 분석 결과, 주요 쟁점은 경계선지능아동·청소년에 대한 진단 시기와 절차의 불일치, 경계선지능아동·청소년 간 보호기관 이원화, 전담 인력 부족 및 종사자 피로감, 맞춤형 프로그램 부재 및 일관성 부족 등으로 나타났다. 이를 통해 제안된 시사점은 다음과 같다. 첫째, 경계선지능아동·청소년 진단체계와 관련하여 종합심리검사 결과에 따라 경계선지능아동의 특성을 반영하는 보호조치 필요, 가이드라인에 따른 절차 준수 수준 점검, 신속하고 전문적인 검사 진행, 검사 시기 및 주기의 적절성 검토 등의 의견이 제안되었다. 둘째, 경계선지능아동·청소년 지원체계 관련으로는 관련 법·제도적 근거 마련, 전국 공통의 단일한 지원체계 구축, 전문위탁가정의 양적 확대와 질적 제고, 장기적 관점의 안정적 지원 보장 등이 제안되었다. 셋째, 종사자 역량 지원체계와 관련한 의견으로는 종사자 대상 경계선지능 매뉴얼 개발 및 배포, 경계선지능 이해도 및 전문성 교육 확충, 경계선지능아동·청소년 전담 인력 추가 배치 등으로 나타났다. 마지막으로, 아동보호치료시설의 기능과 관련하여 조사 대상자들의 인지도는 낮은 편이었으며, 경계선지능아동·청소년 대상 해당 시설의 필요성이나 방향성에 대해서는 다양한 의견이 존재하였다. 아동보호치료시설에서 보호·치료하는 것보다는 현 시설이나 위탁가정에서 경계선지능아동이 자신의 가능성을 충분히 발현하고 역량을 키우도록 지지하는 방식의 접근이 필요하다는 의견이 강조되었다.

라. 아동보호치료시설(나형)의 기능 탐색

아동보호치료시설 나형은 포괄적으로 정서·행동적 장애 또는 학대 피해로 인한 어려움이 있는 아동을 대상으로 보호·치료하는 기능을 수행한다. 따라서 보호 대상에 경계선지능아동을 명백히 규정하고 있지는 않으나, 학대 피해 또는 정신적·행동적 장애로 인한 어려움을 가진 아동 중에서 경계선지능의 특성을 중첩적으로 보이는 경우가 많다.

설문조사 결과, 정서·행동적 장애를 동반한 아동을 보호하는 아동보호치료시설 나형은 전국에 4개소에 불과하며, 시설의 기능·인력·프로그램 역량은 제한적이었다. 경계선지능아동만을 대상으로 제공되는 프로그램은 모든 입소 아동을 대상으로 하는 프로그램에 비해 평균적으로 회당 프로그램 운영 규모가 작고 제공 시간이 짧으며, 제공 주기는 한 주에 더 많이 제공되는 특성을 보였다. 아동보호치료시설에서 겪는 가장 큰 어려움은 아동보호치료시설에 대한 관심 및 지원 부족과 종사자 수 부족으로 나타났다. 그리고 현장에서는 복합적인 경계선지능아동의 특성을 고려하여 지금의 종사자 배치 기준이 개선될 필요가 있다고 느끼고 있었다.

3. 결론 및 시사점

경계선지능아동·청소년은 인지·정서·행동 측면에서 심각한 생활 어려움을 겪으며, 기존 복지체계에서 제도적 공백 속에 방치되기 쉽다. 아동·청소년 보호체계는 이원화되어 있으며, 진단체계, 사후 지원, 인프라, 인력, 프로그램 등 다차원적 지원이 매우 부족하다.

경계선지능아동 지원체계의 내실화를 위한 정책적 방안으로는 아동양육시설과 공동생활가정의 양육 인프라 개선, 경계선지능아동의 행동 특성 및 집단생활 환경에 적합한 차별화된 행동지원체계 구축, 경계선지능아동의 특성과 요구가 반영될 수 있는 다양한 조사·점검 도구들의 정교화, 개별보호관리계획의 법적 역할과 기능 구체화, 지자체 아동보호전담요원의 역량 강화, 보건복지부와 아동권리보장원의 '경계선지능아동 맞춤형 사례관리서비스'의 보장성 및 실효성 강화, 가정외보호 현장에서 경계선지능아동을 지원하는 전문 컨설팅 체계 구축을 제안한다.

또한 경계선지능청소년 대상의 지원체계를 위해서는 경계선지능청소년을 위기청소년 중 특별지원 대상으로 선정해서 지원할 수 있도록 「청소년복지지원법」의 개정, 경계선지능청소년에 대한 관련 정보의 통합 지원정보시스템 구축 및 활성화, 자립지원을 위한 경계선지능청소년 본인과 청소년복지시설 종사자의 역량 강화, 선별-진단-지원체계의 구축, 입소-시설 적응-자립 지원을 위한 매뉴얼 개발 및 적용, 경계선지능청소년 지도와 관련한 전문 역량 증진을 위한 청소년복지시설 종사자의 체계적 교육과 훈련 실시 등을 강구하여야 할 것이다.

주요 용어: 가정외보호, 경계선지능아동·청소년, 아동보호체계, 청소년보호체계

제1장

서론

제1절 연구의 배경 및 목적
제2절 연구의 내용 및 방법

제1장 서론

제1절 연구의 배경 및 목적

1. 연구의 배경 및 필요성

최근 보호대상아동[1] 중 경계선지능으로 의심되거나 진단받는 아동의 비중이 높아지고 있다. 그러나 이들 보호대상아동에 대한 경계선지능 진단 및 지원체계가 불분명할 뿐만 아니라 시설 유형이나 지방자치단체(이하 '지자체')에 따라 각기 다른 방식으로 수행되고 있다. 따라서 서비스 현장에서 경계선지능아동에 대한 보호·양육의 부담이 가중되고 있음에도 체계적인 진단이나 아동의 개별 특성에 부합하는 장기적이고 안정적인 지원을 기대하기 어려운 상황이다. 무엇보다 전문위탁가정을 포함한 위탁가정, 또는 소규모 공동생활가정에서 보호하는 것에 한계가 있어 경계선지능아동은 대규모 시설보호로 집중되는 경향을 보인다.

특히 보호대상아동이 발생하는 원인 중 학대와 가정해체가 가장 높은 비중을 차지하면서(보건복지부, 2025), 어려서부터 적절한 돌봄과 학습을 받지 못해 인지기능 발달 지연 외에 심리·정서·행동적 어려움 등 다양한 특성을 가진 아동이 증가하는 것으로 보인다. 그러나 보호대상아동의 특성은 통계자료로 분류되지 않아 경계선지능으로 진단받은 보호대상아동의 현황은 현재 명확히 파악되지 않는다. 다만, 간헐적으로 수행되는

---
[1] 「아동복지법」 제3조 제4호에, '보호대상아동'은 "보호자가 없거나 보호자로부터 이탈된 아동 또는 보호자가 아동을 학대하는 경우 등 그 보호자가 아동을 양육하기에 적당하지 아니하거나 양육할 능력이 없는 경우의 아동"으로 정의하고 있음.

일부 연구를 통해 아동복지시설에서 보호·양육되는 경계선지능아동의 현황을 간접적으로 파악할 수 있는 정도이다.

무엇보다 우리나라에서는 경계선지능 관련 법령이 부재하여 '경계선지능'의 명확한 정의나 판별 기준은 여전히 정리되지 않고 있다. 그렇다 보니 용어도 통일되지 않아 '경계선지능인'을 지칭할 때 '느린 학습자'라는 용어를 가장 빈번하게 대체 사용하는데, 이는 '낮은 인지능력으로 인한 학습의 어려움' 중심으로 그 의미를 내포하고 있어 경계선지능의 다층적인 특성을 반영하기에는 한계가 있다. 국내에서는 가장 일반적으로 '지능지수(IQ) 71~84에 해당하여 지적장애와 비지적장애 사이의 경계에 있는 지능 수준'으로 '경계선지능'이 인식되고 있다.

경계선지능으로 진단받은 경우, 아동은 저하된 인지기능 외에도 다양한 특성을 중첩적으로 보인다. 낮은 인지능력은 정서 및 행동에 부정적인 영향을 미쳐 부정적 자아개념과 정서적인 우울, 불안 및 공격성, ADHD, 행동 문제를 복합적으로 유발하기도 한다(서해정 외, 2019). 또한 정신적·심리적 취약성으로 인해 사회적 관계 형성이 어렵고, 성인이 되어서도 진학이나 취업이 어려워 성인기 자립이나 안정적인 경제활동이 불가능한 경우가 많은 것으로 나타났다(보건복지부, 한국보건복지인력개발원 아동자립지원단, 2017). 다만, 단순히 경계선지능이 직접적인 원인으로 작용하여 그 결과로 아동에게 복합적인 정서·행동의 문제가 발현하는 것은 아니다.

이러한 특성으로 인해 경계선지능아동은 아동복지시설이나 학교에서 다른 아동, 종사자, 교사와 갈등을 겪기도 한다. 신혜령과 주보라(2013)의 조사 결과에서도 시설 내 경계선지능을 가진 아동과 다른 아동이 함께 생활하는 데 어려움이 '상당히 있다(어려움 정도 1~10점 구간 중 7점 이상인 경우)'는 응답이 64.2%로 높게 나타난 바 있다. 그러나 아동복지시설에서 경계선지능아동을 집중적으로 돌볼 수 있는 인력은 매우 부족하여 시설 종사자의 부담이 가중되는 상황이다(정혜은 외, 2023).

보호대상아동 중 경계선지능아동을 대상으로 한 중앙정부나 지방정부 차원의 전문적인 보호나 치료지원 정책 역시 상당히 부족한 실정이다. 경계선지능은 「장애인복지법」 제2조에 따른 장애에 해당하지 않아 장애 관련 지원 대상에서도 제외된다. 다만, 2016년에 경계선지능아동 자립지원 서비스 시범운영을 거쳐, 2021년부터 보건복지부와 아동권리보장원이 아동복지시설의 경계선지능아동과 종사자를 대상으로 '경계선지능아동 맞춤형 사례관리서비스'를 1년 단위로 제공 중이다. 그러나 경계선지능아동을 대상으로 한 유일한 정부 지원 정책이라 할 수 있는 동 사업은 아동복지시설 중에서도 아동양육시설과 공동생활가정만 지원 대상에 포함하고,[2] 장기적·지속적 치료가 필요한 아동에게는 여전히 효과적인 개입이 어려운 제도적 한계를 갖고 있다(서재욱 외, 2019; 정혜은 외, 2023). 또한 경계선지능아동 등 특별한 보호가 필요한 보호대상아동을 전문적으로 보호하기 위하여 2022년에 전문가정위탁제도가 도입되었으나 전문위탁가정은 공급 및 전문성 측면에서 미흡한 상황이다. 정책 지원이 부족하므로 비영리 민간단체 등을 통한 후원에 의존하게 되어 지원의 연속성도 보장되기 어렵다.

원가정에서 성장하는 아동에 비해 상대적으로 성장환경이 취약한 보호대상아동의 경우, 보호대상아동이 발생하는 원인 및 시기, 보호조치 유형, 인지능력 정도, 심리·행동 특성 및 정도, 연령 등 아동의 다양한 특성을 고려하여 맞춤형 집중 지원제도를 체계적으로 마련할 필요가 있다. 그러나 현재 보호대상아동에게 보호조치 전·후로 초기에 제공되는 종합심리검사와 보호조치 이후의 심리상담, 심리치료비 지원은 다양성과 연속성이 부족

---

2) 2025년부터 '아동보호치료시설(나형)'도 포함됨(아동권리보장원, 2025.2.4).

하다. 따라서 인지능력 향상, 사회 적응 훈련, 자립 준비를 위한 안정적이고 다층적인 지원체계 구축이 중요한 시점이다. 가정위탁은 전문 치료지원이 부족한 상황이므로 경계선지능아동 수요 대비 전문 또는 일반 위탁가정의 공급이 부족하다. 또한 시설보호는 다수의 아동이 보호받기 때문에 개별 아동 맞춤형 지원이 어려울 뿐만 아니라, 시설 내 아동 간 또는 아동-종사자 간 문제 발생 시 적합한 대응에도 한계가 존재한다. 소규모 시설에서는 이들 아동을 보호할 수 있는 인력이 현저히 부족하다.

「아동복지법」 제52조 제1항 제3호에 의하면, 아동복지시설의 종류 중 '아동보호치료시설'은 두 개 유형으로 구분된다. 동 조항의 '가목'에 해당하는 첫 번째 유형의 아동보호치료시설(이하 '가형')은 아동의 불량행위에 대한 선도 목적의 시설이고, '나목'에 해당하는 두 번째 유형의 아동보호치료시설(이하 '나형')은 "정서적·행동적 장애로 인하여 어려움을 겪고 있는 아동 또는 학대로 인하여 부모로부터 일시 격리되어 치료받을 필요가 있는 아동을 보호·치료"하는 목적의 시설이다. 그러나 아동보호치료시설 중 나형에 해당하는 시설은 전국에 4개소[3]밖에 없고, 보호·치료 기능 역시 온전히 수행하기 어려운 명백한 구조적 한계가 존재한다. 따라서 아동보호치료시설 나형이 현재 다양한 특성으로 인한 어려움을 경험하고 있는 경계선지능아동 대상의 보호·치료 기능을 하는지, 향후 「아동복지법」 제52조 제1항 제3호 나목에 따른 시설 목적에 부응하는 기능을 전문적으로 수행할 수 있을지 파악할 필요가 있다.

또한 본 연구에서는 「아동복지법」상 보호대상아동 외에 「청소년복지 지원법」상 가정 밖 청소년[4]의 경계선지능 진단 및 지원체계에 대해서도

---

[3] 2024년 6월 30일 기준, 아동보호치료시설 나형은 부산 1개소, 대구 1개소, 전남 1개소, 경남 1개소가 있음(본 연구의 "제2차 정책 포럼" 자료에서 인용).
[4] 「청소년복지 지원법」 제2조 제5호에 의하면, '가정 밖 청소년'은 "가정 내 갈등·학대·폭력·방임, 가정해체, 가출 등의 사유로 보호자로부터 이탈된 청소년으로서 사회적 보호 및 지원이 필요한 청소년"으로 정의하고 있음.

함께 논의한다. 우리나라는 관련 법령에 따라 아동과 청소년을 구분하고 있으며, 일부 중복되나 연령의 범위를 다르게 정의하고 있다. 또한 아동과 청소년은 주무부처별 보호체계가 달라 같은 연령대의 아동이라도 청소년복지시설 중 하나인 청소년쉼터나 청소년자립지원관에서 보호받을 수 있다. 따라서 아동보호체계 내 보건복지부 소관 아동복지시설 외에 청소년보호체계 내 여성가족부 소관 청소년복지시설에서 보호받는 경계선지능아동의 현황과 진단 및 지원체계도 함께 파악할 필요가 있다. 또한 아동과 청소년을 분리하는 것이 아니라 통합 관점에서 접근하는 것도 필요하다.

이에 취약한 상황에 놓인 가정외보호 경계선지능아동 진단 및 지원의 실태와 체계를 청소년 영역까지 확대하여 종합적으로 파악하고, 내실 있는 지원체계 발전 방안을 마련할 필요가 있다. 무엇보다 이들 아동과 청소년을 보호·지원하고 있는 현장 및 학계 전문가의 다양한 의견을 중심으로 현황과 문제점을 심층적으로 분석하고, 의미 있는 개선 방안을 도출하는 것이 중요하다. 본 연구에서 '가정외보호'는 '아동·청소년이 원가정이 아닌 아동보호체계 또는 청소년보호체계에서 보호·양육 받는 것'을 의미한다.

2. 연구의 범위 및 목적

우리나라는 관련 법령에 따라 아동과 청소년을 구분하여 정의하고, 아동과 청소년 업무가 보건복지부와 여성가족부로 이원화되어 있어서 같은 연령대라도 위탁가정, 아동복지시설, 또는 청소년복지시설에서 분절적으로 가정외보호를 받을 수 있다. 아동과 청소년은 관련 법률에 따라 다르게 정의되는데, 「아동복지법」 제3조 제1호에서는 '아동'을 "18세 미만인 사람"으로, 「청소년기본법」 제3조 제1호에서는 '청소년'을 "9세 이상 24세 이하인 사람"으로 정의한다. 이 두 법률에서 9세 이상 18세 미만은 연령대가 중복되어 보건복지부 소관 시설에서 보호받으면 '보호대상아동', 여성가족부 소관 시설에서 보호받으면 '가정 밖 청소년'으로 지칭된다.

본 연구에서는 이러한 정의를 기초로, "가정외보호 경계선지능아동"을 아동보호체계와 청소년보호체계에서 보호받는 경계선지능 아동과 청소년을 모두 포함하되, 용어는 보호체계에 따라 아동과 청소년을 혼용하여 사용하고자 한다. 여기서 가정외보호를 하는 주요 기관은 아동복지시설 중 아동양육시설과 공동생활가정(그룹홈), 가정위탁 중 전문위탁가정, 청소년복지시설 중 청소년쉼터(중장기)와 청소년자립지원관이 해당한다.

〈표 1-1-1〉 연구의 범위

구분	법령상 연령	담당부처	보호체계	가정외보호 주요 기관
아동	「아동복지법」 18세 미만	보건복지부	아동보호체계 (보호대상아동)	- 아동복지시설 중 아동양육시설, 공동생활가정(그룹홈) - 가정위탁 중 전문위탁가정
청소년	「청소년기본법」 9세 이상 24세 이하	여성가족부	청소년보호체계 (가정 밖 청소년)	- 청소년복지시설 중 청소년쉼터(중장기), 청소년자립지원관

따라서 본 연구의 주요 목적은 '가정외보호를 받는 경계선지능아동을 위한 지원 정책 현황과 지원체계 전반에 대한 분석과 진단을 통해 그들을 위한 실질적인 지원 강화 및 지원체계 개선 방안을 모색'하는 것이다. 구체적으로는 보호체계 및 보호 유형별로 경계선지능아동 지원 현황을 파악하고, 주요 쟁점 및 한계를 분석하고자 한다. 경계선지능의 진단에서 사후관리에 이르기까지 가정외보호 과정에서의 경계선지능아동 지원체계를 살펴보고, 개선 방안을 마련하고자 한다. 또한 아동보호치료시설이 경계선지능아동을 위해 기능할 수 있는지 그 가능성도 함께 검토해

보고자 한다. 그리고 경계선지능아동이 사회구성원으로서 삶의 질을 향상할 수 있도록 다층적이고 전문적인 보호·치료가 가능한 지원체계의 발전방안을 제시하고자 한다.

마지막으로 이 연구의 결과가 국정과제인 '43. 안전하고 질 높은 양육환경 조성' 관련, 원가정에서 성장하지 못하고 인지·발달·사회 적응 등의 어려움을 겪는 아동·청소년 보호의 공적 책임 강화에 더욱 기여하기를 기대한다.

제2절 연구의 내용 및 방법

본 연구의 내용은 크게 다섯 개 영역으로 구성되며, 해당 연구를 수행하기 위해 국내·외 선행연구 및 기타 문헌자료 분석, 양적 및 질적 조사, 정책 포럼, 자문 등 다양한 연구 방법을 활용하였다. 연구의 구체적인 내용 및 방법은 다음과 같다.

첫째, 경계선지능 관련 이론적 배경 고찰이다(제2장). 여기에서는 가정외보호 경계선지능아동·청소년 관련 국내·외 선행연구와 문헌자료 분석을 바탕으로 경계선지능의 개념 및 진단 도구, 지원 욕구, 개입 및 지원 효과 등의 이론적 배경을 검토하였다.

둘째, 우리나라의 가정외보호 경계선지능아동·청소년 현황 및 지원체계 진단이다(제3장). 문헌분석을 통해 가정외보호 아동·청소년 대상 경계선지능 진단 절차, 보호·지원체계, 관련 법령 및 정책 현황을 파악하였다. 세부적으로는 아동보호체계와 청소년보호체계로 구분하여 아동양육시설, 공동생활가정, 전문위탁가정 그리고 청소년쉼터와 청소년자립지원관에서 보호받고 있는 경계선지능아동·청소년 현황, 특성, 보호·지원 정책 실태, 한계 등을 파악하여 정책 제언을 위한 시사점을 도출하였다.

셋째, 가정외보호 아동·청소년 경계선지능 진단 및 지원체계에 관한 주요 쟁점 분석이다(제4장). 보호대상아동이 발생하면 업무를 전담하는 아동보호전담요원, 경계선지능아동·청소년을 보호하는 아동양육시설, 공동생활가정, 중장기 청소년쉼터의 시설장 또는 종사자, 전문위탁가정의 위탁모를 대상으로 FGI를 실시하여 경계선지능아동·청소년 관련 지원 현황 및 한계를 파악하였다.

넷째, 설문조사를 통한 경계선지능 관련 아동보호치료시설의 기능을 탐색하였다(제5장). 아동보호치료시설 나형은 포괄적으로 정서·행동적 장애 또는 학대 피해로 인한 어려움이 있는 아동을 대상으로 보호·치료하는 기능을 수행한다. 따라서 나형의 보호 대상에 경계선지능아동이 명백히 규정되어 있지는 않으나, 학대 피해 또는 정신적·행동적 장애로 인한 어려움을 가진 아동 중에서 경계선지능의 특성을 중첩적으로 보이는 경우가 많다. 따라서 전국 12개 아동보호치료시설을 대상으로 설문조사를 실시하여 시설 및 종사자 현황, 보호아동 현황 및 특성, 경계선지능 관련 프로그램 운영 현황 및 어려움, 지원 욕구 등 전반적인 실태를 파악하였다. 조사에 앞서 아동보호치료시설 나형 2개소(단기 1개소, 중장기 1개소)의 현장을 방문하고 자문 의견을 받았다. 아동보호치료시설이 경계선지능아동만 입소 가능한 시설은 아니나 실태조사 결과를 바탕으로 아동보호치료시설의 기능 발전 방안을 탐색하였다.

다섯째, 연구 결과를 바탕으로 가정외보호 경계선지능아동·청소년 지원체계의 발전 방안을 도출하였다(제6장). 선행연구 및 행정·문헌자료 분석, 실태조사, FGI, 정책 포럼에서 제시되고 논의된 내용들을 종합하고 현장 실무자와 전문가의 자문을 거쳐 경계선지능에 대한 진단부터 지원, 사후관리에 이르는 지원체계를 내실화할 수 있는 발전 방안을 제시하였다. 정책 포럼은 현장 및 학계 전문가가 참여하여 주제별 발표와 종합 토론 형식으로 수행하였다. 단, 관련 자료는 자유 발제 및 토의용으로 기능하여 본 보고서에 수록하지는 않았다.

〈표 1-1-2〉 정책 포럼의 구성·운영

구분	내용
정책 포럼	**(1차) 가정외보호 경계선지능아동·청소년 실태** - 발표 1. 눈높이 맞추기: 아동양육시설 경계선지능아동의 삶 - 발표 2. 청소년쉼터 경계선지능아동·청소년 실태 - 발표 3. 공동생활가정(아동그룹홈) 경계선지능아동·청소년 실태 - 종합 토론(3인) **(2차) 아동보호치료시설에 대한 이해** - 발표 1. 2024년 아동보호치료시설에 대한 이해(경계선지능아동) - 발표 2. 지역사회 내 아동보호치료시설의 이해 - 종합 토론(2인) **(3차) 경계선지능아동 보호체계와 전문가정위탁의 역할** - 발표 1. 경계선지능아동 보호체계와 전문가정위탁의 역할 - 발표 2. 경계선지능아동의 보호체계 - 종합 토론(2인) **(4차) 경계선지능아동·청소년 지원의 해외 사례** - 발표 1. 경기도 시설보호아동의 심리정서 현황과 관련 대응을 위한 해외 사례 - 발표 2. 해외 사례로 보는 경계선지능 청소년 지원 방안 - 종합 토론(2인) **(5차) 가정외보호 경계선지능아동·청소년 지원체계 개선 방안** - 연구진 연구 결과 공유 - 개선 방안 논의

이를 종합한 본 연구의 연구 수행체계를 요약하면 다음과 같다.

[그림 1-2-1] 연구 수행체계

연구 내용	연구 방법
✤ 경계선지능 관련 이론적 배경 고찰 • 경계선지능의 개념 및 진단 도구 • 가정외보호 경계선지능아동·청소년 지원 욕구 • 경계선지능아동 대상 치료 개입 및 지원 효과	• 국내·외 선행연구 고찰 • 통계·행정자료 등 기타 문헌자료 분석 • 정책 포럼
✤ 가정외보호 경계선지능아동·청소년 현황 파악 • 가정외보호 경계선지능아동·청소년 현황 및 특성 ✤ 가정외보호 경계선지능아동·청소년 지원체계 진단 • 가정외보호 아동·청소년 대상 경계선지능 진단 절차, 관련 법령 및 정책 현황, 보호·지원체계	• 국내·외 선행연구 고찰 • 통계·행정자료 등 기타 문헌자료 분석 • 정책 포럼
✤ 가정외보호 아동·청소년 경계선지능 지원체계 주요 쟁점 분석 • 아동보호체계 및 청소년보호체계에서의 경계선지능 지원체계 실태와 주요 쟁점	• FGI(질적 조사)
✤ 경계선지능 관련 아동보호치료시설의 기능 탐색 • 시설 및 종사자 현황, 보호아동 현황 및 특성, 경계선지능 관련 프로그램 운영 현황 및 어려움, 지원 욕구 • 경계선지능아동 보호·치료 지원 실태 및 한계점	• 설문조사(양적 조사) • 현장 방문 및 자문
✤ 가정외보호 경계선지능아동·청소년 지원체계 발전 방안 도출 • 개선 방향성 • 경계선지능 관련 지원체계 내실화 방안	• 연구 결과 종합 • 정책 포럼 • 전문가 자문회의

⇩

가정외보호 경계선지능아동·청소년 지원체계 발전 방안 제시

제2장

이론적 배경

제1절 경계선지능의 개념
제2절 경계선지능 진단 도구
제3절 경계선지능아동·청소년의 특성 및 지원 욕구
제4절 경계선지능아동·청소년 개입 및 지원 효과

제2장 이론적 배경

제1절 경계선지능의 개념

경계선지능(Borderline Intellectual Functioning, BIF)은 사회적으로 합의된 정의는 없으며, 우리나라에서도 다양한 용어로 사용되고 있다(Wieland & Zitman, 2016; 김동일 외, 2023; Lee & Cheon, 2024). BIF를 우리말로 번역하면 '경계선 지적 기능'이 더 정확한 표현일 수 있으나 국내에서는 '경계선지능'으로 많이 사용되고 있다(김동일 외, 2023). 최근에는 '느린 학습자(Slow Learner)'라는 용어가 경계선지능인을 지칭하기 위해 함께 사용되고 있다. 본 연구에서는 가장 일반적으로 사용되는 '경계선지능'이라는 용어를 사용하고자 한다.

1. 국제기준에 따른 경계선지능 개념

국제적으로 경계선지능에 대한 판별 기준이나 정의는 주로 미국정신의학회(American Psychiatric Association, APA)의 정신장애 진단 및 통계편람(Diagnostic and Statistical Manual of Mental Disorders, DSM)과 세계보건기구(WHO)의 국제질병분류(International Statistical Classification of Diseases and Related Health Problems, ICD)를 따르고 있다.

'경계선지능'이라는 용어는 1952년 WHO에서 발간한 국제질병분류(ICD)에서 '지능지수가 70~85인 사람으로 지능은 평균 이하이지만 지적장애의 정도는 아닌 경우'를 설명하면서 처음 사용되었다(WHO, 1952;

김경준 외, 2023). 반면, 같은 해 발간된 DSM-I에서는 경계선지능이 지적장애에 포함되었다(Wieland & Zitman, 2016). DSM-I에서는 경계선지능을 '경도 정신결함(Mild Mental Deficiency)'으로 지칭하고, '정신지체(Mental Deficiency)' 영역(Section)에 포함하였다(American Psychiatric Association(APA), 1952). 이 분류는 표준화된 지능검사 결과의 평균 중심으로 표준편차 -1과 -2 사이의 지능지수 70~85 사이에서 기능적 장애가 동반될 때 적용되었다(APA, 1952). 무엇보다 DSM-I에서는 표준화된 지능지수와 함께 문화·신체·정서 요인과 학교, 직업, 사회적 효과성 등을 고려해야 함을 강조하였다(APA, 1952; Wieland & Zitman, 2016). 1968년 DSM-II에서는 경계선지능을 '경계선 정신지체(Bordering Mental Retardation)'로 지칭하였고, '정신지체(Mental Retardation)' 영역(Section)에 포함하였다(APA, 1968). DSM-II에서 경계선 정신지체는 지능지수 68~83으로, DSM-I에서 정의된 경도 정신결함(지능지수 70~85)과 차이를 보였으나, 다른 기준은 동일하게 유지되었다. 종합하면, DSM-I과 DSM-II에서는 경계선지능을 지능지수 범위를 기반으로 경도 지적장애에 포함하되, 추가로 학교, 직업, 사회적 효과성, 문화·신체·정서 요인을 함께 고려해야 한다고 명시하였다.

그러나 1980년 DSM-III부터는 경계선지능을 더 이상 지적장애로 분류하지 않고 정상적인 지능 범위의 일부로 취급하기 시작하였다(Lee & Cheon, 2024). 이는 경계선지능을 가진 사람들이 적응행동에 결함을 보이지 않는다는 점이 지적되었기 때문이다(Lee & Cheon, 2024). 따라서 정신지체는 유아기, 아동기 또는 청소년기에 처음 나타나는 장애로 다루어진 반면, 경계선지능은 DSM의 마지막 부분에 있는 '임상적 주의 또는 치료를 요하는 정신장애에 기인하지 않는 상태의 V-코드'로 분류되었다(Wieland & Zitman, 2016). V-코드로 분류된 경계선지능은 지능지수

71~84가 임상적 주의 또는 치료의 대상일 때 적용되었다(Wieland & Zitman, 2016). DSM-III에서 '경계선'이라는 용어는 정신지체와 분리하기 위해 사용되었고, 30년 이상 경계선지능의 분류는 변하지 않았다.

ICD의 경계선지능 개념의 흐름 역시 DSM과 비슷한 시기에 정신지체 영역(Section)에서 제외되었다. 이러한 변화는 지적장애의 유병률에 상당한 감소를 초래하였다. ICD에서는 경계선지능이 R41.8이라는 잔여 코드(Residual Code)로 이동하였는데, 이는 '인지기능 및 인식과 관련된 기타 및 미지정된 증상과 징후'를 나타내는 코드이다(Wieland & Zitman, 2016).

1994년에 DSM-IV에서는 경계선지능을 지능지수가 71~84이며, 진단과 치료를 위한 임상적 주의가 필요한 상태로 정의하였다(APA, 1994; Wieland & Zitman, 2016). 이후 DSM-5에서는 경계선지능에 해당하는 구체적인 지능지수 수치와 검사를 아예 삭제하고, 개인의 경계선 지적 기능이 임상적 주의를 요하거나 개인의 처치나 예후에 영향을 줄 때를 지칭하는 것으로 변경하였다(임한결, 2023; Lee & Cheon, 2024).

따라서 국제기준으로는 경계선지능을 분류할 때 지능지수보다는 적응행동 기술(예: 의사소통, 대인관계 능력, 학업능력 등)과 지적 기능의 수행 여부를 중요하게 판별의 기준으로 삼는 것이 최근 추세라 할 수 있다(김경준 외, 2023; 안예지, 2025.1.31).

2. 국내 지자체 조례에 따른 경계선지능 개념

우리나라에서는 최근 광역 및 기초 지자체 중심으로 경계선지능인 또는 느린 학습자 지원을 위한 조례 제정이 증가하고 있다. 2025년 1월 말 기준, 법제처 국가법령정보센터의 자치법규(2025)에 등록되어 제·개정된 경계선지능인 지원 또는 평생교육 지원에 관한 조례는 71건이며, 느린 학습자 지원 또는 평생교육 지원에 관한 조례는 31건이다.

이들 조례에서는 '경계선지능인'을 '지적장애에 해당하지는 않지만 인지능력 또는 학습능력 등의 부족으로 사회 적응에 어려움을 겪어 이에 대한 지원과 보호가 필요한 자'로 정의한다. 또한 유사하게 사용되는 '느린 학습자'는 '지적장애에 해당하지는 않지만 평균지능에 도달하지 못하는 인지능력으로 인해 소속되어 있는 사회에 적응하지 못하여 지원과 보호가 필요한 사람'으로 정의한다. 이를 종합하면, 현재 우리나라에서 경계선지능인은 지적장애보다는 높은 지능을 가졌으나 일상생활에서 현저한 어려움을 가져 사회적 보호가 필요한 사람으로 설명할 수 있다.

3. 본 연구에서의 경계선지능 조작적 정의

현재 우리나라는 국가 차원의 상위법이 부재하여 명확한 정의나 판별 기준은 여전히 정리되지 않고 있다. 그러나 국가 또는 지자체의 경계선지능 관련 지원 대상자 선정 시 지능지수 요건이 삭제된 DSM-5보다는 기존 지능지수 요건이 포함된 DSM-IV가 주요 판별 기준으로 활용된다. 그리고 경계선지능은 지적장애와는 분리되어 장애로 인정되지 않는다. 특히 아동·청소년복지 현장에서는 비교적 객관적이고 판단이 쉬운 지표인 지능지수 71~84를 중심으로 경계선지능을 판단할 수밖에 없는 상황이다.

본 연구에서는 국내·외 경계선지능의 개념, 국내 아동·청소년 관련 법률과 경계선지능인 관련 조례 등에 근거하여 '가정외보호 경계선지능 아동·청소년'을 "지적장애에 해당하지는 않으나 평균 지능에 도달하지 못하는 인지능력(지능지수 71~84)과 낮은 정서·사회 적응 능력으로 인해 사회적 보호와 지원이 필요한 24세 이하인 사람"으로 정의한다.

제2절 경계선지능 진단 도구

1. 경계선지능 선별 체크리스트

가. 초·중등학교

현재 우리나라의 초·중등학교 교육과정에서는 아동이 경계선지능으로 인해 학습에 어려움을 겪는 것으로 의심될 경우, 국가기초학력센터의 초등학생과 중학생 대상 느린 학습자 선별 체크리스트를 활용하여 경계선지능 위험군 1차 선별 검사를 실시한다. 이는 조기 발견과 지속적인 교육 지원이 중요하기 때문이다. 경계선지능은 지적 기능과 적응행동(혹은 사회적응력) 두 영역 모두를 고려하여 진단해야 하지만 본 선별 검사의 문항은 초등학교나 중학교 수업 상황을 고려하여 학생의 지적 기능에 역점을 두어 개발되었다(국가기초학력지원센터, 2024).

초등학생 대상 경계선지능 선별 검사는 초등학교 1학년부터 6학년을 대상으로 한다. 〈표 2-2-1〉에 제시된 바와 같이 초등학생 경계선지능 선별 체크리스트는 '언어', '기억력', '지각', '집중', '처리 속도'의 총 5개 영역 23개 문항으로 구성되며, 문항별 4점 척도(그렇지 않다 1점~매우 그렇다 4점) 기준으로 점수를 종합한다(국가기초학력지원센터, 2023).

평가자는 교사이며, 종합된 점수를 기준으로 점수 구간에 따라 경계선지능 집단군을 선별한다. 〈표 2-2-2〉와 같이 집단군은 ① 경계선지능 위험군, ② 경계선지능 탐색군, ③ 일반군으로 구분된다. 집단군 구분은 학년별로 점수 구간이 다르다. 경계선지능 위험군의 경우, 1학년은 64점 이상, 2학년은 62점 이상, 3학년은 59점 이상, 4학년은 60점 이상, 5학년은 56점 이상, 6학년은 60점 이상이다.

〈표 2-2-1〉 초등학년별 경계선지능 선별 체크리스트

(단위: 점)

문항	그렇지 않다 1	조금 그렇다 2	그렇다 3	매우 그렇다 4
언어				
1. 단순한 질문에는 대답하지만, 생각해야 하는 질문에는 논리적으로 표현하지 못한다.				
2. 상대방이 말한 의도를 제대로 파악하지 못한다.				
3. 말을 할 때 적절한 단어를 떠올리지 못해 머뭇거린다.				
4. 구체적으로 지시하지 않으면 엉뚱한 행동을 한다.				
5. 또래보다 어휘력이 부족하다.				
기억력				
6. 오늘 배운 내용을 다음날 물어보면 기억하지 못한다.				
7. 여러 번 반복해도 잘 기억하지 못한다.				
8. 방금 알려주었는데 돌아서면 잊어버린다.				
9. 연속적인 순서를 기억하지 못한다.				
10. 수업시간에 손을 들지만 물어보면 대답을 잊어버린다.				
11. 순서가 있는 활동에서 자신의 차례를 잊어버린다.				
지각				
12. 비슷한 글자나 숫자를 읽을 때 자주 혼동한다.				
13. 상하좌우 등 방향을 혼동한다.				
14. 비슷하게 발음되는 단어들을 듣고 구별하는 데 어려움이 있다.				
15. 간단한 그림이나 도형을 보고 그대로 따라 그리기 어려워한다.				
집중				
16. 과제를 할 때 주의가 산만해진다.				
17. 과제를 할 때 주의집중 시간이 짧다.				
18. 교사의 안내나 지시에 집중하지 못하고 관련 없는 행동을 한다.				
19. 수업시간에 과제에 집중하지 못하고 멍하니 앉아 있다.				
20. 주의집중을 필요로 하는 활동에서 또래보다 쉽게 지친다.				
처리 속도				
21. 또래보다 학습 속도가 느리다.				
22. 정해진 시간 내에 과제를 마치지 못한다.				
23. 칠판이나 책에 쓰여 있는 단어나 문장을 노트에 옮겨 적는 데 오래 걸린다.				
총점 (원점수)			점	

출처: "느린학습자 선별 체크리스트", 국가기초학력지원센터, 2023.
https://k-basics.org/user/studyList.do?menuSeq=671

〈표 2-2-2〉 초등학년별 경계선지능 선별 집단군 점수 구간

구분	집단군		
	경계선지능 위험군	경계선지능 탐색군	일반군
1학년	64점 이상	58점 이상 ~ 64점 미만	58점 미만
2학년	62점 이상	53점 이상 ~ 62점 미만	53점 미만
3학년	59점 이상	53점 이상 ~ 59점 미만	53점 미만
4학년	60점 이상	54점 이상 ~ 60점 미만	54점 미만
5학년	56점 이상	51점 이상 ~ 56점 미만	51점 미만
6학년	60점 이상	52점 이상 ~ 60점 미만	52점 미만

출처: "느린학습자 선별 체크리스트", 국가기초학력지원센터, 2023.
https://k-basics.org/user/studyList.do?menuSeq=671

중학생 대상 경계선지능 선별 검사 역시 추후 개별 심층진단을 통해 경계선지능으로 진단될 가능성이 높은 위험 학생을 발견하는 것이 주된 목적이다. 선별 검사 대상자는 지적장애로 진단받은 학생이 아니면서 또래 학년 학생 대비 인지능력의 제한으로 학습에 어려움을 보이는 학생, 학교에서 읽기·쓰기·셈하기(3R's) 미도달 또는 기초학력 진단 검사 결과 미도달 학생, 학습지원 대상 학생으로 선정된 학생, 학업성취도 평가에서 '하' 수준에 있으면서 학교생활 적응에 어려움이 있는 학생, 교과 담당 혹은 담임교사가 학생을 최소 3개월 이상 관찰하고 지도한 결과 학습이나 학교생활에 어려움을 보이는 학생, 부모가 자녀를 경계선 지능으로 의심하여 검사를 의뢰한 학생들이다(국가기초학력지원센터, 2024).

초등학생과 마찬가지로 평가자는 학생을 최소 3개월 이상 관찰한 교사이며, 대상 학생이 평소에 보이는 '집중', '기억', '추론', '언어', '처리 속도'의 총 5개 영역 21개 문항에 대한 어려움의 정도를 5점 척도(전혀 그렇지 않다 1점~매우 그렇다 5점)로 평정하는 방식으로 검사를 진행한다. 집중 영역은 지속적 주의력, 선택적 주의력의 4개 문항, 기억 영역은 단기 기억, 작업 기억, 장기 기억의 4개 문항, 추론 영역은 추론적 사고와 관련된 3개

문항, 언어 영역은 어휘력, 표기 이해, 수용 언어, 표현 언어의 6개 문항, 처리 속도 영역은 반응속도, 선택의 4개 문항으로 구성되었다. 본 선별 검사의 총점은 최저 21점부터 최고 105점까지 산출되며, 점수가 높을수록 경계선지능 가능성이 높아진다(국가기초학력지원센터, 2024).

종합된 점수를 기준으로 점수 구간에 따라 경계선지능 집단군 선별이 이루어진다. 집단군은 ① 경계선지능 위험군, ② 경계선지능 탐색군, ③ 일반군으로 구분된다. 초등학생과 달리 중학생 집단군 구분은 학년별로 점수 구간이 다르지 않다. 경계선지능 위험군은 76점 이상, 경계선지능 탐색군은 67점 이상 75점 이하, 일반군은 66점 이하이다(국가기초학력지원센터, 2024).

검사 결과가 '경계선 지능 위험군'으로 나올 경우, 학생에게 맞춤형 교육지원과 진전도 모니터링을 실시하며, 부모 상담을 통해 반드시 심층진단 및 평가를 안내하고 부모의 동의를 얻어 교육청에 심층진단 및 평가 의뢰를 연계한다. '경계선 지능 탐색군'으로 나올 경우, 맞춤형 교육지원을 지속하면서 학생의 진전도 모니터링을 실시하여 교육지원 방안, 심층진단 및 평가의 필요성 여부를 판단한다(국가기초학력지원센터, 2024).

〈표 2-2-3〉 중학생 경계선지능 선별 체크리스트

(단위: 점)

문항	전혀 그렇지 않다	그렇지 않다	조금 그렇다	그렇다	매우 그렇다
	1	2	3	4	5
집중	집중 문항 점수 합계(점)				
1. 수업 중 집중하는 시간이 짧다.					
2. 주어진 과제를 끝까지 완수하지 못할 때가 많다.					
3. 주어진 과제에 집중하지 못한다.					
4. 쉽게 산만해져 수업과 관련 없는 행동을 한다.					
기억	기억 문항 점수 합계(점)				
5. 초등학교 고학년 수준의 개념을 잘 이해하지 못한다.					
6. 수업 중 암기한 내용을 잘 기억하지 못한다.					
7. 조금 전에 읽었거나 들었던 내용을 질문하면 잘 대답하지 못한다.					
8. 반복하여 학습해도 진도가 나가지 않는다.					
추론	추론 문항 점수 합계(점)				
9. 문제 상황이 일어났을 때 원인과 결과를 파악하지 못한다.					
10. 일반적으로 예측 가능한 결과를 생각하지 못하고 행동한다.					
11. 문제를 해결하기 위한 절차나 방법을 알지 못한다.					
언어	언어 문항 점수 합계(점)				
12. 사용하는 어휘 수준이 또래보다 낮다.					
13. 글을 쓸 때 맞춤법에 오류가 많다.					
14. 글을 쓸 때 단순한 문장구조만 사용하거나 어색한 표현이 많다.					
15. 교사의 질문을 잘 이해하지 못한다.					
16. 대화 중 비유나 추상적인 표현을 잘 이해하지 못한다.					
17. 들거나 읽은 내용을 다른 사람에게 제대로 설명하지 못한다.					
처리 속도	처리 속도 문항 점수 합계(점)				
18. 정해진 시간 내에 과제를 완료하지 못한다.					
19. 교사가 질문을 했을 때 대답이 느리다.					
20. 같은 내용을 학습할 때 또래보다 시간이 더 걸린다.					
21. 해야 할 과제 중에서 무엇을 먼저 해야 할지 모른다.					
총점 (원점수)	점				

출처: "중학교 경계선 지능 학생 선별을 위한 간편 체크리스트", 국가기초학력지원센터, 2024.
https://k-basics.org/user/studyList.do?menuSeq=678

나. 경계선지능아동 맞춤형 사례관리서비스

아동권리보장원(2025)의 '경계선지능아동 맞춤형 사례관리서비스'에서도 경계선지능으로 의심되어 종합심리검사가 필요한 아동복지시설의 아동을 선별하기 위한 체크리스트를 활용한다. 본 사업의 지원 대상 아동복지시설은 2024년까지 아동양육시설과 공동생활가정만 포함되었으나, 2025년부터는 아동보호치료시설 나형이 추가되었다.

지난 1~3개월 동안 아동이 경계선지능으로 의심되는 행동 특성을 보였는지 선별 체크리스트를 통해 확인한다. 주 담당자인 종사자가 평가하며, 취학아동은 총 97개 문항, 미취학아동은 학습 영역을 제외한 82개 문항에 대해 3점 척도(전혀 그렇지 않다 0점~매우 그렇다 3점) 기준으로 점수를 종합한다. 평균 1.18점 이상에 해당하면 '경계선지능 의심 아동'으로 판단한다(아동권리보장원, 2025). 경계선지능 의심 아동으로 선정될 경우, 종합심리검사 비용이 아동별로 최대 30만 원까지 지원된다.

〈표 2-2-4〉 아동권리보장원의 경계선지능아동 선별 체크리스트

문항 번호	구분 0: 전혀 그렇지 않다 1: 약간 그렇다 2: 상당히 그렇다 3: 매우 그렇다	표시 0~3점
1	새로운 것을 가르치려면 여러 번 반복해야 한다.	
2	다른 사람의 활동을 방해하는 행동이나 말을 한다.	
3	원하는 대로 되지 않을 때 화를 낸다.	
4	집중시간이 짧다.	
5	이해하기 쉬운 내용에서는 집중한다.	
6	내용의 난이도와 상관없이 항상 집중하지 못한다.	
7	필요 이상으로 고집을 부릴 때가 있다.	
8	학교(또는 유치원 등)에서 친하게 지내는 또래가 거의 없다.	
9	큰 다툼이나 실수로 이어질 수 있는 충동적 행동을 한다.	
10	작은 일에도 쉽게 흥분한다.	
11	다른 사람을 때리는 폭력적 행동을 한 적이 있다.	
12	다른 사람을 때리는 폭력적 행동 때문에 상담이나 약물처방을 받은 적이 있다.	

문항번호	구분 0: 전혀 그렇지 않다 1: 약간 그렇다 2: 상당히 그렇다 3: 매우 그렇다	표시 0~3점
13	물건이나 기물을 부수는 폭력적 행동을 한 적이 있다.	
14	물건이나 기물을 부수는 폭력적 행동 때문에 상담이나 약물처방을 받은 적이 있다.	
15	상대를 가리지 않고 욕설을 할 때가 있다.	
16	상황이나 장소에 맞지 않게 큰소리로 말해서 주변 사람을 불편하게 할 때가 있다.	
17	질문에 대한 답을 해주거나 학습을 시킬 때, 금방 알려주었는데도 다시 물어보면 잘 모르는 경우가 많다.	
18	한 가지를 알려주면 하나는 알지만 조금만 응용이 되면 전혀 적용을 못한다. 따라서 매번 모든 경우를 다 알려주어야 한다.	
19	원하는 대로 되지 않으면 쉽게 포기한다.	
20	같은 상황에서 다른 아이들에 비해 더 과격하게 반응한다.	
21	누군가 쳐다보거나 이름을 부르는 등의 사소한 일에도 과잉반응하는 편이다.	
22	놀잇감이나 옷장 정리, 심부름 등을 시킬 때, 또래에 비해 평균 이상으로 지시를 자세히 해야 한다.	
23	일상적인 상황에서도 말수가 매우 적다.	
24	계획에 변동이 생기면 크게 화를 낸다.	
25	대화할 때, 자기가 하고 싶은 이야기만 하고 상대방의 이야기에 대해서는 듣지 않거나 질문하지 않는다.	
26	선의의 거짓말을 하지 못한다.	
27	지시나 설명을 반복해도 이해하지 못한 것처럼 보인다.	
28	상대방의 질문 내용을 이해하지 못하는 것처럼 대답을 하지 않거나 엉뚱한 답을 한다.	
29	말하고 싶은 단어를 생각해내지 못해서 "어~", "그거 있잖아요." 등을 반복한다.	
30	일상적인 일, 음식, 장소 등이 바뀌는 것을 싫어한다.	
31	다른 사람들의 대화에 끼어들 때와 끼어들지 않아야 할 때를 구별하지 못하고 불쑥 끼어들 때가 있다.	
32	타인의 말이나 행동에 반응해야 할 때 가만히 있어서 상황을 어색하게 만들 때가 있다.	
33	어떤 사건이나 상황에 대해 이야기 할 때, 일어난 시간 순서에 따라 말하지 못한다.	
34	일상적인 대화 이외에 자신의 의견이나 주장을 잘 말하지 않는다.	
35	자신이 원하는 것이 있을 때, 적절한 이유를 말하지 못한다.	
36	도움을 청하거나 대화를 할 때 자신의 차례를 기다리기 어려워한다.	
37	말할 차례가 됐을 때, 말하려고 했던 것을 잊어버려서 못할 때가 있다.	
38	학교에서 있었던 일이나 예전 일에 대해 물어보면 기억해서 이야기하지 못한다.	
39	자신이 이미 해놓은 일인데도, 물어보면 자신이 했는지 안 했는지 모르는 경우가 있다.	
40	자신이 마쳐야 하는 일이 있는데 그것에 대해 기억하지 못하는 경우가 있다.	

문항 번호	구분 0: 전혀 그렇지 않다 1: 약간 그렇다 2: 상당히 그렇다 3: 매우 그렇다	표시 0~3점
41	단순한 암산 문제처럼 잠깐 동안 정보들을 기억해서 풀어야 하는 문제에 대답하지 못한다.	
42	간단한 규칙이나 지문에 대한 내용을 듣거나 읽고 이해하지 못할 때가 있다.	
43	호기심이 적어서 사물이나 개념에 대해 "이게 뭐예요?", "왜요?" 등의 질문을 하지 않는다.	
44	게임과 같은 것을 제외하고, 재미없는 무엇인가를 할 때에 쉽게 산만해진다.	
45	질문했을 때 대답을 들으려면 오래 기다려야 한다.	
46	친구 사귀기가 어렵다.	
47	특정 기술이나 과제에서 실패했을 때, 필요 이상으로 좌절하는 모습을 보인다.	
48	자주 운다.	
49	집중해야 하는 시간에 착석이 어렵다.	
50	자신의 행동이 다른 사람을 괴롭히는 행동일 수 있는데 잘 모른다.	
51	무슨 일이든 시작할 때 어려움이 있다.	
52	새로운 상황(학년이 바뀌거나 시설에서 방이 바뀔 때)에 적응할 때 어려워한다.	
53	내내 우울하다가 갑자기 지나치게 흥분하는 등 기분 변화가 심하다.	
54	스스로 해결할 수 있는 일이 거의 없을 만큼 매우 의존적이다.	
55	목표 달성을 위해 필요한 행동이나 실천을 하지 못한다.	
56	방 안이나 책상 위에 있는 물건을 잘 찾지 못한다.	
57	친구들 사이에서 따돌림을 당한다.	
58	또래로부터 괴롭힘을 당한 적이 있다.	
59	물건을 자주 잃어버린다.	
60	근심스럽거나 답답해하며 활기가 없어 우울해 보인다.	
61	자주 다른 사람을 탓하거나 비난한다.	
62	자신의 나이보다 더 어린 아이처럼 말하거나 행동할 때가 자주 있다.	
63	갈등이 생겼을 때 적절히 대응하지 못한다(예: 체격이 큰데도 불구하고 운동장에서 작은 아이가 때려도 맞고는 아무 말도 하지 않고 피하기만 하거나 필요 이상으로 공격적이다).	
64	사소한 자극에도 반응하느라 집중하지 못한다.	
65	다른 사람들로부터 연령에 비해 순진하고 착하다는 말을 자주 듣는다.	
66	여러 사람이 대화하는데 흐름과 무관한 엉뚱한 이야기를 꺼낼 때가 있다.	
67	행동이 느리다.	
68	다른 사람과의 대화에 거의 참여하지 않는다.	
69	상대방의 숨은 의도를 알아채지 못한다.	
70	같이 지내는 무리들 사이에서 혼자 있는 모습이 자주 보인다.	
71	책상 위나 서랍, 옷장이 정리되어 있지 않다.	
72	자기 물건을 놓아둔 위치를 자주 잊어버려서, 찾을 때마다 다른 사람에게 물어본다.	

문항 번호	구분 0: 전혀 그렇지 않다 1: 약간 그렇다 2: 상당히 그렇다 3: 매우 그렇다	표시 0~3점
73	잠시도 가만히 있지 못하고 지나치게 활동적이다.	
74	핸드폰이나 컴퓨터로 인터넷이나 게임을 하는 시간이 하루에 2시간 이상이다.	
75	자신의 행동이 남을 성가시게 함을 잘 깨닫지 못한다.	
76	평상시에 순하다가 예상치 못한 순간에 분노 폭발처럼 공격적인 모습을 보일 때가 있다.	
77	행동하기 전에 생각하지 않는다.	
78	놀이할 때 규칙 이해를 어려워한다.	
79	약속이나 규칙 지키기를 자주 잊는다.	
80	배경지식과 경험이 부족해서 상식적인 질문에도 대답을 잘 하지 못한다. (예를 들어 "동물원에는 어떤 동물들이 있을까요?"라는 질문에 아무것도 떠올리지 못하는 아동)	
81	학습을 하려고 하지 않는다.	
82	초등학교 입학 유예 또는 학교 재학 중에 학년 유급을 고려한 적이 있다.	
아래의 항목들은 학습과 관련된 것입니다. 미취학 아동의 경우에는 표기하지 않으셔도 좋습니다.		
83	한글 읽기가 능숙하지 않다.	
84	책을 읽고 나서 무슨 내용이었는지 물어보면 간단한 질문에도 대답하지 못한다.	
85	지시 사항이나 지문을 보고 적합한 행동이나 답을 하지 못한다.	
86	글을 쓰거나 문자를 보낼 때 맞춤법을 틀린다.	
87	흘려 쓰거나 잘 못 써서 글씨를 제대로 알아보기가 힘들다.	
88	사칙연산(덧셈, 뺄셈, 곱셈, 나눗셈) 중에서 못하는 연산이 있다.	
89	돈 계산을 잘하지 못한다.	
90	시계 보기를 잘 못한다.	
91	약속된 시간에 맞추려면 집에서 몇 시쯤 나서야 할지 알지 못한다.	
92	어떤 일을 끝마치는 데 필요한 시간을 예측하지 못한다.	
93	구구단을 외우지 못한다.	
94	암산으로 한 자릿수의 간단한 덧셈과 뺄셈을 하지 못한다.	
95	과제나 시험 등을 위해 스스로 계획하고 실천하기를 어려워한다.	
96	현재의 학년에 적합한 수준의 학습능력을 갖추지 못해서 학업 진도를 따라가지 못한다.	
97	학습 도움반이나 특수학급에 들어갈 것을 권유받은 적이 있다.	

출처: "2025년 경계선지능아동 맞춤형 사례관리서비스 1차 대상자 모집", [붙임2] 신청서류 서식 중 '경계선지능아동 선별 체크리스트', 아동권리보장원, 2025.
https://www.ncrc.or.kr/ncrc/na/ntt/selectNttInfo.do?mi=1053&bbsId=1021&nttSn=8171&cataGori=&tabName=

2. 종합심리검사(Full-Battery Test)

아동이 경계선지능으로 진단받기 위해서는 기본적 인지기능에 대한 지능검사 외에도 정서 상태, 성격 특징, 대인관계, 핵심 갈등, 심리적 자원 등 심리적 기능 전반을 종합적으로 탐색하는 종합심리검사를 수행하게 된다(아주대학교 아주심리상담센터, 2025). 현재 보호대상아동이나 가정 밖 청소년의 경계선지능 진단은 대부분 가정위탁이나 복지시설 입소 전·후에 이루어지는 종합심리검사 결과를 통해 이루어진다. 입소 후에라도 보호 과정에서 만일 아동이 경계선지능으로 의심될 경우, 경계선지능 선별 체크리스트를 통해 일차적으로 경계선지능 정도를 확인한 후 최종적으로 종합심리검사를 통해 진단받게 된다.

종합심리검사는 (대학)병원 정신건강의학과, 심리상담센터, 종합복지관 등에서 실시한다. 검사 항목에는 지능검사, 심리·정서·성격검사, 학습검사, 부모검사 등이 포함되며, 아동의 연령, 특성, 상황, 기타 요청 사항에 따라 그 구성이 일부 달라질 수 있다(구성 EAP, 2025). 이러한 검사 종류 외에 검사기관별, 지역별로도 비용에 차이가 있어, 일반적으로 종합심리검사 비용은 30만 원 이상에서 60만 원 미만 수준인 것으로 파악되었다.

세부 검사 항목을 살펴보면, 지능검사인 K-WAIS(한국 웩슬러 성인용 지능검사, 만 16세 이상 성인), K-WISC(한국 웩슬러 아동 지능검사, 만 6세 이상 17세 미만), K-WPPSI(한국 웩슬러 유아 지능검사, 만 2세 이상 8세 미만)를 통해 학습 능력과 인지적 특성, 행동·정서·대인관계 및 특성, 지적 능력과 기능의 효율성 평가가 이루어진다(구성 EAP, 2025). 정서·심리·성격검사는 MMPI-A/MMPI-2(미네소타 다면적 인성검사), Rorschach (로샤 검사), BGT(시각-운동 통합 검사), HTP, KFD(투사적 그림 검사), SCT(문장 완성 검사), MBTI/TCI(성격 검사)가 포함되며, 이러한 검사들을 통해 정서적 안정감이나 의식적·무의식적 욕구나 갈등, 자신에 대한 이미지,

타인에 대한 지각, 친구나 이성에 대한 태도, 대인관계 특성을 파악한다(구성 EAP, 2025). 아동·청소년의 경우, 부모 검사가 추가로 이루어져 성격 특성, 대인관계 특성, 양육 태도를 파악하기 위한 MMPI, MMPI-2, SCT, ANAMNESIS, NICHQ, KPRC(한국아동인성평정척도), TCI 검사가 수행된다(구성 EAP, 2025).

〈표 2-2-5〉 종합심리검사의 구성(사례)

구분	검사명	설명
지능검사	K-WAIS(만 16세 이상 성인) K-WISC(만 6세 이상 17세 미만) K-WPPSI(만 2세 이상 8세 미만)	학습능력-인지적 특성(장점과 단점) 행동 특성-정서, 대인관계 및 특성 지적 능력과 기능의 효율성에 대한 평가
정서/심리/ 성격검사	MMPI-A/MMPI-2 Rorschach(로샤 검사), BGT(시각-운동 통합 검사), HTP, KFD(그림 검사), SCT(문장 완성 검사), MBTI/TCI(성격 검사)	정서적 안정감, 의식적·무의식적 욕구나 갈등 자기 자신에 대한 이미지, 타인에 대한 지각 친구나 이성에 대한 태도, 대인관계 특성
부모검사 (아동·청소년의 경우)	MMPI, MMPI-2, SCT, ANAMNESIS, NICHQ, KPRC, TCI(아동)	성격 특성 대인관계 특성 양육 태도

출처: "종합심리검사의 구성", 구성 EAP, 2025.
https://www.gusung.co.kr/theme/gusung/html/psychological/01.php

아동권리보장원(2025)의 '경계선지능아동 맞춤형 사례관리서비스'에서도 경계선지능 진단 아동의 신청 자격에서 신청일 기준 2년 내 종합심리검사 결과를 요구하고 있다. 주로 지능지수 기준으로 지원 대상자를 선별하고 있어 K-WPPSI, K-WISC-Ⅳ 또는 Ⅴ에 따른 지능지수 71~84(오차범위 ±5)로 경계선지능 범주에 해당하는 아동이 지원 대상자로 선정된다(아동권리보장원, 2025).

제3절 경계선지능아동·청소년의 특성 및 지원 욕구

1. 가정외보호를 받는 경계선지능아동

가정외보호를 받는 경계선지능아동은 복합적이고 중첩된 어려움에 직면한다. 이들의 고충은 크게 세 가지 차원에서 동시에 작용하며 서로 영향을 미친다.

첫째, 경계선지능이라는 인지적 특성으로 인한 학습, 사회적 상호작용, 그리고 적응적 행동의 어려움이 기저에 존재한다(정희정, 이재연, 2005).

둘째, 원가정에서의 경험과 원가정으로부터 분리되는 과정에서 비롯된 어려움이 있다. 원가정에서 분리되는 원인이 된 부적절한 양육 환경으로 인한 발달적 취약성, 또는 불안정한 가정 환경으로 인한 정서적, 발달적 면에서의 결핍이다(Osward, et al., 2010; Unrau et al., 2008). 상당히 많은 경우 적절한 양육, 정서적 지지, 안정감 등의 결핍을 포함하며, 이는 결과적으로 아동의 전반적인 발달에 부정적인 영향을 미쳤을 수 있다. 다른 하나는 가족과의 분리 자체로 인한 상실감, 애착 문제, 정체성 혼란 등이다. 이 두 측면은 아동의 정서적 안정과 발달에 지속적인 영향을 미친다.

셋째, 아동양육시설 및 공동생활가정이라는 특수한 환경에서의 생활로 인해 발생하는 어려움이 있다. 여기에는 개별화된 돌봄의 부족, 사회화 기회의 제한, 그리고 자립 준비의 어려움 등이 포함된다.

이 내용을 도식으로 나타내면 [그림 2-3-1]과 같다.

[그림 2-3-1] 가정외보호 경계선지능아동의 어려움

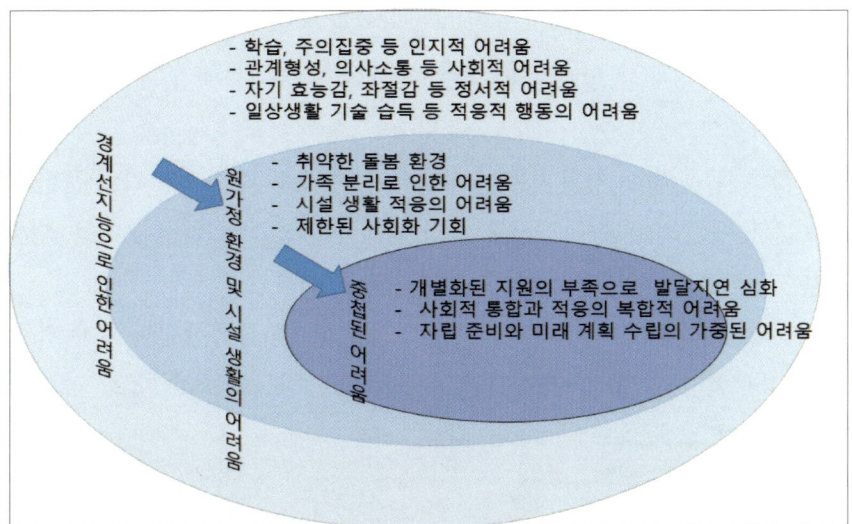

출처: 저자 작성

이러한 다차원적 어려움의 상호작용은 경계선지능아동의 전인적 발달에서 취약성을 가중시키고, 현재의 적응뿐만 아니라 미래의 자립과 사회통합에도 심각하게 영향을 미칠 수 있다. 따라서 이들을 위한 지원 방안을 모색할 때는 단편적 접근을 지양하고, 인지적, 정서적, 환경적 요인을 모두 고려한 통합적이고 개별화된 접근이 필요하다. 본 절에서는 이 두 가지 요소, 즉 경계선지능아동이 갖는 발달적 욕구와 아동양육시설 및 공동생활가정 아동의 욕구를 통합적으로 고려하여 발달 관련 지원 욕구, 거주 환경과 관련된 욕구, 자립을 위한 지원 욕구의 세 가지 주요 영역으로 나누어 살펴보고자 한다.

첫째, 발달과 관련된 지원 욕구는 경계선지능아동의 인지적, 정서적 발달 특성과 시설 거주로 인한 발달적 위험 요인을 함께 고려해야 한다. 특히 품행 문제의 유무에 따라 구분하여 논의할 필요가 있으며, 개별 아동의 특성에 따른 어려움을 고려해야 한다.

둘째, 거주 환경 적응과 관련된 지원 욕구는 경계선지능아동의 적응 능력 부족과 시설 생활이라는 특수한 환경에서 겪는 적응 문제를 함께 다룰 필요가 있으며, 이는 일상생활 기술, 또래 및 양육자와의 관계 형성 등을 포함한다.

셋째, 자립을 위한 지원 욕구는 경계선지능아동의 장기적인 자립 준비의 필요성과 시설 퇴소 후 독립생활에 대한 준비를 결합한 것이다. 이는 직업 교육, 금전 관리, 사회적 기술 등을 포함한다.

이러한 다각적 접근을 통해, 아동양육시설 및 공동생활가정에 거주하는 경계선지능아동의 복합적인 욕구를 포괄적으로 이해하고, 적절한 지원 방안을 모색할 수 있을 것이다.

가. 발달 관련 지원 욕구

가정외보호 경계선지능아동은 경계선지능으로 인한 일반적인 어려움과 더불어 시설이나 위탁가정에 오기 전까지 원가정에서의 생활 경험 및 시설 입소 과정에서의 어려움이 중첩되어 심리·정서적인 어려움을 같이 겪고 있거나 행동 문제를 가지고 있는 아동이 상대적으로 많다(Doizser, et al., 2012; Van IJzendoorn et al., 2011).

특히 아동양육시설 및 공동생활가정에서 생활하는 경계선지능아동의 발달 지원 욕구는 복잡하고 다층적인 특성을 지닌다. [그림 2-3-2]는 이러한 복합적인 욕구를 직관적으로 보여주기 위한 도식인데, 이를 통해 경계선지능아동이 직면하는 다양한 어려움의 상호연관성을 파악할 수 있다. 전문위탁가정의 경우, 아동이 시설이 아닌 가정이라는 환경에서 성장한다는 측면에서 차이를 보이나, 경계선지능아동이 경험하는 다양한 어려움은 아동별로 정도의 차이가 있더라도 특성은 비슷하게 나타날 수 있다.

[그림 2-3-2] 가정외보호 경계선지능아동의 발달 지원 욕구

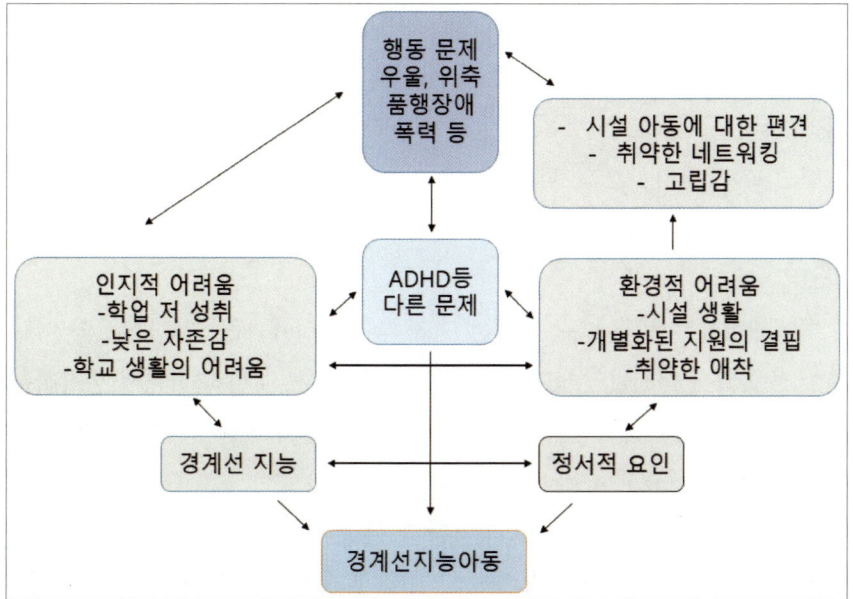

출처: 저자 작성

경계선지능아동은 인지적, 사회적, 정서적 영역에서 다양한 어려움을 경험한다. 먼저, 인지적 영역에서는 추상적 개념을 이해하는 능력의 부족, 느린 학습 속도, 주의집중 시간의 부족, 학업 성취도 저하 등이 두드러진다. 이러한 특성은 단순히 학업 수행의 문제를 넘어 학교적응과 사회적 관계를 포함하여 일상생활에 광범위하게 영향을 미친다(류인혜, 2020; 정희정, 이재연, 2005).

다음으로, 사회적 영역에서는 또래 관계 형성 및 유지의 어려움, 사회적 단서 해석의 어려움, 집단생활 규칙 이해와 준수의 어려움, 의사소통 능력의 부족 등이 주요한 문제로 대두된다. 이러한 사회적 어려움은 시설 생활 환경에서 더욱 두드러질 수 있다. 왜냐하면 시설에서는 다수의 아동이 함께 생활하며, 이는 더 복잡한 사회적 상황을 만들어내기 때문이다.

Berridge et al.(2020)의 연구에 따르면, 시설보호 아동은 더 많은 사회적 상호작용을 경험하지만, 충분히 이해받는 깊이 있는 관계를 형성하기 어려운 측면이 있고, 아동의 정서적 욕구에 대하여 적절하게 반응하기 어려운 상황도 빈번하게 발생하기 때문에 상호작용의 질이 낮을 수 있다고 지적한다. 그러므로 경계선지능아동의 경우, 인지적 취약성이 이러한 복잡한 사회적 환경에서 적절히 대응하는 데 더 큰 어려움을 불러일으킬 수 있다.

마지막으로, 경계선지능아동은 인지적 취약성에 시설 환경에서의 어려움이 중첩되어 정서발달에도 영향을 받을 수 있다. 시설 환경에서 성장하는 경계선지능아동의 경우, 안정적인 애착 관계 형성의 어려움이 더욱 두드러질 수 있다(Vacaru et al., 2018; Van IJzendoorn et al., 2011). 이는 장기적으로 정서적 안정성과 대인관계 형성에 부정적인 영향을 미칠 수 있으며 사회 적응 문제로 이어질 수 있다(주해란 외, 2022).

이와 같이 경계선지능아동의 인지적, 정서적 어려움은 서로 밀접하게 연관되어 있으며, 시설 환경이라는 특수한 상황과 결합되어 더욱 복잡한 양상을 띠게 되며, 시설 환경 요인, 즉 개별화된 관심과 지원의 부족, 안정적인 애착 관계 형성의 어려움 등은 경계선지능아동의 발달적 어려움을 더욱 가중시킬 수 있다.

발달 과정에서의 어려움과 함께 특히 주목해야 할 점은 이러한 복합적인 어려움이 결과적으로 행동 문제로 표출될 수 있다는 것이다. 인지적 제한, 사회적 기술의 부족, 정서적 불안정성, 그리고 시설 환경의 특수성이 복잡하게 결합되어 공격성, 충동성, 위축 등의 문제행동으로 나타날 수 있다(Doizser, et al., 2012; McCall & Groark, 2015). 이러한 행동 문제는 단순히 개별 요인의 결과가 아니라, 여러 요인들의 복잡한 상호작용의 결과로 이해해야 한다.

따라서 경계선지능아동에 대한 지원은 이러한 복합적인 욕구를 종합적으로 고려하여 현재 아동에게 두드러지게 나타나는 인지적 어려움이나 행동 문제에만 초점을 맞추기보다는 어려움을 유발하는 원인에 대한 보다 심층적인 탐구가 필요하며, 지원 방법도 이런 원인들을 종합적으로 고려한 다차원적 접근이 필요하다.

결론적으로, 가정외보호를 받는 경계선지능아동이 직면하는 발달적 어려움은 단순히 개별적인 문제가 아니라, 여러 요인이 복합적으로 작용하는 다층적인 현상이다. 이에 대한 깊이 있는 이해와 종합적인 접근은 이들 아동의 건강한 발달과 성공적인 사회 적응을 위해 필수적이다.

나. 거주 환경 적응 관련 지원 욕구

아동양육시설 및 공동생활가정에 거주하는 경계선지능아동들은 특수한 환경으로 인해 양육 환경 적응에 관한 다양한 지원 욕구를 나타낸다. 이러한 욕구는 시설 내 안정적 생활 적응, 또래 및 양육자와의 관계 형성, 그리고 시설 외부 환경 적응 등 여러 측면에서 나타난다.

일반적으로 아동이 원가정에서 아동양육시설 및 공동생활가정, 또는 위탁가정으로 전환되는 과정은 상당한 스트레스와 적응의 어려움을 동반한다. 이 과정에서 아동들은 익숙한 환경과 주 양육자로부터의 분리, 새로운 환경에 대한 불안과 두려움, 그리고 자신의 상황에 대한 혼란과 상실감 등 복합적인 정서적 어려움을 경험한다.

Unrau et al.(2008)의 연구에 따르면, 특히 시설 입소 과정에서 아동들은 심각한 정서적 외상을 경험할 수 있으며, 이는 장기적인 적응 문제로 이어질 수 있다. 더불어, 원가정에서의 부정적인 경험(예: 학대, 방임)으로 인한 트라우마가 있는 경우, 이는 새로운 환경에 적응하는 것을 더욱 어렵게 만드는 요인이 된다. Oswald et al.(2010)은 학대나 방임을 경험한 아동들이 새로운 양육 환경에서 신뢰 관계를 형성하는 데 특히 어려움을 겪는다고 보고했다.

이러한 상황에서 경계선지능아동은 더욱 큰 어려움에 직면할 수 있다. 경계선지능아동은 인지적 특성으로 인해 환경 변화를 이해하고 대처하는 데 추가적인 어려움을 겪을 수 있다. Emerson et al.(2010)의 연구에 따르면, 인지적 지연(cognitive delay)이 있는 아동들은 새로운 상황을 이해하고 적응하는 데 더 많은 시간과 지원이 필요하다. 경계선지능아동들도 비슷하게 변화의 이유를 완전히 이해하지 못하거나, 새로운 환경의 규칙과 기대를 파악하는 데 어려움을 겪을 수 있다.

또한, 경계선지능아동은 자신의 감정을 인식하고 표현하는 데 어려움을 겪을 수 있어, 전환 과정에서 겪는 복잡한 감정들을 적절히 이해하고 조절하지 못할 수 있다. Dekker와 Koot(2003)은 경계선지능아동이 정서 인식과 표현에 어려움을 겪는데, 이는 스트레스 상황에서 더욱 두드러진다고 보고했다. 이들은 전환 과정에서 겪는 스트레스와 불안을 더 강하게 경험하거나, 이를 부적절한 방식으로 표출할 수 있다(Fenning et al., 2011). 예를 들어, 슬픔이나 상실감을 공격적 행동으로 표현하거나, 불안과 두려움을 회피 행동으로 나타낼 수 있다(Stein et al., 2011). 또한, 자신이 경험하는 감정을 명확히 인식하지 못해 신체화 증상(예: 두통, 복통)으로 불편감을 표현할 수도 있다(de Ruiter et al., 2007). 이러한 부적절한 감정 표현은 새로운 환경에서 적응하는 것을 더욱 어렵게 만들고, 양육자나 또래와 관계를 형성하는 데 부정적인 영향을 미칠 수 있다.

경계선지능아동은 새로운 관계를 형성하는 데 있어서도 추가적인 어려움을 겪을 수 있다. 사회적 단서를 해석하고 적절히 반응하는 데 어려움을 겪는 이들의 특성상, 새로운 양육자나 또래와 관계를 형성하는 것이 더욱 힘들 수 있다. Gresham(2009)의 연구는 경계선지능아동이 사회적 기술 부족으로 인해 새로운 환경에서 관계 형성에 어려움을 겪을 수 있다고 지적했다.

전환 과정의 어려움에 더하여, 경계선지능아동은 양육시설 및 공동생활가정의 양육 환경 적응 과정에서 어려움을 겪는다. 경계선지능아동이 겪는 어려움은 시설 내 안정적 생활 적응, 또래 및 양육자와의 관계 형성, 그리고 시설 외부 환경 적응 등 여러 측면에서 나타날 수 있다. 시설 내 안정적 생활 적응과 관련하여 경계선지능아동들은 일상적인 규칙과 일과를 이해하고 따르는 데 어려움을 겪을 수 있다. James et al.(2012)의 연구에 따르면, 시설보호 아동들, 특히 인지적 제한이 있는 아동들은 구조화된 환경에 적응하는 데 상당한 시간과 지원이 필요하다고 한다.

또한 또래 및 양육자와 관계를 형성하는 측면에서는, 경계선지능아동들이 사회적 단서를 해석하고 적절히 반응하는 데 어려움이 있을 수 있다. Sallnäs et al.(2004)는 시설보호 아동들, 특히 경계선지능아동들이 또래 관계 형성에 어려움을 겪으며, 이는 장기적인 사회적 고립으로 이어질 수 있다고 지적했다. 이러한 사회적 어려움은 시설 내부에 국한되지 않고 시설 외부 환경에서의 적응에도 영향을 미친다.

보호조치가 이루어지면 아동은 원 주거지에서 이주해서 새로운 장소에서 생활을 시작하므로 시설 외부 환경에 대한 적응 지원 욕구 역시 중요한 문제로 대두된다. 경계선지능아동들은 학교나 지역사회와 같은 시설 외부 환경에 적응하는 데 어려움을 겪을 수 있다(Hassiotis et al., 2008). 특히 학교 환경에서는 학업적 어려움뿐만 아니라 사회적 상호작용의 문제도 경험할 수 있다. 이는 시설 내에서 경험하는 또래 관계 형성의 어려움이 학교라는 더 넓은 사회적 맥락에서도 지속되는 것을 의미한다. 경계선지능아동들은 지역사회 내에서 다양한 활동에 참여하고 적절히 기능하는

데 어려움을 겪을 수 있다(Snell et al., 2009). 지역사회 자원을 활용하는 방법, 대중교통 이용하기, 기본적인 구매 활동 수행하기 등 지역사회에서의 독립적인 기능을 위한 기술을 습득하는 데 어려움을 겪을 수 있다.

경계선지능아동은 아동양육시설이나 공동생활가정의 특수한 거주 환경에 따라 다양한 어려움을 겪고 있다. 이러한 다양한 적응 관련 지원 욕구에 대응하기 위해서는 경계선지능아동의 인지적 특성과 개별적인 경험을 고려한 맞춤형 지원 전략이 필요하다. 이는 안정적이고 예측 가능한 환경 제공, 사회적 기술 훈련, 개별화된 학습 지원 등을 포함해야 하며, 장기적이고 지속적인 관점에서 접근해야 한다.

다. 자립을 위한 지원 욕구

가정외보호를 받는 경계선지능아동들이 미래를 준비할 수 있도록 지원하는 일은 이들의 성공적인 성인기 전환과 사회 적응에 핵심적인 역할을 한다. 이러한 지원은 크게 진로 탐색 및 직업 준비, 자립 생활 준비, 그리고 퇴소 후 사회 적응을 위한 지원으로 나눌 수 있다. 물론 이 세 영역은 서로 독립적이기보다는 상호 연관되어 있다.

진로 탐색 및 직업 준비 과정에서 경계선지능아동들은 특별한 어려움을 겪을 수 있다. 임주원 외(2021)는 이들이 자신의 능력과 적성을 파악하는 데 어려움을 겪으며, 직업 세계에 대한 이해가 제한적일 수 있다고 지적한다. 한윤선 외(2017)의 연구에서는 경계선지능아동들이 직업 세계에 대한 이해력이 매우 제한적이라고 보고했다. 이들은 다양한 직업의 존재와 각 직업이 요구하는 기술, 자격 등에 대한 정보를 습득하고 처리하는 데 어려움을 겪으며, 최근에는 디지털 리터러시의 부족으로 진로 및 직업 정보에 접근해서 효과적으로 활용하는 데 제한이 있는 경우도 많다. 어떤 경우에는 추상적인 직업 정보를 실제 상황과 연결 짓는 데도 상당한 어려움을 겪으며 자신의 미래 직업을 구체적으로 그려내기 어려워한다. 이런 어려움은 경계선지능아동이 장기적인 직업 계획을 수립하는 데 큰 장벽으로 작용하기도 한다.

이상정 외(2019)의 연구에서는 경계선지능아동들이 진로 결정 과정에서 극심한 불안과 우유부단함을 보이는 경향이 있다고 지적한다. 이는 결정 능력의 부족뿐만 아니라, 실패에 대한 두려움과 낮은 자기효능감에서 비롯되며, 이로 인해 진로 탐색 자체를 회피하거나, 비현실적인 진로 목표를 설정하는 경우가 많다. 더불어 이들은 직업 현장에서 요구되는 사회적기술과 의사소통에서 어려움을 겪고 있으며 이는 취업 과정에서 상당한 장벽이 되기도 하고 취업 후 적응에도 영향을 미치는 것으로 나타났다 (유진희, 김민경, 2020).

이러한 다양한 어려움들은 경계선지능아동의 진로 탐색 및 직업 준비 과정을 복잡하고 도전적인 과제로 만든다. 따라서 이들을 위한 진로 교육 및 직업 준비 프로그램은 이러한 어려움들을 충분히 인식하고, 이에 대응할 수 있는 맞춤형 접근을 해야 한다. 단순한 정보 제공을 넘어 실제적인 직업 체험과 훈련, 장기적이고 단계적인 진로 지도, 사회적 기술 훈련, 디지털 리터러시 향상 프로그램 등이 통합적으로 제공되어야 할 것이다.

자립 생활 준비 지원은 경계선지능아동들이 독립적인 성인으로 살아가는 데 필요한 실질적인 기술을 습득하도록 돕는 과정이다. 변숙영 외(2021)의 연구는 이들이 일상생활 관리, 금전 관리, 건강 관리 등의 영역에서 더 많은 훈련과 지원이 필요함을 보여준다. 특히 반복적이고 구체적인 훈련이 효과적이며, 실제 상황에서의 연습 기회를 제공하는 것이 중요하다. 예를 들어, 모의 가정 환경에서 실제로 요리를 하거나 예산을 세워보는 등의 활동이 이들의 자립 능력 향상에 도움이 될 수 있다.

퇴소 후 사회 적응을 위한 지원은 시설 퇴소라는 큰 변화에 대비하기 위한 것이다. 변숙영 외(2022)의 연구에서는 경계선지능아동들이 퇴소 후에 주거, 취업, 대인관계 등 다양한 영역에서 어려움을 겪을 수 있음을 지적한다. 따라서 퇴소 전부터 체계적인 준비 프로그램이 필요하며, 퇴소 후에도 일정 기간 지속적인 사후관리가 이루어져야 한다. 이는 주거 지원, 취업 알선, 심리상담 등 다양한 형태로 제공될 수 있다. 그리고 이러한 지원은 개별 아동의 특성과 필요에 맞춰 맞춤형으로 제공되어야 하며, 장기적인 관점에서 계획되고 실행될 필요가 있으며 시설, 학교, 지역사회 등 다양한 주체들의 협력이 필요하다.

2. 가정외보호를 받는 경계선지능청소년

「청소년복지 지원법」 제2조의 2(실태조사)에 의해 실시되는 위기청소년 지원기관 이용자 생활실태조사 대상에는 청소년복지시설 이용 청소년이 포함되어 있다. 청소년복지시설의 종류로는 청소년쉼터, 청소년자립지원관, 청소년치료재활센터, 청소년회복지원시설이 있다(청소년복지 지원법 제31조).

청소년복지시설을 이용하는 경계선지능청소년의 상당수가 위기청소년에 해당하므로, 본 연구에서는 여성가족부에서 실시한 '위기청소년 지원기관 이용자 생활실태조사'(황여정 외, 2022)와 전국의 중장기 청소년쉼터와 자립지원관의 종사자, 그리고 보호 청소년을 대상으로 경계선지능청소년에 대해 조사한 '청소년쉼터 내 경계선지능청소년 실태조사 및 지원방안 연구'(박현숙, 2022)를 비교 분석하여 청소년복지시설 내 경계선지능청소년의 특성과 지원 욕구를 파악하고자 한다.

단, 두 조사 연구의 동일한 설문 문항들에 한해 비교 분석했음을 밝혀

둔다. 이 외에 청소년복지시설과 관련된 문헌들에서 경계선지능청소년의 정신건강이나 지원과 관련된 내용들을 찾아 함께 분석하였다.

가. 청소년복지시설 이용 경계선지능청소년 특성 및 욕구: 청소년조사

1) 심리·정서적 특성

위기청소년 지원기관 이용자 생활실태조사(이후 '위기청소년 실태조사')에서 자신에 대해 스스로 만족하거나 자신을 소중한 존재로 여기는 '자존감' 수준은 4점 만점 기준 전체 위기청소년이 평균 2.9점, 청소년쉼터 및 자립지원관 이용 청소년이 2.8점으로 상대적으로 낮게 나타났다(황여정 외, 2022). 청소년쉼터 내 경계선지능실태조사(이후 '경계선지능청소년 실태조사')에서도 비경계선지능청소년 2.8점, 경계선지능청소년이 2.8점으로 유사한 결과를 보였다(박현숙, 2022).

삶에 만족하는 정도를 묻는 '삶에 대한 인식' 항목은 4점 만점에 전체 위기청소년이 평균 2.9점으로 보통 수준이었고, 청소년쉼터 및 자립지원관 이용 청소년은 2.7점으로 기관 유형 중 삶에 대한 긍정적 인식 수준이 가장 낮게 나타났다(황여정 외, 2022). 경계선지능청소년 실태조사에서는 비경계선지능청소년 2.8점, 경계선지능청소년 3.0점으로 경계선지능청소년이 삶에 대한 만족도가 오히려 높았다(박현숙, 2022).

충동적으로 또는 기분에 따라 행동하는 정도를 파악하는 '(약한)자기통제력'은 전체 위기청소년의 경우 4점 만점에 평균 2.4점으로 나타났다(황여정 외, 2022). 경계선지능청소년 실태조사에서는 비경계선지능청소년이 2.0, 경계선지능청소년이 2.4로 경계선지능청소년의 충동성이 더 높은 것으로 나타났다(박현숙, 2022).

자존감과 삶에 대한 긍정적 인식 면에서 전체 위기청소년, 청소년 쉼터 내 비경계선지능청소년과 경계선지능청소년은 큰 차이를 보이지 않았다. 이는 자존감이나 삶에 대한 긍정적 인식 면에서 경계선지능청소년이 비경계선지능청소년에 비해 낮다는 연구 결과들과 상충되는 부분이다. 이러한 연구 결과의 차이는 경계선지능의 여부와 상관없이 위기청소년이라는 공통적인 어려움에 노출되어 있다는 점도 영향을 미쳤을 것이다. 또한, 자기보고 형식의 조사에서 경계선지능청소년의 자기 통찰 능력, 현실에 대한 문제의식이나 앞날에 대한 예측 능력이 상대적으로 부족해서 자신의 현 상태에 대한 신뢰할 수 있는 보고가 어렵다는 점 때문에 발생했을 것으로 판단된다. 충동성 부분에서는 비경계선지능청소년에 비해 경계선지능청소년은 자기통제 능력이 더 낮아서 충동적으로 행동하는 특성 때문에 적응하는 데 더 큰 어려움을 겪을 것으로 추측된다.

아동양육시설 거주 청소년과 청소년쉼터 거주 청소년의 정신건강을 비교한 연구에서 청소년쉼터 대상자들의 주관적 정신건강이 더 좋지 못하고, 자존감도 더 낮았으며, 우울/불안은 더 높은 것으로 나타났다(전연우 외, 2023). 이는 경계선지능청소년에게도 해당할 수 있으므로 아동양육시설에 비해 청소년쉼터 거주 경계선지능청소년의 정신건강이 더 취약할 수 있음을 예측할 수 있다. 특히, 청소년쉼터에는 충동성 조절이 어려운 행동장애가 임상 수준에 해당할 만큼 높은 청소년의 비율이 70%에 달한다는 연구 결과(이종성, 곽영숙, 2001)를 종합했을 때, 청소년복지시설 내 경계선지능청소년의 정신건강 관리를 위한 지원, 이들이 충동성을 조절하고 자제력을 갖도록 행동 변화를 이끌기 위한 적극적 지원이 필요하다.

2) 사회적 성향 및 문제해결 역량

타인의 감정 또는 의견에 공감하는 정도를 반영하는 '타인에 대한 이해'는 위기청소년의 경우 4점 만점에 3.1점으로 양호한 수준이었다(황여정 외, 2022). 경계선지능청소년 실태조사에서는 비경계선지능청소년이 3.2점, 경계선지능청소년이 2.9점으로 경계선지능청소년의 타인에 대한 이해도가 더 낮은 것으로 나타났다(박현숙, 2022).

다음으로 문제해결을 위해 구체적인 계획이나 내용을 공유하거나, 함께 해결하기 위해 노력하는 '갈등해결 역량' 면에서 위기청소년은 4점 만점에 2.8점으로 중간 정도의 수준을 나타냈다. 경계선지능청소년 실태조사에서는 비경계선지능청소년이 2.9점, 경계선지능청소년이 2.4점으로 경계선지능청소년의 갈등해결 역량이 낮은 수준으로 나타났다(박현숙, 2022).

또한 최근 1년 동안 밖에 나가거나 외부 활동을 하지 않거나, 며칠 동안 집에만 있었던 경험이 있는지를 묻는 '은둔형 외톨이 성향' 항목에서 위기청소년의 경우 '그렇다'는 응답이 46.7%였다. 경계선지능청소년 실태조사에서는 비경계선지능청소년은 20%, 경계선지능청소년은 36.4%로 경계선지능청소년의 은둔형 외톨이 성향이 더 높은 것으로 나타났다.

위의 조사 결과를 종합하면, 경계선지능청소년은 비경계선지능청소년에 비해 타인에 대한 이해의 정도가 더 낮고, 갈등해결 능력이 더 부족하며, 은둔형 외톨이의 성향을 더 많이 갖고 있는 것으로 파악된다.

인지기능의 결함은 타인이나 갈등 상황에 대해 다각적인 측면에서 분석하거나 대응하는 것을 어렵게 하여 문제해결 능력을 발휘하지 못하게 하는 특성이 있다. 이러한 특성으로 인해 대인관계에서의 실패나 사회적 상황에서 사회적 기술을 제대로 발휘하지 못하는 어려움에 처할 경우, 쉽게 사회 적응을 포기하고 은둔을 고집할 수 있으므로 은둔형 외톨이의 성향을 탐지하여 적극적으로 개입할 필요가 있다.

3) 폭력 피해 경험

위기청소년 지원기관 이용자의 44.4%가 지금까지 부모(또는 보호자)에게서 신체적 폭력 피해를 경험한 적이 있다고 보고했다(황여정 외, 2022). 또한 경계선지능청소년 실태조사에서는 비경계선지능청소년의 62.1%, 경계선지능청소년의 81.8%가 가정폭력 피해 경험이 있다고 보고했다(박현숙, 2022). 이를 종합하면, 전체 위기청소년 대비 청소년쉼터 이용 청소년의 가정폭력 피해 경험이 더 많으며, 그중에서도 경계선지능청소년의 가정폭력 피해 경험의 정도가 더 높은 것으로 파악된다.

경계선지능청소년 실태조사에 따르면, 경계선지능청소년은 가정 외 타인에게 당한 가정 밖 폭력 피해 경험의 유형에서도 '욕설이나 무시하는 말을 지속적으로 들음', '왕따(따돌림)를 당함', '때리거나 괴롭히겠다고 위협을 당함' 등의 피해를 비경계선지능청소년에 비해 4~5배 더 높은 비율로 경험한 것으로 보고했다(박현숙, 2022).

한편, 위기청소년 지원기관 이용자의 4.3%가 성폭력 피해 경험이 있다고 응답했다(황여정 외, 2022). 경계선지능청소년 실태조사에서는 비경계선지능청소년의 6.5%, 경계선지능청소년의 27.3%가 성폭력 피해 경험이 있다고 보고했다(박현숙, 2022). 종합하면, 전체 위기청소년 대비 청소년쉼터 이용 청소년이 성폭력 피해를 더 많이 경험했으며, 그중에서도 경계선지능청소년이 성폭력 피해를 경험하는 정도가 더 높게 나타났다.

경계선지능청소년이 가정폭력, 가정 밖에서의 폭력 피해, 성폭력 피해에 더 많이 노출되고 있음을 알 수 있다. 특히 경계선지능청소년은 가정폭력, 학교폭력과 성폭력 등에 노출되더라도 이를 폭력으로 인식하지 못하거나 진술의 어려움 때문에 신고하거나 도움을 요청하지 못하는 경우가 많다. 따라서 폭력 노출 예방, 폭력에 대한 인식교육, 진술을 위한 소통 연습 등 구체적인 지원책이 마련될 필요가 있다.

4) 우울감, 자해나 자살 관련 경험 등 심리적 어려움

위기청소년 실태조사에서 지원기관 이용자 중 지난 1년간 우울감을 경험했다는 응답자의 비율은 26.2%로 나타났다(황여정, 2022). 경계선지능청소년 실태조사에서는 비경계선지능청소년의 17.9%, 경계선지능청소년의 18.2%가 우울감 경험을 보고했다(박현숙, 2022). 경계선지능청소년은 심리적인 문제가 심각한 상황인데도 이를 표현하고 설명하기 어려워하는 경우가 있으며, 입소한 이후에 정신질환 같은 문제가 드러났을 때 연계 기관을 찾기도 어렵고 쉼터 내 보호에도 어려움이 있을 수 있다.

위기청소년 실태조사에서 지원기관 이용자 중 41.7%가 자해를 생각해 본 적이 있다고 보고했다(황여정, 2022). 경계선지능청소년 실태조사에서는 비경계선지능청소년(35.1%)에 비해 경계선지능청소년(54.5%)이 자해를 생각하는 비율이 더 높은 것으로 나타났다(박현숙, 2022).

위기청소년 실태조사에서 지원기관 이용자 중 46%가 자살을 생각해 본 적 있다고 보고했다(황여정, 2022). 경계선지능청소년 실태조사에서 비경계선지능청소년(44.7%)에 비해 경계선지능청소년(54.5%)은 자살에 대한 생각을 더 많이 하지만 실제로 자살 시도 경험은 더 낮은 것으로 나타났다. 자살 시도 이유에 대해서는 비경계선지능청소년과 경계선지능청소년 모두 가족 간의 갈등(가정폭력이나 학대 등)과 '미래에 대한 불안' 때문이라고 답했다(박현숙, 2022).

경계선지능청소년과 비경계선지능청소년 모두 가정 밖 청소년이면서

위기청소년이라는 공통점을 가지고 있으므로 우울함의 정도에 유의한 차이는 없었다. 자해 경험의 정도는 경계선지능청소년이 더 높고 자살에 대한 생각을 더 많이 하지만, 실제로 자살 시도는 비경계선지능청소년이 더 많이 한 것으로 나타났다. 경계선지능청소년이 자살을 시도하는 경험이 더 낮다는 결과는 실행 능력의 차이에서 기인한다고 볼 수 있겠다. 그러나 50% 이상의 경계선지능청소년이 자살에 대해 생각해 본 적 있다는 응답에 대해서는 신중한 대응책을 마련해야 할 것이다.

5) 정책적 수요

위기청소년이 현재 겪고 있는 어려움을 조사한 결과, '내 미래에 대한 불안감'(45.9%)과 '적성에 맞는 진로 찾는 것'(30.9%)에 대해 어려움을 겪고 있다고 응답했다(황여정, 2022). 경계선지능청소년 실태조사에서 경계선지능청소년은 '가족 간의 갈등'(54.5%)과 '내 미래에 대한 불안감'(27.3%), '적성에 맞는 진로 찾는 것'(27.3%)의 순으로 답했다. 비경계선지능청소년의 경우 위기청소년과 마찬가지로 '내 미래에 대한 불안감'(41.5%)을 주된 어려움이라고 답했다(박현숙, 2022). 특히 경계선지능청소년의 경우 '할 일도 없고, 무엇인가를 하고 싶은 의욕도 없음(무기력함)'(27.3%), '생계가 불안정하고 돈이 필요함'(27.3%)의 어려움을 추가적으로 갖고 있는 것으로 나타났다(박현숙, 2022). 이는 경계선지능청소년이 현재의 상태와 미래의 상태에 대해 막연하게 어려움을 지각하고 있지만 무기력해서 적극적으로 행동하지 못하고 있는 상태가 지속되고 있음을 보여주는 결과라 할 수 있겠다.

6) 희망하는 지원 서비스

희망하는 지원 서비스에 대한 수요 조사에서 위기청소년이 주로 바라는 서비스는 '청소년이 마음 놓고 일할 수 있는 일자리 제공'(81.9%), '직업 교육 훈련(자격증 취득 등)'(76.6%), '건강검진 제공'(76.4%) 등이었다(황여정, 2022). 경계선지능청소년 실태조사에서 경계선지능 의심 청소년의 경우, '청소년이 마음 놓고 일할 수 있는 일자리 제공'(81.9%), '일하면서 겪는 피해(언어폭력, 임금체불 등)에 대한 보호'(81.9%), '직업 교육 훈련(자격증 취득 등)'(63.7%)이 필요하다고 답한 비율이 높아서 일자리 지원 영역에 대한 서비스 욕구가 높았다(박현숙, 2022). 또한 '건강 검진 제공'(81.8%), '각종 질병에 대한 치료'(72.8%) 같은 건강 관리 측면의 서비스를 요구했으며, '다양한 청소년 활동(문화예술, 체육, 진로 체험, 동아리 활동 등) 참여 기회'(81.8%), '모임, 휴식, 놀이 등에 청소년들이 자유롭게 이용할 수 있는 공간 제공'(72.7%)의 요구 비율도 높았다. 반면에 학습/진로에 도움을 주는 멘토(54.6%), 진학이나 진로 탐색(45.5%) 등의 적극적인 진로 준비에 대한 욕구는 비경계선지능인에 비해 상대적으로 낮았다(박현숙, 2022).

나. 청소년복지시설 이용 경계선지능청소년 특성 및 욕구: 종사자조사

1) 시설 종사자가 인식하는 경계선지능청소년의 특성

종사자가 보고한 청소년복지시설 이용 경계선지능청소년의 주된 특성은 의사소통 및 언어발달 부진, 학습능력 부족, 문제해결력 부족, 감정조절 어려움, 충동성이나 문제행동, 미성숙과 사회성 부족이었다(박현숙, 2022).

이는 의사소통이 어렵고, 정서 인식과 정서 조절이 어려우며, 사회적 기술이나 사회성 발달이 부진하고, 학습 동기가 낮아서 학교적응에 어려움을 겪는다는 경계선지능인의 전형적 특성(박윤희 외, 2022; Peltopuro 외, 2014)에 일치하는 결과라 할 수 있다.

이러한 경계선지능청소년의 특성들은 청소년복지시설 입소 후 시설 적응과 쉼터 내에서의 자립 준비에 부정적 영향을 미칠 수 있다. 입소 당시에 경계선지능과 관련한 진단을 받은 경험이 없다고 보고하거나 관련 기록을 소지하지 않은 청소년이 앞에서 서술된 바와 같은 심리적 특성들을 보이면 경계선지능을 의심하고 차후의 개입 절차를 고려해야 할 것이다. 시설 종사자가 경계선지능청소년에 대한 축적된 경험에 따라 경계선지능청소년을 스크린할 수 있지만 각종 관련 조사에서 보고된 특성을 바탕으로 한 평가도구를 만들어서 활용하는 방안도 검토해야 한다.

2) 종사자가 본 경계선지능청소년의 청소년복지시설 적응

경계선지능청소년이 청소년복지시설에서 잘 적응하고 있다는 응답이 66.7%였으며 다소 적응하지 못하고 있다는 응답은 25%였다. 적응하지 못하는 이유는 '우울이나 불안 등의 심리적 불편감', '충동성이나 공격성 때문에 타인에게 피해를 줌', '규칙 지키기의 어려움', '자조 기술의 부족', '또래 관계 어려움'의 순으로 보고했다(박현숙, 2022). 또한 경계선지능청소년이 쉼터나 자립지원관에서 잘 적응하도록 돕기 위해서는 '사회적 기술 훈련', '인지학습치료', '종사자 교육 및 사례별 상담', '자조 기술훈련'의 지원이 필요하다고 답했다(박현숙, 2022).

종사자가 보는 경계선지능청소년이 시설에서 적응하기 어려운 이유들은 경계선지능청소년이 보고한 심리적 특성과 상당 부분 일치한다. 우울이나

불안 같은 심리적 불편감, 충동성과 공격성 같은 경계선지능청소년의 심리적 특성이 청소년복지시설 내 적응에 영향을 미치고 있음을 알 수 있다. 이러한 심리적 특성은 시설 내 규칙 지키기에 어려움을 갖게 하거나 자조 기술의 부족, 또래 관계의 어려움으로 이어질 수 있음을 알 수 있다. 경계선지능청소년의 심리적 특성을 고려한 청소년복지시설 적응 지침과 서비스가 마련되어 특화된 사례관리를 할 수 있어야 할 것이다.

3) 종사자가 본 경계선지능청소년의 사회 적응

청소년복지시설 종사자의 44%는 경계선지능청소년이 학교나 아르바이트 등의 직장생활에 다소 적응하지 못하는 편이라고 답했다(박현숙, 2022). 부적응의 이유는 또래나 동료관계에서의 어려움, 학습 부진 또는 직무능력 부족, 학습이나 직무의 동기 결여 등이라고 보고한 바 있다.

경계선지능청소년이 학교나 아르바이트 등의 직장생활에 적응하기 위해서는 학습지원 또는 직무능력 향상을 위한 직접적인 도움주기(예를 들어; 돈 계산, 이메일 보내기 등을 가르치기), '대인관계능력 향상을 위한 사회적 기술 훈련', '인지학습치료', '진로교육'과 같은 영역에서 개별화된 지원이 필요하다고 답했다. 그 이외에 경계선지능인이 몸 담고 있는 '학교나 직장의 주변인을 위한 인식 교육', '전반적인 사회적 인식 개선을 위한 노력'도 필요하다고 답했다(박현숙, 2022).

4) 청소년복지시설 내 경계선지능 개입 프로그램과 진로 지도 현황

경계선지능청소년을 위한 프로그램으로는 의사소통이나 사회적 기술 훈련, 인지훈련, 심리치료, 진로 지도와 학습이 필요하다고 답했다. 특히 전체

응답 기관의 42%만 경계선지능청소년의 진로 관련 프로그램을 진행한다고 보고했으며, 실무자의 92%는 경계선지능청소년의 자립과 관련해 특화된 전문적 진로 지도가 매우 필요하다고 답했다(박현숙, 2022).

5) 경계선지능청소년 보호 과정에서의 어려움

청소년복지시설 종사자가 경계선지능청소년을 보호하는 과정에서 겪는 어려움은 '청소년의 우울, 불안, ADHD 등 심리적 문제', '지시 따르기나 규칙 이해를 어려워해서', '의사소통 능력이 부족해서 대화가 안 됨', '자립 준비 시키기 어려움', '폭력 피해 경험이 많음', '문제해결능력 부족으로 시설 내 관계에서의 어려움' 등이었다(박현숙, 2022; 염지혜, 2024.8.8). 특히 경계선지능청소년을 양육하거나 개입하는 과정에서 생기는 의문이나 고민을 해결하기 위한 조언이나 자문 의견을 구할 곳이 없다는 답도 많았다. 종사자들은 보호 청소년이 경계선지능인임을 알면서도 적절한 개입을 하지 못하는 이유로 '관련 프로그램에 대한 정보 부족', '종사자의 과다한 업무량', '장애 진단을 받을 수 없기 때문에 별도의 개입이 어려움'이라고 보고했다(박현숙, 2022; 손재환 외, 2020).

청소년쉼터 같은 청소년보호시설의 청소년들은 입소와 퇴소를 반복하거나 시설을 옮겨 다녀 안정적이며 지속적인 자립 준비에 어려움이 있다. 청소년보호시설은 아동보호시설과 달리 비경계선지능청소년은 물론 경계선지능청소년의 자립지원을 위한 표준화된 프로그램과 매뉴얼이 아직 마련되지 않아서 시설별로 자립을 위한 프로그램의 질이 종사자의 역량에 따라 다르다는 점에도 어려움이 있다(손선옥, 박현용, 2023).

6) 청소년복지시설 종사자의 정책적 수요

종사자 입장에서 경계선지능청소년과 관련한 지원 요구는 다음과 같다. 경계선지능인에 대한 종사자 교육 및 역량 강화, 경계선지능 포함 정신건강 문제에 대한 지원, 자립지원서비스나 진로 지도 같은 경계선지능청소년 대상의 프로그램 지원, 경계선지능청소년을 위한 전문기관 설립, 진단과 장애 등록 등의 지원체계 마련이었다(박현숙, 2022; 손선옥, 박현용, 2023).

제4절 경계선지능아동·청소년 개입 및 지원 효과

이처럼 경계선지능아동·청소년은 다양한 특성과 지원 욕구를 갖고 있고, 가정외보호를 받을 경우에는 그 취약성이 더 높아 조기 개입과 다층적 지원이 요구된다. 경계선지능아동·청소년에 대한 지원 및 개입과 관련된 연구의 수가 많지는 않지만 2000년대 이후 지속적으로 진행되고 있다. 주로 언어치료, 미술치료, 놀이치료 등을 포함하는 치료 분야와 일부 교육학, 사회복지학 분야에서 프로그램 개입 중재 연구가 이루어져 왔다. 하지만 대다수가 횡단적 연구로 경계선지능아동·청소년 대상의 조기 개입의 효과성을 파악하기 위한 종단적 연구나 비교연구는 미미한 실정이다.

여러 연구에서 저연령을 대상으로 조기 개입의 필요성을 강조하고 있다. 경계선지능아동·청소년은 다양한 인지·학습적 문제를 동반하고 있으며, 이로 인해 학년이 올라갈수록 일반아동과 학습 격차가 더 증가하기 때문에 조기 개입이 매우 중요하다(김근하, 김동일, 2007; 변관석, 신진숙, 2017). 인지 영역은 일반적으로 전조작기에서 논리적인 사고와 추상적 사고 개념이 나타나는 구체적 조작기로 발달하는데, 경계선지능아동은 전조작기의 사고방식에 머물게 되면서 인지 및 학습 영역에서 일반아동과 학업 성취 측면에서 격차가 점차 벌어지게 된다(박애규 외, 2022).

학령기에서의 학습 격차는 상위 언어기술과 읽기, 쓰기 기술이 더 추상적이고 고차원적으로 이루어지는 중·고등 교육 과정에 더 큰 어려움으로 작용할 수 있다(김근하, 김동일, 2007; 류인혜, 2020). 그리고 경계선지능아동이 중·고등 교육과정으로 진학하면 또래 청소년에 비해 사회적응력이 전반적으로 낮아져 다양한 비행 환경에 노출될 수 있는데(이금진, 2011), 이는 학교적응뿐만 아니라 이후 성인기에 자립과 더불어 사회생활 적응의 문제로 이어질 수 있다(김용훈, 2023).

말이 늦어 내원한 2~3세 아동을 대상으로 연령 증가에 따른 언어 및 인지 발달의 변화를 추적 분석한 연구에서는 말이 늦는 유아들이 초기 유아 발달 검사에서 지적장애가 예측되는 범위에 있었으나, 연령 증가와 함께 언어 발달이 회복되면서 지능이 정상 범위로 향상된 아동이 일부 나타났고, 지능검사에서 5세 때 경계급 지능을 보였지만 6~7세에는 정상 지능으로 향상된 아동도 있던 것으로 나타났다(박진경 외, 2015; 류인혜, 2020).

보건복지부와 아동자립지원단에서 2017년에 진행한 경계선지능아동 대상의 자립지원서비스의 효과성 보고서에 따르면, 서비스에 참여한 아동들은 인지기능 측면에서 유의미하게 지능이 개선되지는 않았으나 악화되지 않았고, 이 외 기초학습 수준 증가, 문제행동 감소, 적응도 개선, 사회적 기술 향상, 자립기술 증가 등 여러 영역에서 긍정적인 변화가 있는 것으로 나타나, 프로그램 개입의 효과성을 입증하였다. 해당 보고서에서는 입소 초기에 적절한 선별과 개입이 이루어지지 않을 경우 지능의 악화, 정서적 문제와 부적응 문제가 결합되면서 지적장애가 되거나 정신병리가 활성화되어 적응과 자립 준비가 더욱 어려워질 수 있음을 지적하고 있다(보건복지부, 한국보건복지인력개발원 아동자립지원단, 2017).

또한 경계선지능아동·청소년을 양육한 경험이 있는 부모, 인지학습치료사 등 보호·치료 경험이 있는 종사자들 역시 문제 특성의 예방과 장기적인 치료 효과를 위해 조기 선별과 더불어, 이들에 대한 조기 개입의 필요성을 인식하고 있는 것으로 나타났다(Nouwens et al., 2020; 장세희, 2024). 그리고 경계선지능아동·청소년에게 개입할 때 유의미한 효과성을 보인 연구의 대부분이 학령전기 또는 학령기의 초등학생을 대상으로 진행되었는데(변관석, 신진숙, 2017; 류인혜, 2020; 박애규 외, 2022), 초등학교 입학 이후에 경계선지능아동의 문제 특성이 두드러짐과 동시에, 이들에 대한 조기 개입의 중요성이 연구에 반영된 방증인 것으로 생각된다.

제3장

보호체계별 경계선지능 진단 및 지원체계

제1절 아동보호체계
제2절 청소년보호체계
제3절 요약 및 시사점

제**3**장 　보호체계별 경계선지능 진단 및 지원체계

제1절 아동보호체계

1. 가정외보호 경계선지능아동의 분포(추정)

「아동복지법」 제3조 제4호에서는 '보호대상아동'을 '보호자가 없거나 보호자로부터 이탈된 아동 또는 보호자가 아동을 학대하는 경우 등 그 보호자가 아동을 양육하기에 적당하지 아니하거나 양육할 능력이 없는 경우의 아동'으로 정의하고 있다. 이들 아동은 귀가 및 연고자에게 인도되는 아동을 제외하고 시설보호 또는 가정보호라는 보호조치가 이루어진다.

보호아동 현황 관련, 보건복지부의 '보호대상아동 현황보고'에서는 '보호조치 아동의 발생 원인'과 '보호조치 현황'을 매년 공표하고 있다. 〈표 3-1-1〉의 최근 4년간 보호대상아동 보호조치 현황을 살펴보면, 가정외보호 정책 방향이 가정보호 활성화에 중점을 두고 있어 아동양육시설이나 공동생활가정 같은 시설보다 위탁가정으로 배치되는 보호대상아동의 비중이 점차 증가하고 있음을 확인할 수 있다. 한편, 〈표 3-1-2〉에 제시된 바와 같이 보건복지부가 매년 발간하는 '보건복지통계연보'에서는 위탁가정 유형별 및 보호아동 수, 아동복지시설 유형별 및 보호아동 수를 발표하고 있으나 현재 보호받고 있는 아동의 구체적인 특성은 파악하기 어려운 한계가 있다. 따라서 아동양육시설, 공동생활가정, 전문위탁가정으로 배치된 아동 중 경계선지능아동의 현황도 파악하기 쉽지 않다.

〈표 3-1-1〉 보호대상아동 보호조치 현황(2020~2023)

(단위: 명, %)

구분	시설보호		가정보호	보호조치아동[2]
	아동양육시설	공동생활가정	가정위탁[1]	(전체)
2023	524(25.5)	222(10.8)	783(38.1)	2,054(100.0)
2022	567(24.8)	287(12.5)	802(35.0)	2,289(100.0)
2021	996(29.0)	546(15.9)	1,028(29.9)	3,437(100.0)
2020	1,131(27.5)	714(17.3)	1,068(25.9)	4,120(100.0)

주: 1) 일시가정위탁을 제외한 일반가정위탁 및 전문가정위탁으로 보호된 아동의 수임. 2) 보호조치 아동은 귀가 및 연고자 인도 아동을 제외한 수치임.
출처: "보호대상아동현황보고", 보건복지부, 2020-2023, 국가통계포털, 보호대상아동 현황보고. 2025.1.20. 검색, https://kosis.kr/statHtml/statHtml.do?orgId=117&tblId=TX_117341138&conn_path=I2

〈표 3-1-2〉 아동양육시설·공동생활가정·전문가정위탁 보호아동 현황(2022)

(단위: 세대, 개소, 명)

계		일반가정위탁		전문가정위탁		일시가정위탁	
세대 수	아동 수	세대 수	아동 수	세대 수	아동 수	세대 수	아동 수
7,591	9,330	7,365	9,075	209	237	17	18

계	아동양육시설				공동생활가정	
아동 수	시설 수	입소자	퇴소자	연말 현재 입소자	공동생활가정 수	공동생활가정 거주자
12,308	245	960	1,482	9,639	520	2,669

주: 「아동복지법」 및 동법 시행규칙 개정으로 기존 대리양육·친인척·일반의 가정위탁 유형 분류가 2022년 통계부터 일반·전문·일시가정위탁으로 변경
출처: "2023 보건복지통계연보", 보건복지부, 2023a, p.348, p.351, p.356.

    2024년 현재, 전국 단위로 동일한 진단 도구를 사용하여 아동양육시설, 공동생활가정, 전문위탁가정의 경계선지능아동 출현율이나 현황이 측정된 바는 없다. 그러나 지역단위의 연구나 실태조사를 바탕으로 아동양육시설 및 공동생활가정에 있는 경계선지능아동의 분포를 유추해 볼 수 있다. 아동양육시설의 경계선지능아동 관련 연구와 비교하면 공동생활가정의 경계선지능아동 관련 선행연구는 그 수가 적다. 특히 전문

위탁가정 내 경계선지능아동 관련 연구는 전무한 상황이다.

이러한 배경하에 〈표 3-1-3〉에 제시된 연구 결과를 종합하면, 아동양육시설에서 보호하고 있는 경계선지능아동의 분포는 많게는 25.3%, 적게는 12.2%까지 보고하고 있으며, 대부분의 연구에서는 일반 경계선지능아동 추정 통계 15.9%보다 높은 편이다. 또한 최근으로 올수록 경계선지능아동의 분포가 높아지고 있는 추세이다. 대부분의 연구는 종사자를 대상으로 경계선지능 체크리스트를 사용하여 측정하였다.

정보름 외(2021)의 연구는 1개 시설을 집중 조사한 것이고 유일하게 아동 대상으로 웩슬러 아동용/유아용 지능검사를 사용하여 측정하였다. 연구 결과에서 해당 시설의 경계선지능아동 분포가 제시되지 않았으나, 조사 대상 아동 36명의 지능이 평균 78.1로 나타났고 이는 상당히 낮은 수치이다. Van IJzendoom et al.(2008)의 연구에 따르면, 19개국 시설아동의 인지발달에 대해 메타 분석 결과 시설보호아동의 지능 평균은 84.40(SD=16.79)이었는데 이 수치보다 현저히 낮다는 것을 알 수 있다.

현재까지 수행된 연구에서의 시사점은 아동양육시설 및 공동생활가정의 경계선지능아동 분포는 경계선지능을 가진 일반 아동의 분포보다 높다는 것이다.

아동양육시설에서 경계선지능아동 비율이 높은 것은 국제적으로도 공통된 현상이다. 미국의 연구를 살펴보면, 아동양육시설에서 보호하고 있는 아동 상당수가 경계선지능을 포함한 다양한 장애를 가지고 있음을 알 수 있다.

〈표 3-1-3〉 아동양육시설 및 공동생활가정 경계선지능아동 분포가 제시된 연구

연도	저자	연구 제목 / 연구 주체	검사 도구	경계선지능아동 분포
2013	신혜령 주보라	아동복지시설 경계선지적기능 아동 실태조사 및 발전방안 / 아동자립지원단	종사자 설문	전국 339개 아동복지시설(아동양육시설 260개소, 공동생활가정 74개소, 기타 5개소) 경계선지능 의심 아동 9.7%, 진단 아동 6.9%로 총 16.6%
2017	김진희 황현철	아동양육시설 장애아동 자립지원 방안연구 / 광주복지재단	자립전담요원 설문	경계선지능아동 12.2%
2019	서재욱 홍재은 윤상용 박혜진	청주시 경계선지능 의심아동 실태조사 및 지원방안 모색연구 / 청주복지재단	아동양육시설, 공동생활가정, 지역아동센터, 가정위탁, 아동자립지원시설 종사자 설문	전체 7~18세 조사 대상 아동 2,055명 중 15.5%(238명)가 경계선 의심 및 진단 아동 생활시설(양육시설, 공동생활가정, 가정위탁, 아동자립지원과) 경계선지능 의심 및 진단 아동은 총 267명 중 37.1%(99명)임
2019	서해정 박현숙 이혜수	아동양육시설 퇴소 후 경계선 지적기능 아동의 지원방안 연구 / 장애인개발원	254개 시설 기관종사원(3년 이상 경력자 또는 경계선 지적기능 아동 지원 경험 있는 생활지도원)	양육시설 퇴소 예정 청소년 286명 중 22.2%(63명)가 경계선지능 진단 및 경계선지능 의심
2021	정보름 김윤희 박성욱	양육시설 아동의 인지정서 행동 특성에 관한 연구 / 학술논문	D양육시설 36명 아동 웨슬러아동용 및 유아용 개인 지능검사 사용	해당 시설 아동 36명 전체의 지능지수 평균이 78.1(p.36)
2023	정혜은 변서후 박수빈	아동양육시설 경계선지능 및 ADHD 아동 지원 강화 방안 / 인천연구원	정확히 밝히지 않았으나 경계선지능 체크리스트 사용한 것으로 유추됨	인천시 8개 양육시설 거주자 403명 중 25.3%(102명)가 경계선 지능
2024	김광혁	기능전환과 다기능화를 통한 보호아동을 위한 최상의 양육환경 및 한국형 아동복지시설 발전방안 / 한국아동복지협회 전주대학교산단	아동복지시설 원장 또는 사무국장	171개 시설 경계선지능아동 23.5%

출처: 각 연구의 주요 내용을 저자가 정리함.

Geenen과 Powers(2006)의 연구에서는 위탁가정 청소년의 약 44%가 장애를 가지고 있으며, 이 중 상당수가 학습장애, 정서행동장애, 그리고 경계선지능을 포함한 인지적 어려움을 겪고 있다고 보고하였다. 이 연구는 위탁가정 청소년들의 학업 성취도가 현저히 낮다는 점을 밝혀냈으며, 이는 경계선지능을 포함한 다양한 어려움들이 상관관계가 있음을 시사한다. 또한 Slayter(2016)의 연구는 청소년 사법 시스템 내의 청소년 중 상당수가 경계선지능을 포함한 지적장애를 가지고 있다고 보고하였다. 이는 취약계층 청소년들 사이에서 경계선지능의 비율이 높을 수 있음을 간접적으로 보여준다. Lightfoot et al.(2011)의 연구에서는 학대와 방임으로 조사된 아동 중 상당수가 발달 지연이나 경계선지능을 포함한 장애를 가지고 있다고 보고하였다. 이러한 아동들이 종종 위탁가정이나 시설보호로 연계된다는 점을 고려하면, 이 연구 결과 역시 아동양육시설에서 경계선지능아동의 비율이 높을 수 있음을 시사한다.

영국의 경우, Ford et al.(2007)의 연구에 따르면, 지방정부가 보호하는 아동 중 상당수가 경계선지능을 포함한 인지적 어려움을 겪고 있는 것으로 나타났다. 이 연구에서는 보호아동들의 36.9%가 학습 어려움을 겪고 있다고 보고되었으며, 이는 일반 가정의 취약계층 아동들(12.2%)보다 훨씬 높은 수치이다. 또한 보호아동 중 23.0%가 특수교육 지원 대상으로 지정되어 있었는데, 이는 일반 가정 아동들의 비율(2.9%)과 비교하여 현저히 높은 수준이다. 특히 주목할 만한 점은 보호아동들의 10.7%가 실제 나이의 60% 이하에 해당하는 정신 연령을 보였다는 것이다. 이는 예를 들어 10살 아동의 인지능력이 6살 이하 수준에 머물러 있음을 의미하며, 심각한 인지발달 지연을 나타낸다. 이러한 결과들은 영국의 보호아동 중 경계선지능 또는 지적장애 아동의 비율이 일반 인구에 비해 상당히 높을 가능성을 시사한다.

아동양육시설 및 공동생활가정에서 경계선지능아동의 비율이 높은 것은 여러 가지 복합적인 요인에 기인할 수 있다. 빈곤, 가정 해체, 학대 및 방임 등의 불리한 환경적 요인이 아동의 인지발달에 부정적인 영향을 미칠 수 있으며 아동양육시설 및 공동생활가정에서 보호하고 있는 아동들은 성장 과정에서 적절한 보호와 지원이 주어지지 않는 경우가 많아 이는 결과적으로 시설보호아동 중 경계선지능아동의 비율을 높이는 원인이 될 수 있다. 아동양육시설에 거주하고 있는 아동의 인지 특성을 살펴본 이선주 외(2014)의 연구에서는 아동양육시설에 거주하는 경계선지능아동은 가정에서 거주하는 경계선지능아동들과 달리 언어성 지능이 동작성 지능보다 낮으며, 소검사 지표 점수 간 큰 편차를 보였다. 시설 아동의 지각 추론 능력은 보통 상단 수준으로 양호하였으나, 언어이해와 작업 기억, 처리 속도가 '보통 하' 수준인 것으로 나타났다. 이것은 교육과 문화 등의 환경적 변화에 민감한 지적 능력들이 저하된 것으로 외상이나 박탈 경험 등의 환경적 요인으로 인해 시설 아동들의 인지발달이 지연되거나 손상되었을 가능성이 있음을 의미한다.

경계선지능아동의 식별과 진단 과정에는 여러 어려움이 존재한다. 경계선지능은 외견상으로 쉽게 구별되지 않을 수 있으며, 주로 행동 문제나 학습 부진으로 먼저 나타날 수 있다. 그러나 이러한 행동이나 학습 문제는 반드시 낮은 지능 때문이 아닌 다른 원인으로도 발생할 수 있으므로 이러한 문제만으로 경계선지능으로 판별하는 것은 위험하다. 그럼에도 불구하고 행동이나 학습 문제로 인해 경계선지능으로 오진되는 경우가 많아, 아동양육시설에서는 경계선지능으로 판별되는 사례가 실제보다 과다하게 나타날 가능성도 배제할 수 없다. 더욱이, 아동양육시설 종사자들이 아동의 행동 문제에 적절히 대응하기 어려운 경우(오혜정, 임희수, 2023), 필요한 지원과 서비스를 받기 위해 아동에게 진단명을 부여하려는 경향이 있을 수 있다. 이로 인해 경계선지능으로 분류되는 사례가 실제보다 더 많아질 가능성도 배제할 수 없다.

2. 아동양육시설·공동생활가정

가. 법적 근거

경계선지능아동에 대한 지원은 장애인복지, 아동복지, 교육 등 다양한 분야의 관련 법률에서 부분적으로 다루어지고 있다. 그러나 가정외보호 경계선지능아동 관련 법적 기반을 살펴보면, 현재 우리나라에는 이들을 직접적으로 규정하고 지원하는 단일 법률이 존재하지 않는다.

보호대상아동의 보호와 지원은 주로 「아동복지법」을 중심으로 이루어지고 있는데, 동법의 규정을 살펴보면, '경계선지능아동'에 대한 직접적인 법적 정의나 지원 근거는 미비한 실정이다. 동법 제3조에서는 보호대상아동에 대한 일반적 정의만을 규정하고 있으며, 경계선지능아동의 특수성을 반영한 별도의 법적 기준은 마련되어 있지 않다. 더불어 동법 제15조 (보호조치) 규정에서도 경계선지능아동에 대한 특별한 보호 기준이 부재하여, 일반 보호대상아동과 동일한 기준으로 보호조치가 이루어지고 있다.

1) 경계선지능아동의 지원 범위

「아동복지법」은 경계선지능아동을 직접적으로 규정하고 있지는 않다. 그러나 보호대상아동의 발견부터 보호조치, 자립지원에 이르는 전 과정에 대한 법적 근거를 제공하고 있어 가정외보호 경계선지능아동에 대한 지원도 이 법을 토대로 이루어질 수 있다. 보호대상아동은 상담과 심리검사 과정에서 지능검사 등을 통해 경계선지능 특성이 확인될 수 있다. 이러한 과정에서 아동의 인지능력, 학습능력, 사회성 발달 수준 등이 파악되어 이들의 특성과 욕구에 맞는 개별화된 지원을 보호 및 자립 지원 단계에서 제공할 수 있는 체계가 일정 수준 마련되어 있다.

[그림 3-1-1] 「아동복지법」 내 경계선지능아동 지원 범위

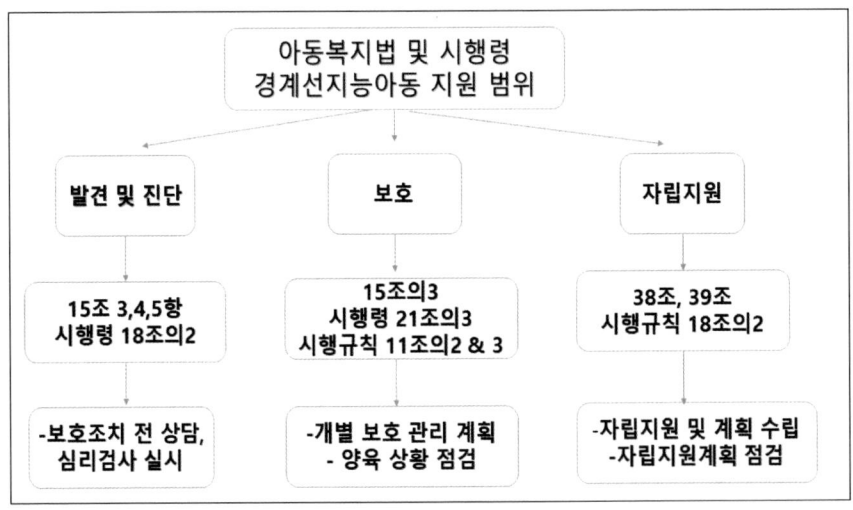

출처: 저자 작성

2) 단계별 지원 내용

단계별로 구체적인 지원 내용을 살펴보면 다음과 같다. 발견 및 진단 단계에서는 「아동복지법」 제15조 제3항에 근거하여 보호조치를 결정하기 위한 상담, 건강검진, 심리검사를 실시하도록 하고 있다. 이는 보호대상 아동에게 적합한 보호조치를 결정하기 위한 과정이지만, 이 과정에서 실시되는 심리검사를 통해 경계선지능 여부와 정도가 판별될 수 있다.

〈표 3-1-4〉 보호조치 초기 단계의 경계선지능아동 발견 및 진단

구분	내용
「아동복지법」 제15조 (보호조치)	③ 시·도지사 또는 시장·군수·구청장은 제1항 제1호 및 제2호의 보호조치가 적합하지 아니한 보호대상아동에 대하여 제1항 제3호부터 제6호까지의 보호조치를 할 수 있다. 이 경우 제1항 제3호부터 제6호까지의 보호조치를 하기 전에 보호대상아동에 대한 상담, 건강검진, 심리검사 및 가정 환경에 대한 조사를 실시하고, 보호대상아동에게 보호조치 과정과 목적, 예상 기간 등 보건복지부령으로 정하는 사항을 충분히 이해할 수 있도록 설명하여야 한다.

출처: "아동복지법", 2024, 국가법령정보센터. https://www.law.go.kr/법령/아동복지법

보호대상아동이 아동양육시설이나 공동생활가정으로 보호조치 될 경우, 「아동복지법」 제15조의 3, 동법 시행령 제18조 2, 동법 시행규칙 제11조의 2 제1호에 따라 개별보호·관리계획 수립 및 양육 상황 점검이 이루어진다. 개별보호·관리계획은 아동의 개별적 특성과 욕구를 반영하도록 되어 있어 경계선지능아동이 겪는 학습의 어려움, 또래 관계 형성의 문제, 일상생활 기술 습득의 지연 등이 자연스럽게 계획에 반영될 수 있다.

예를 들어, 학습지원이 필요한 경우 맞춤형 학습지원 계획을 수립할 수 있고, 사회성 발달이 지연된 경우 또래 관계 증진을 위한 프로그램 참여 계획을 포함할 수 있다. 또한 양육 상황 점검을 통해 경계선지능아동에게 필요한 교육지원, 심리치료, 건강관리 등이 적절하게 제공되고 있는지 확인하고, 필요한 경우 추가적인 지원이나 조치를 취할 수 있다.

〈표 3-1-5〉 보호조치 이후 양육 과정에서의 경계선지능아동 지원

구분	내용
「아동복지법」 제15조의 3 (보호대상아동의 양육 상황 점검)	① 시·도지사 또는 시장·군수·구청장은 제15조 제1항 제2호부터 제6호까지의 보호조치 중인 보호대상아동의 양육 상황을 보건복지부령으로 정하는 바에 따라 매년 점검하여야 한다. ② 시·도지사 또는 시장·군수·구청장은 제1항에 따른 양육 상황을 점검한 결과에 따라 보호대상아동의 복리를 보호할 필요가 있거나 해당 보호조치가 적절하지 아니하다고 판단되는 경우에는 지체 없이 보호조치를 변경하여야 한다.
「아동복지법」 시행령 18조의 2 (보호대상아동에 대한 상담 등)	① 법 제15조 제3항 후단에 따른 보호대상아동에 대한 상담, 심리검사 및 가정 환경에 대한 조사는 별표 1의 방법으로 실시한다. 다만, 「아동학대범죄의 처벌 등에 관한 특례법」 제12조에 따른 응급조치가 필요한 경우 및 시·도지사 또는 시장·군수·구청장이 긴급한 보호조치가 필요하다고 인정하는 경우에는 법 제15조 제1항 제3호부터 제6호까지의 규정에 따른 조치가 이루어진 후에 상담, 심리검사 및 가정 환경에 대한 조사를 실시할 수 있다. ② 법 제15조 제6항 후단에 따른 보호대상아동에 대한 상담, 심리검사 및 가정 환경에 대한 조사는 별표 2의 방법으로 실시한다. ③ 법 제15조 제3항 후단 및 같은 조 제6항 후단에 따른 보호대상아동에 대한 건강검진은 「건강검진기본법」 및 보건복지부장관이 정하여 고시하는 기준에 따라 실시하되, 그 세부사항에 관하여는 보건복지부장관이 정한다.
「아동복지법」 시행규칙 제11조의 2 (보호대상아동에 대한 개별 보호·관리 계획)	법 제15조 제4항 제3호에서 "보건복지부령으로 정하는 사항"이란 다음 각 호의 사항을 말한다. 1. 상담·건강검진·심리검사 결과에 따른 아동의 특성에 관한 사항

출처: 1) "아동복지법", 2024, 국가법령정보센터. https://www.law.go.kr/법령/아동복지법,
2) "아동복지법 시행령", 2024, 국가법령정보센터. https://www.law.go.kr/법령/아동복지법시행령,
3) "아동복지법 시행규칙", 2024, 국가법령정보센터. https://www.law.go.kr/행정규칙/아동복지법시행규칙

한편, 「아동복지법」 제38조는 보호대상아동의 아동복지시설 및 공동생활가정 퇴소 이후의 자립을 위한 각종 지원을 규정하고 있다. 동법 제39조는 가정외보호 아동의 자립 지원계획을 수립할 것을 명시하고 있다. 특히 동법 시행규칙 제18조의 2에서는 자립 지원계획의 수립과 시행에 관한 구체적인 사항을 규정하고 있다. 이에 따르면, 아동복지시설의 장은 보호아동의 교육, 취업, 주거 등 자립에 필요한 지원을 제공하여야 한다.

경계선지능아동의 경우 일상생활 관리, 금전 관리, 진로 탐색 등에서 더 많은 어려움을 겪을 수 있는데, 이러한 특성을 고려하여 보다 집중적이고 장기적인 자립 지원계획을 수립할 수 있다. 예를 들어, 교육지원 측면에서는 개별 아동의 인지능력을 고려한 학습지원과 직업교육을 제공할 수 있으며, 취업 지원 측면에서는 직업탐색, 직업훈련, 취업 알선 등의 과정에서 보다 체계적이고 반복적인 교육과 지원이 가능하다. 또한 주거 지원 측면에서도 경계선지능아동의 자립 생활 능력을 고려하여 보다 장기적인 지원계획을 수립할 수 있다.

더불어 동법 시행규칙 제18조의 2 제2항에서는 자립 지원계획 수립 시 고려해야 할 구체적인 내용을 제시하고 있는데, 이는 경계선지능아동의 특성을 반영한 맞춤형 자립 지원계획 수립을 가능하게 한다. 특히 기초적인 생활기술 훈련, 취업 준비 교육, 진로상담 등에서 경계선지능아동의 발달 특성과 속도를 고려한 지원이 가능하며, 자립지원전담요원을 통해 보다 밀착된 사례관리와 지원을 제공할 수 있다.

〈표 3-1-6〉 자립 준비 단계의 경계선지능아동 지원

구분	내용
「아동복지법」 제38조 (자립지원)	① 국가와 지방자치단체는 보호대상아동의 위탁보호 종료 또는 아동복지시설 퇴소 이후의 자립을 지원하기 위하여 다음 각 호에 해당하는 조치를 시행하여야 한다. 1. 자립에 필요한 주거·생활·교육·취업 등의 지원 1의 2. 자립에 필요한 자립정착금 및 자립수당 지급 2. 자립에 필요한 자산의 형성 및 관리 지원(이하 "자산형성지원"이라 한다) 3. 자립에 관한 실태조사 및 연구 4. 사후관리체계 구축 및 운영 5. 그 밖에 자립지원에 필요하다고 대통령령으로 정하는 사항 ② 제1항에 따른 자립지원 대상자는 다음 각 호의 어느 하나에 해당하는 사람으로 한다. 1. 가정위탁보호 중인 사람 2. 아동복지시설에서 보호 중인 사람 3. 제16조 및 제16조의 3에 따라 보호조치가 종료되거나 해당 시설에서 퇴소한 지 5년이 지나지 아니한 사람

구분	내용
	4. 제1호부터 제3호까지에서 규정한 사람 외에 18세에 달하기 전에 보호조치가 종료되거나 해당 시설에서 퇴소한 사람으로서 보건복지부장관이 자립지원이 필요하다고 인정하는 사람 ③ 제1항에 따른 자립지원의 절차와 방법 등에 필요한 사항은 대통령령으로 정한다.
「아동복지법」 제39조 (자립지원계획의 수립 등)	① 보장원의 장, 가정위탁지원센터의 장 및 아동복지시설의 장은 보호하고 있는 15세 이상의 아동을 대상으로 매년 개별 아동에 대한 자립지원계획을 수립하고, 그 계획을 수행하는 종사자를 대상으로 자립지원에 관한 교육을 실시하여야 한다. ② 제1항에 따른 자립지원계획의 수립·시행 등에 필요한 사항은 보건복지부령으로 정한다.
「아동복지법」 시행규칙 제18조의 2 (자립지원계획의 수립)	① 법 제39조 제1항에 따른 자립지원계획에는 다음 각 호의 사항이 포함되어야 한다. 1. 아동의 적성 및 욕구 파악, 사회성 발달 정도 및 자립 능력·수준 등 아동의 상태 평가 2. 정기적 진로상담, 체험 및 교육 프로그램 실시 3. 자립에 필요한 주거, 취업, 자산형성, 정서적 지원 등 공적 서비스 및 지역 내 후원 자원 연계 ② 보장원의 장, 가정위탁지원센터의 장 및 아동복지시설의 장은 제1항에 따른 자립지원계획을 수립할 때에는 해당 아동의 의견을 존중해야 하며, 관련 전문가의 의견을 들어야 한다.

출처: 1) "아동복지법", 2024, 국가법령정보센터. https://www.law.go.kr/법령/아동복지법.
2) "아동복지법 시행규칙", 2024, 국가법령정보센터. https://www.law.go.kr/행정규칙/아동복지법시행규칙

나. 경계선지능 진단 절차 및 지원체계

보호조치 결정 전·후 과정에서 보호대상아동이 경계선지능인지 여부를 선별하는 절차가 구체적으로 마련된 것은 아니지만, 「아동복지법」 제15호에 따른 보호조치 대상자가 되는 아동은 보호조치 과정에서 이루어지는 상담과 조사 과정을 통해 경계선지능 또는 경계선지능 위험군으로 식별될 가능성이 높다. 아동양육시설과 공동생활가정에서 보호 단계별로 경계선지능아동을 발견할 수 있는 절차와 지원 내용을 정리하면 〈표 3-1-7〉과 같다.

<표 3-1-7> 시설에서의 보호 단계별 경계선지능아동 발견 절차와 지원 내용

보호 단계 경계선지능 관련 지원	상담·조사 사정	보호 계획 및 결정	보호 과정	종결	사후 관리
현재 시행하고 있는 경계선지능 관련 내용	욕구조사 상황점검 시 서식 4호와 서식 9호에서 확인 가능	개별보호·관리계획서 욕구조사 결과를 기술하는 난에 경계선지능 위험 항목 기술	아동권리보장원 '경계선지능아동 사례관리 사업'의 서비스 제공 계획서에 경계선지능아동 관련 내용 포함	자립 관련 지원 프로그램	-
필요한 조치	서식 4호 욕구조사 2-1, 4-2, 5-1, 5-2, 7-1 등에 경계선지능 추가 서식 9호 아동 상황 점검표 특이 사항에 경계선지능 포함	경계선지능 관련 항목 포함	아동권리보장원의 사업에 참여하지 않은 시설도 경계선지능아동 관리체계 수립	경계선지능 아동 특성에 초점을 맞춘 방안	-
지원체계 강화 방안	아동보호조치를 위한 정보 수집 단계에서 경계선지능 위험군 파악 가능	체크리스트 결과에서 경계선위험군의 경우 지능검사 실시	경계선지능아동 사례관리 사업의 질적 심화 및 확대, 학교와 연계 특성화고등학교와 연계	지역사회와 연계	

출처: "2024 아동보호서비스 업무 매뉴얼", 보건복지부, 아동권리보장원(2024)을 참조하여 저자 요약 작성.

경계선지능이 법적인 지위를 가지고 판별하는 특성은 아니므로 엄격히 말하면 공식적으로 경계선지능아동을 판별하는 진단 절차는 없다고 볼 수 있다. 그러나 보호조치 이전에 건강검진, 심리검사, 가정 환경 조사 등 아동에 대한 광범위한 조사가 이루어지므로 경계선지능 진단과 발견이 가능한 구조라고 할 수 있다.

<표 3-1-8> 보호대상아동 보호조치 전 심리검사 절차

구분	내용
「아동복지법」 제15조 (보호조치)	① 시·도지사 또는 시장·군수·구청장은 그 관할 구역에서 보호대상아동을 발견하거나 보호자의 의뢰를 받은 때에는 아동의 최상의 이익을 위하여 대통령령으로 정하는 바에 따라 다음 각 호에 해당하는 보호조치를 하여야 한다. 4. 보호대상아동을 그 보호조치에 적합한 아동복지시설에 입소시키는 것 ③ 시·도지사 또는 시장·군수·구청장은 제1항 제1호 및 제2호의 보호조치가 적합하지 아니한 보호대상아동에 대하여 제1항 제3호부터 제6호까지의 보호조치를 할 수 있다. 이 경우 제1항 제3호부터 제6호까지의 보호조치를 하기 전에 보호대상아동에 대한 상담, 건강검진, 심리검사 및 가정 환경에 대한 조사를 실시하고, 보호대상아동에게 보호조치 과정과 목적, 예상 기간 등 보건복지부령으로 정하는 사항을 충분히 이해할 수 있도록 설명하여야 한다.

출처: "아동복지법", 2024, 국가법령정보센터. https://www.law.go.kr/법령/아동복지법

위와 같이 「아동복지법」 제15조 제1항 제4호는 아동복지시설 입소의 보호조치에 대하여 명시하고 있다. 같은 조 제3항에는 보호조치 전에 보호대상아동에 대한 상담, 건강검진, 심리검사 및 가정 환경에 대한 조사를 실시하도록 명시하고 있다. 즉, 아동양육시설이나 공동생활가정으로 보호조치되는 아동은 입소 전에 아동의 전반적인 발달이나 심리상태에 대한 파악이 가능하다. 아동의 보호 단계에 따라 경계선지능아동을 발견할 수 있는 시스템과 개선 사항을 정리해 보면 다음과 같다.

1) 상담·조사사정 단계

아동양육시설 또는 공동생활가정으로 보호조치하기 이전에 긴급하게 아동을 분리할 필요가 있는지 등을 조사하여 일시보호 등의 조치를 취하는 단계이다. 이 단계에서 아동과 가정의 문제 및 욕구를 파악하기 위하여 건강검진과 심리검사를 실시하여 보호서비스 제공 등의 방향을 결정하게 된다. 욕구조사 상황점검 시 아동서비스 보호조치 단계별로 마련된 서식 중 4호와 9호를 활용할 수 있다. 욕구조사 내용에서 경계선지능 관련

정보도 일정 정도 확인할 수는 있으나, 보다 명확히 파악하기 위하여 아래 표와 같이 서식에 '경계선지능'을 명시하는 것도 고려할 수 있다.

〈표 3-1-9〉 아동서비스 보호조치 매뉴얼 서식 4 욕구조사표 예시

욕구 영역		주요 현상	대상자	주요 원인 및 원인 제공자				
				제공자 1	원인 1	제공자 2	원인 2	주요 원인
일상생활유지	의식주관련	식사 준비 곤란						1. 신체 질병/장애 2. 정신질환 3. 지적장애 4. 신체허약 5. 무기력감 … ***경계선 지능 포함***
		의복 착용 곤란						
		외출 곤란						
		약물복용 곤란						
		위생관리 곤란						
		긴급상황 대처 곤란						

출처: "2024 아동보호서비스 업무 매뉴얼", 보건복지부, 아동권리보장원, 2024, 서식 4 욕구조사표, p.202를 참조하여 작성

또한 서식 9호의 아동 상황 점검표 특이 사항에 경계선지능 관련 항목을 추가하는 것도 검토해 볼 수 있다. 지원체계 강화 방안으로 아동보호조치를 위한 정보 수집 단계에서 경계선지능 위험군을 파악할 수 있도록 하는 것이다.

〔그림 3-1-2〕 아동보호조치 단계 활용 서식 9 아동 상황 점검표

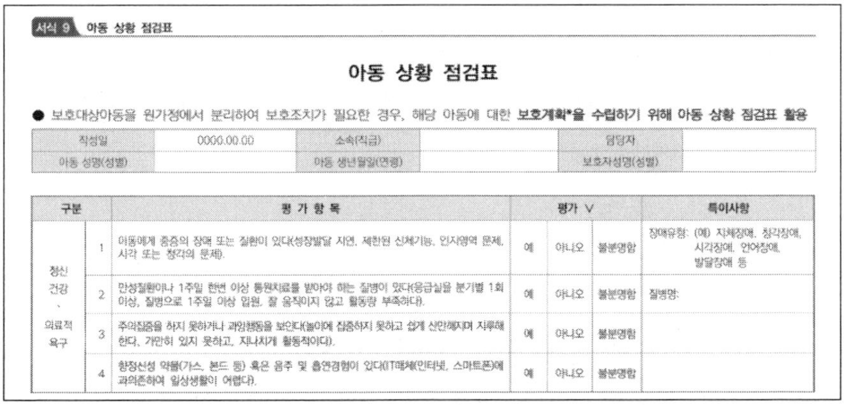

서식 9 아동 상황 점검표

아동 상황 점검표

● 보호대상아동을 원가정에서 분리하여 보호조치가 필요한 경우, 해당 아동에 대한 **보호계획*을 수립하기 위해 아동 상황 점검표 활용**

작성일	0000.00.00	소속(직급)		담당자	
아동 성명(성별)		아동 생년월일(연령)		보호자성명(성별)	

구분		평 가 항 목	평가 V			특이사항
정신건강 、 의료적 욕구	1	아동에게 중증의 장애 또는 질환이 있다(성장발달 지연, 제한된 신체기능, 인지영역 문제, 시각 또는 청각의 문제).	예	아니오	불분명함	장애유형: (예) 지체장애, 청각장애, 시각장애, 언어장애, 발달장애 등
	2	만성질환이나 1주일 한번 이상 통원치료를 받아야 하는 질병이 있다(응급실을 분기별 1회 이상, 질병으로 1주일 이상 입원, 잘 움직이지 않고 활동량 부족하다).	예	아니오	불분명함	질병명:
	3	주의집중을 하지 못하거나 과잉행동을 보인다(놀이에 집중하지 못하고 쉽게 산만해지며 지루해 한다, 가만히 있지 못하고, 지나치게 활동적이다).	예	아니오	불분명함	
	4	향정신성 약물(가스, 본드 등) 혹은 음주 및 흡연경험이 있다(IT매체(인터넷, 스마트폰)에 과의존하여 일상생활이 어렵다).	예	아니오	불분명함	

출처: "2024 아동보호서비스 업무 매뉴얼", 보건복지부, 아동권리보장원, 2024, 서식 9 아동 상황 점검표, p.222를 참조하여 작성

2) 보호 계획 및 결정 단계

아동에 대한 구체적인 보호 계획을 수립하는 단계이다. 현재 시행되고 있는 내용으로는 개별보호·관리계획서의 욕구조사 결과를 기술하는 곳에 경계선지능 위험 항목을 기술할 수 있다. 물론 조사자의 역량에 따라 경계선지능 관련 내용이 기술될 수도 있고 그렇지 않을 수도 있다. 이 단계에서도 경계선지능 관련 내용을 개별 보호·관리계획서의 욕구조사 서식에 포함할 필요가 있으며, 이 단계에서 경계선지능이나 위험군으로 판별되면 지능검사 등 필요한 심리검사를 실시해서 경계선지능으로 인한 어려움을 구체적으로 파악할 수 있을 것이다.

3) 보호조치 단계

실제 보호조치가 이루어지는 단계이다. 현재 보건복지부와 아동권리보장원의 '경계선지능아동 맞춤형 사례관리서비스' 사업을 통해 서비스 제공 계획서에 경계선지능아동 관련 내용을 포함하고 있다. 필요한 조치로는 본 사업에 참여하지 않은 시설도 경계선지능아동 관리체계를 수립하게 하는 것이다. 지원체계 강화 방안으로 경계선지능아동 사례관리 서비스 사업의 질적 심화 및 확대, 학교와의 연계, 특성화 고등학교와의 연계 등이 필요하다.

4) 종결 단계 및 사후조치 단계

보호조치가 종결되는 단계이다. 현재 시행되고 있는 내용으로는 자립 관련 지원 프로그램이 있다. 사후관리 단계는 보호조치 종결 후의 관리

단계이다. 이 단계에서 성인기 자립 생활로 전환하는 데 필요한 서비스가 보다 체계적으로 개별화되어 제공될 필요가 있다. 이 단계에서는 지역사회와의 연계에 관한 내용이 포괄적으로 계획되어야 한다.

다. 지원 정책

시설이나 위탁가정 내 경계선지능아동은 전 생애주기에 걸쳐 다면적이고 포괄적인 지원이 필요함에도 이들을 위한 법·제도적 기반이 미비한 실정이다. 이는 가정외보호 경계선지능아동에 대한 체계적이고 통합적인 지원체계가 부재한 현 상황을 단적으로 보여주는 사례라 할 수 있다.

이러한 제도 공백 속에 중앙정부 차원의 가정외보호 경계선지능아동 지원 정책은 보건복지부의 '경계선지능아동 맞춤형 사례관리서비스'가 대표적이다. 본 사업은 「아동복지법」 제38조에 명시된 자립지원 사항이 유일한 법적 근거로 활용되어 2019년부터 '경계선지능아동 자립지원 사업'을 시범사업으로 시작하여 현재에 이르고 있다. 무엇보다 다양한 욕구가 존재함에도 경계선지능아동 대상 지원은 자립지원 관점에서 정책이 추진되어 온 것을 확인할 수 있다.

1) 사업 목적 및 지원 대상

보건복지부(2024b)의 '아동분야 사업안내[2권]'에 의하면, 본 사업의 주요 목적은 ① 경계선지능아동에 특화된 자립지원서비스 제공을 통한 자립 능력 향상, ② 전문인력 양성을 통한 경계선지능아동 대상 양질의 맞춤형 서비스 제공이다. 이에 따라 사업 대상자는 ① 경계선지능아동과 ② 경계선지능아동 맞춤형 사례관리서비스 대상으로 선정된 아동양육시설·공동생활가정·가정위탁 아동(이하 '사업 대상 시설') 및 경계선지능아동 돌봄에 참여하는 종사자 또는 위탁부모(이하 '돌봄 종사자')이다(보건복지부, 2024b).

　사업 대상자 중 경계선지능아동의 범위는 점차 확대되었다. 기존에는 아동양육시설과 공동생활가정에서 보호하는 아동 중 경계선지능 의심 또는 진단 아동만이 대상이었다면, 2024년부터는 위탁가정까지, 2025년부터는 아동보호치료시설 나형의 아동까지 포함하고 있다.

　구체적으로 보건복지부(2023b, 2024b)의 '아동분야 사업안내[2권]'에 의하면, 2023년까지 사업 대상자 중 아동은 종합심리검사 결과 '경계선지능아동으로 진단받은 아동복지시설 보호아동' 중 종합심사를 거쳐 최종 선정된 아동이 해당하였다(보건복지부, 2023b). 2024년부터는 대상자 범위가 '경계선지능아동으로 진단받은 아동복지시설 보호아동 및 가정위탁아동'까지 확대되었다(보건복지부, 2024b).

　그러나 아동권리보장원(2024.1.30.)의 '2024년 경계선지능아동 맞춤형 사례관리서비스 참여 시설 및 대상자 모집 안내'에 의하면, 모집 대상은 아동복지시설 중 '아동양육시설이나 공동생활가정 보호아동 중 경계선지능 의심 또는 진단 아동'만 제시되었다(아동권리보장원, 2024.1.30). 이와 관련하여 2025년부터는 모집 대상에 '아동보호치료시설(나형)'이 추가로 포함되었다(아동권리보장원, 2025.2.4.). 본 사업 대상자에는 위탁가정까지도 포함되어 명시되어 있으나, 실제 본 사업 모집 대상에는 아동복지시설만 포함되어 있고 위탁가정은 제외되어 있다.

〈표 3-1-10〉 경계선지능아동 맞춤형 사례관리서비스 업무 흐름도

추진체계	주요 업무
① 사업 대상 아동 발굴 및 신청	- 시기: 연 4회(분기별 1회) - (아동복지시설) 초기상담, 1차 선별 검사를 통해 사업 대상 신규 아동 발굴 및 아동권리보장원에 사업 신청
② 종합심리검사 대상 아동 선정 및 실시	- 시기: 연 4회(분기별 1회) - (아동권리보장원) 2차 선별 검사 대상아동 선정 및 시·도로 송부 - (시·도) 시·군·구에 2차 선별 검사 비용 교부 - (시·군·구) 아동복지시설에 2차 선별 검사 비용 교부 - (아동복지시설) 2차 선별 검사 실시 후, 검사 결과는 다음 분기 사업 대상 아동 모집 시 활용, 비용 증빙 자료는 시·군·구에 제출
③ 사업 대상 시설·아동 최종 선정	- 시기: 연 4회(분기별 1회) - (아동권리보장원) 사업 대상 신규 아동·시설 최종 선정, 시·도에 결과 제출 - (시·도) 시·군·구에 선정 결과 통보 및 사업비 교부 - (시·군·구) 해당 시설에 선정 결과 통보 및 사업비 교부
④ 돌봄 종사자 양성·보수 교육	- (아동권리보장원) 돌봄 종사자 대상 경계선지능아동지도사 양성·보수 과정 운영 - (사업 대상 시설) 교육과정 필수 참여
⑤ 맞춤형 사례관리 서비스 제공	- 시기: 연중 상시 - (사업 대상 시설) 아동 욕구 고려한 서비스 계획 수립, 맞춤형 사례관리 실시, 자문 결과 서비스 계획 반영 등
⑥ 컨설팅	- 시기: 3월~11월 - (사업 대상 시설) 컨설팅 참여(선택) - (아동권리보장원) 서비스 계획 및 아동 사례에 대한 슈퍼비전 제공을 위해 컨설팅 운영(대면, 서면)

⑦ 실적보고 및 평가	- 시기: (분기별) 실적보고, (하반기) 사업평가
	- (사업 대상 시설)
	  • 사전·중간·사후검사 결과 등을 아동권리보장원에 제출
	  • 맞춤형 사례관리서비스 분기별 실적보고(아동권리보장원)
	  • 예산 집행 내역 분기별 보고(시·군·구)
	  • 사업 점검 시 아동권리보장원에 협조
	- (아동권리보장원) 사업 대상 시설에 대한 서비스 내용 점검, 모니터링 실시

주: 상기 일정은 변동 가능
출처: "2024 아동분야 사업안내 [2권]", 보건복지부, 2024b, p.93.

2) 사업 내용

① 선정 아동 대상 '맞춤형 사례관리서비스' 제공

아동권리보장원(2025.2.4.)의 '2025년 경계선지능아동 맞춤형 사례관리서비스 1차 대상자 모집 안내'에 의하면, 아동양육시설, 공동생활가정, 아동보호치료시설 나형에서 생활하는 보호아동 중 '경계선지능 의심 아동'에게는 선별비(종합심리검사비)를 아동 1인당 최대 30만 원 지원한다. 경계선지능 의심 아동 기준은 아동권리보장원의 선별 체크리스트(취학아동 97개 문항, 미취학아동 82개 문항) 평균 1.18점 이상(3점 만점[1])인 아동이다.

또한 동일 사업 대상 시설의 보호아동 중 '경계선지능 진단 아동' 대상으로는 맞춤형 사례관리서비스(사례관리비)를 아동 1인당 최대 50회기(1회기당 3만 5천 원 기준)의 예산으로 지원한다. 경계선지능아동으로 진단하는 기준은 최근 2년 이내 종합심리검사(K-WPPSI(미취학), K-WISC-Ⅳ 또는 Ⅴ) 결과 경계선지능 범주인 지능지수 71~84(오차범위 ±5, 66~89)에 해당하는 아동이다. 이와 같이 대상자 선정 기준은 지능지수 중심임을 확인할 수 있다. 만일 아동이 경계선지능 의심 또는 진단 아동에서 누락될 경우, 추천서 검토나 전문가 심사를 통해서도 예외적으로 선정할 수 있다. 이 사업을 지원받기 위해서는 해당 아동과 주 담당자 1:1 매칭이 필수이다.

아동복지시설의 장이 해당 전체 회기의 사례관리비를 시·군·구에 신청하며, 50회기 내에서 경계선지능아동지도사 판단하에 회기 조정이 가능하고, 회당 금액은 지자체에서 교부한 사례관리비 범위 내에서 유동적으로 사용할 수 있다. 단, 사례관리비는 아동에게만 사용되어야 하며,

---
1) 0점: 전혀 그렇지 않다, 1점: 약간 그렇다, 2점: 상당히 그렇다, 3점: 매우 그렇다

여행 등 프로그램 진행 시 교통비, 체험비, 식비 및 다과비는 돌봄 종사자 (주 담당자, 보조 담당자)와 공동으로 사용할 수 있다. 경계선지능아동 맞춤형 사례관리서비스는 1년간 지원하며, 단년으로 지원이 종료되지 않고 연속 지원이 가능하다. 사업 대상자 모집은 분기별로 연 4회 이루어진다.

사례관리비 사용은 시설 내 자체 서비스, 그리고 전문기관 등 외부 서비스와 연계하는 것 모두 가능하다. 사전에 아동의 종합심리검사 보고서나 개별상담 등을 통해 아동의 욕구를 고려한 사례관리서비스 계획을 수립할 필요가 있다. 공통 프로그램은 인지학습, 사회성, 정서, 자립 영역이 포함된다.

② '경계선지능아동지도사 양성·보수 교육'을 통한 전문인력 양성

경계선지능아동을 보호 중인 아동복지시설 종사자 대상으로는 경계선지능아동지도사 교육 및 전문가 자문을 지원한다. 종사자에는 임상심리사, 임상심리상담원, 생활지도원, 생활복지사, 간호사, 자립지원 전담요원 등이 포함된다. 교육은 아동권리보장원에서 제공한다. 종사자는 주 담당자와 보조 담당자로 구분되는데, 주 담당자는 아동과 1:1로 매칭하여 서비스 계획 수립 및 수행을 담당하며, 경계선지능아동지도사 양성 교육을 필수 이수해야 한다. 보조 담당자는 서비스 수행 시 주 담당자를 보조하는 인력으로, 경계선지능아동의 양육자 교육을 아동권리보장원 사이버교육센터 (https://edu.ncrc.or.kr, 온라인으로 상시 수강 가능)를 통해 필수 이수해야 한다(아동권리보장원, 2025.2.4.).

보건복지부(2024b)의 '2024 아동분야 사업안내 [2권]'에 의하면, 교육은 '경계선지능아동지도사 양성 과정'과 '경계선지능아동지도사 심화·보수 과정'으로 구분된다. 먼저 양성 과정은 경계선지능아동 맞춤형 사례관리서비스 사업담당자 중 신규 주 담당자를 대상으로 하며, 경계선지능

아동 발달, 상담, 사례관리 등 기본이론 교육을 제공한다. 주 담당자들은 24시간의 집합교육을 필수 이수해야 한다.

다음으로 심화교육은 경계선지능아동지도사 자격증을 취득하지 않은 주 담당자가 양성교육을 이수한 다음 해부터 매년 3시간 이수해야 한다. 보수교육은 경계선지능아동지도사 민간자격증을 취득한 자가 자격증 갱신을 위해 자격증 취득 3년 후부터 매년 6시간 이수해야 한다. 심화·보수 과정은 매뉴얼 활용 방법, 유형별 개입 방법 등 실습 위주의 교육이 제공된다.

그 외의 종사자 교육은 경계선지능아동지도사 교육의 사업 대상인 주 담당자를 제외한 아동양육시설, 공동생활가정, 가정위탁지원센터 종사자, 위탁가정 부모를 대상으로 연중 6시간 제공된다. 교육 내용은 경계선지능아동의 특성, 경계선지능 원인, 적절한 지도 방법 중심의 기초 직무 능력으로 구성된다.

아동권리보장원의 홈페이지를 통해 공개된 정보[2])에 따르면 2023년 기준, 맞춤형 사례관리서비스 지원 아동은 802명이었다. 이는 전체 보호아동 12,308명(보건복지부, 2023) 대비 6.5%에 해당하며, 일반적으로 추정되는 경계선지능 출현율 15.9%에 비해서도 낮은 수준이다. 일반적으로 아동양육시설 및 공동생활가정의 경계선지능의 높은 출현율에 비해서는 더욱 낮은 수준이다. 프로그램 지원은 대상자 선정 시점부터 당해연도 12월 31일까지 제공되며, 매년 말 연장·종료 여부를 조사하여 연장 신청 시 다음 해에도 계속 지원할 수 있다. 2023년 기준으로 전체 802명의 아동 중 연장 지원 아동이 548명(68.3%), 신규 지원 아동이 254명(31.7%)

---

2) 사업실명제(2023-11) 경계선지능아동 맞춤형 사례관리서비스(경계선지능아동 자립지원), 아동권리보장원(2023).
https://www.ncrc.or.kr/ncrc/na/ntt/selectNttInfo.do?mi=1072&bbsId=1041&nttSn=6847&cataGori=&tabName=

을 차지하였다. 시설 참여 현황을 보면, 2023년 기준 전체 162개 참여시설 중 아동양육시설 128개소, 공동생활가정 33개로 아동양육시설의 참여가 더 높은 편이었다.

2023년까지 이 프로그램에 참여한 아동들의 연령별 분포를 보면, 초등학생이 63.3%로 가장 높은 비중을 차지하였고, 중학생 20.7%, 고등학생 9.6%, 미취학 5.6%, 기타(대학) 0.9% 순으로 나타났다. 2023년 1년간 초등학생 484명(60.3%), 중학생 180명(22.4%), 고등학생 86명(10.7%), 미취학 41명(5.1%), 대학생 11명(1.4%)이 참여하였다(아동권리보장원 내부 자료, 2024).

3) 사업 추진체계 및 역할

본 사업의 추진체계는 중앙정부(보건복지부)-아동권리보장원-지방자치단체(시·도 및 시·군·구), 사업 대상 시설로 이어지는 다층적 구조를 가진다. 먼저 중앙정부 차원에서 보건복지부는 경계선지능아동 맞춤형 사례관리서비스 관련 제도 개선을 총괄하고, 사업계획 수립, 운영 지침 마련, 시·도 예산 지원, 아동권리보장원 관리·감독 등의 역할을 한다.

아동권리보장원은 중앙정부와 지자체, 사업 대상 시설 사이의 핵심적인 매개 기관으로서 경계선지능아동 맞춤형 사례관리서비스의 실질적인 운영을 총괄한다. 특히 경계선지능아동지도사 양성 및 교육을 통해 전문 인력을 확보하고, 표준화된 프로그램을 개발·보급하며, 사업의 성과관리와 평가를 담당하고 있다.

지방자치단체는 아동보호전담요원을 두고 관할지역 내 경계선지능 아동의 발굴과 의뢰, 보호조치 결정 및 배치, 지역 내 서비스 제공기관 관리·감독 등의 역할을 수행한다. 특히 지역 특성에 맞는 서비스 제공 체계를 구축하고, 관련 예산을 집행하는 등 실질적인 정책 실현의 중추적 역할을 담당하고 있다.

현장에서 직접 서비스를 제공하는 사업 대상 시설은 경계선지능아동의 선별과 사정, 개별화된 사례관리서비스 제공, 프로그램 운영 등을 담당한다. 이들 기관은 아동과 직접적인 접촉을 통해 개별 아동의 특성과 요구에 맞는 맞춤형 서비스를 제공하는 핵심적인 역할을 한다.

〈표 3-1-11〉 경계선지능아동 맞춤형 사례관리서비스 사업 추진체계 및 역할

추진체계			주요 업무
보건복지부	아동권리과		- 경계선지능아동 맞춤형 사례관리서비스 관련 제도 개선 총괄 - 경계선지능아동 맞춤형 사례관리서비스 사업계획 수립 및 운영지침 마련 - 시·도 예산 지원 - 아동권리보장원 관리·감독 등
	아동권리보장원	업무	- 사업 대상 시설 및 대상 아동 심사 및 선발 - 사업 대상 시설 컨설팅 지원 - 경계선지능아동 돌봄 종사자 대상 교육(양성, 보수 심화 등) - 경계선지능아동 맞춤형 사례관리서비스 프로그램 및 매뉴얼 개발·보급 - 사업 홍보 및 자원개발, 네트워크 구축 - 경계선지능아동 맞춤형 사례관리서비스 관련 연구 및 자료 발간 등
		보고	- 보건복지부에 사업실적 관리 및 평가 등 보고(시·도 공유)
시·도	사업담당부서	업무	- 예산 확보 및 교부 - 사업실적 관리 등
		보고	- 보건복지부에 사업 결과 보고(집행 내역 등)
	시·군·구	업무	- 선별 검사 비용, 사업비 교부 - 사업집행 관리 등
		보고	- 시·도에 사업 결과보고(집행내역 등) 보고
사업 대상 시설		업무	- 입소 아동 대상 1차 선별 검사 실시 후, 경계선지능 의심 아동 대상으로 2차 선별 검사 진행 - 돌봄 종사자의 전문인력 양성교육 필수 이수 - 경계선지능아동 맞춤형 사례관리서비스 계획 수립 및 서비스 운영 - 아동권리보장원 컨설팅 참여 - 경계선지능아동 사례관리서비스 지원 현황 DB입력 등
		보고	- 아동권리보장원에 사례관리서비스 실적 제출(분기별) - 시·군·구에 사업 결과보고(집행내역 등) 보고

주: 지역 아동자립지원전담기관과 연계하여 컨설팅 및 사례회의, 사업 실적관리 등 추진 가능
출처: "2024 아동분야 사업안내 [2권]", 보건복지부, 2024b, p.92.

3. 전문가정위탁

가. 법적 근거

　전문가정위탁사업은 「아동복지법」 제15조 제1항 제3호 및 동법 시행령 제14조 제1항 제1호에 근거하여 2022년 1월부터 실시되었다.

　보건복지부(2024a)의 '2024 아동분야 사업안내 [1권]'에 의하면, 전문가정위탁 보호대상은 '종합심리검사 결과 경계선지능으로 진단된 아동' 외에 학대피해아동, 2세 이하(36개월 미만) 아동, 장애아동과 같이 전문적인 보호가 필요한 아동이 해당된다.

　따라서 본 사업의 목적은 이와 같은 '특별한 보호가 필요한 보호대상아동을 전문적으로 보호·양육하는 것'이다. 특히 아동이 학대피해아동이면서 경계선지능아동인 경우와 같이 두 가지 이상의 전문위탁 대상 특성을 갖고 있다면 전문위탁가정으로의 보호조치가 우선적으로 고려된다(보건복지부, 2024a).

〈표 3-1-12〉 전문가정위탁사업의 법적 근거

구분	내용
「아동복지법」 제15조 (보호조치)	① 시·도지사 또는 시장·군수·구청장은 그 관할 구역에서 보호대상아동을 발견하거나 보호자의 의뢰를 받은 때에는 아동의 최상의 이익을 위하여 대통령령으로 정하는 바에 따라 다음 각 호에 해당하는 보호조치를 하여야 한다. 3. 보호대상아동을 적합한 유형의 가정에 위탁하여 보호·양육할 수 있도록 조치하는 것
「아동복지법」 시행령 제14조 (가정위탁보호의 신청 등)	① 법 제15조 제1항 제3호 및 같은 조 제6항 각 호 외의 부분 전단에 따른 가정위탁보호의 유형은 다음 각 호와 같다. 1. 전문가정위탁보호: 피해아동, 2세 이하 아동 등으로서 특별한 보호가 필요한 보호대상아동을 전문적으로 보호·양육하는 것을 목적으로 하는 가정위탁보호

출처: 1) "아동복지법", 2024, 국가법령정보센터. https://www.law.go.kr/법령/아동복지법.
　　　2) "아동복지법 시행령", 2024, 국가법령정보센터. https://www.law.go.kr/법령/아동복지법시행령

그러나 전문가정위탁사업은 도입 초기로, 현재까지 공급 측면에서 전문위탁가정의 수가 충분하지 않아 경계선지능아동이 전문위탁가정으로 보호조치되는 사례가 많지 않은 것으로 파악된다. 아동권리보장원(2025.2.4.)의 '2025년 1월 대기위탁부모(전문/일반) 현황 안내' 자료에 의하면, 전국의 전문위탁가정은 118세대, 일반위탁가정은 192세대였다.

반면, 전문가정위탁에서 보호·양육되는 경계선지능아동의 현황이나 실태를 파악할 수 있는 공식 통계자료는 아직 공개되지 않고 있다. 다만, 보건복지부(2023a)의 '보건복지통계연보'에 의하면, 2022년 기준 전문위탁가정 209세대, 전문위탁가정에서 보호·양육되는 아동수 237명(〈표 3-1-2〉 참조)으로 나타났다. 이들 특별한 보호가 필요한 아동 중에서 경계선지능으로 진단받은 아동의 수는 정확히 파악되지 않는다.

나. 가정위탁 유형

'가정위탁'은 2022년부터 '일시가정위탁', '전문가정위탁', '일반가정위탁'의 세 개 유형으로 구분된다. 경계선지능아동은 일시가정위탁 또는 전문가정위탁으로 보호조치 가능하다. 물론 일반가정위탁으로 경계선지능아동을 보호조치하는 것이 불가능한 것은 아니다. 일시가정위탁은 3개월간의 단기 보호로, 1회에 한해 3개월간 보호 연장이 가능하여 최대 6개월간 경계선지능아동을 일시 보호할 수 있다. 전문가정위탁은 중장기 보호로, 보호종결 시까지 경계선지능아동의 보호·양육이 가능하다. 「아동복지법」 제16조의 3에 따라 아동이 연장 의사가 있을 경우, 가정위탁지원센터 자립지원전담요원 또는 아동보호전담요원과 상의하여 별도 사유 없이 25세 미만까지 보호기간 연장이 가능하다. 경계선지능아동은 자립 능력이 부족한 경우 26세 미만까지로 1년의 보호기간을 추가 연장할 수 있다.

〔그림 3-1-3〕 가정위탁 유형

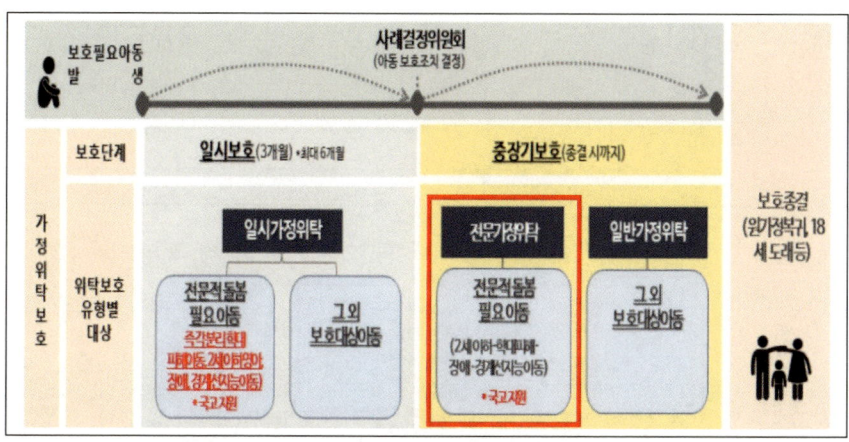

출처: "2024 아동분야 사업안내 [1권]", 보건복지부, 2024a, p.72.

다. 전문위탁가정 자격 기준

　전문위탁가정은 그 특성상 별도의 자격 요건이 필요하다. 전문위탁가정 기준은 나이, 직업, 소득, 가족관계, 복지·교육·의료·상담 자격증 등이 해당하는데, ① 전문위탁부모 양성교육 20시간을 필수 이수하되, 배우자가 있는 경우 배우자는 최소 5시간 이상 교육 이수가 필요하다. 그리고 ② 가정위탁 보호자 경험(친인척 외) 3년 이상 또는 사회복지사·교사·의료인·상담사·심리 관련 전공자 등의 자격을 갖추어야 한다. 구체적인 자격 기준은 〈표 3-1-13〉에 제시하였다.

　그 밖에도 전문위탁가정의 부모는 경계선지능아동 등의 보호·양육 역량 강화를 위해 매년 5시간 이상의 전문가정위탁 보수교육을 필수적으로 이수해야 한다. 만일 보수교육 이수 의무를 이행하지 않을 경우, 「아동복지법」 제15조의 3에 의거하여 위탁 중인 아동의 양육 상황을 점검하여 점검 결과 양육 상황이 양호하지 않은 경우, 해당 아동은 다른 전문위탁가정 또는 일반위탁가정 등 적절한 보호조치로 변경된다. 위탁가정 교육은 집합교육을 원칙으로 하되, 온라인 또는 가정방문 형식의 교육도 가능하다.

〈표 3-1-13〉 전문위탁가정의 기준

구분	전문위탁가정의 기준

「아동복지법」 시행규칙 [별표 1]	다음 각 목의 기준을 모두 충족할 것
	가. 위탁된 보호대상아동(이하 "위탁아동"이라 한다)을 양육하기에 적합한 수준의 소득이 있을 것
	나. 위탁아동에 대하여 종교의 자유를 인정하고 건전한 사회 구성원으로 자랄 수 있도록 양육과 교육을 할 수 있을 것
	다. 가정위탁보호자의 연령이 각각 25세 이상으로 위탁아동과의 나이 차이가 60세 미만일 것. 다만, 시·도지사, 시장·군수·구청장이 위탁아동을 건전하게 양육하기에 위탁가정의 환경이 적합하다고 인정하는 경우에는 제외한다.
	라. 자녀가 없거나 18세 미만의 자녀가 위탁아동을 포함하여 4명 이내일 것
	마. 가정위탁보호자 및 위탁가정에 거주하는 사람은 성범죄, 가정폭력, 아동학대 또는 정신질환 등의 전력이 없을 것
	바. 다음의 어느 하나에 해당하는 요건을 갖출 것
	  1) 가정위탁보호자(「민법」 제777조 제1호 및 제2호에 따른 친족에 해당하는 사람은 제외한다)의 경험이 3년 이상일 것
	  2) 다음의 어느 하나에 해당하는 자격을 갖출 것
	    가) 「사회복지사업법 시행령」 제2조 제1항에 따른 사회복지사
	    나) 「영유아보육법」 제21조 제2항에 따른 보육교사
	    다) 「유아교육법」 제22조 제2항에 따른 교사
	    라) 「초·중등교육법」 제21조 제2항에 따른 교사
	    마) 「의료법」 제2조 제1항에 따른 의료인
	    바) 「청소년 기본법」 제22조 제1항에 따른 청소년상담사
	    사) 「고등교육법」 제2조에 따른 학교 또는 「평생교육법」 제32조 제1항·제33조 제3항에 따라 교육부장관의 인가를 받아 전문대학·대학졸업자와 동등한 학력·학위가 인정되는 평생교육시설에서 심리 관련 학과를 졸업한 사람으로서 해당 분야의 경력이 3년 이상인 사람
	  3) 그 밖에 보건복지부장관이 1) 또는 2)와 유사하다고 인정하는 경력이나 자격을 갖출 것
	사. 가정위탁보호자 중 1명 이상이 전문가정위탁 교육을 이수했을 것
	아. 그 밖에 보건복지부장관이 필요하다고 인정하는 기준

주: 바목 1)의 가정위탁보호자의 경험은 친인척 외 가정위탁보호자 경험을 말함
출처: "아동복지법 시행규칙", 2024, 국가법령정보센터. https://www.law.go.kr/행정규칙/아동복지법시행규칙

라. 경계선지능 진단 및 보호 절차

보건복지부(2024a)의 '2024 아동분야 사업안내 [1권]'에서는 보호대상아동을 전문가정위탁으로 보호하는 절차를 4단계로 제시하고 있다.

1) 아동상담·조사 및 가정위탁보호 의뢰

시·군·구에서는 보호대상아동이 발생하면 해당 아동에 대한 상담·조사를 실시하고 가정위탁지원센터에 연계를 의뢰한다. 경계선지능아동은 종합심리검사 결과 지능지수가 71 이상 84 이하인 아동이다. 단, 이 과정에서 종합심리검사 기관, 소요 기간, 비용 등을 포함한 구체적인 경계선지능 진단 절차는 세부적으로 제시되어 있지 않다. 가정위탁지원센터는 전문위탁가정 풀(Pool)에서 위탁가정을 선별하여 시·군·구에 추천한다.

2) 전문가정위탁 보호 결정

보호대상아동 발생 시·군·구에서는 사례결정위원회의 심의를 통해 보호대상아동을 전문가정위탁으로 보호할지 여부를 결정하고, 위탁가정 소재 시·군·구 및 가정위탁지원센터에 통보한다. 이때 가정위탁지원센터에 욕구조사표, 아동의 건강검진 및 심리검사 결과, 개별보호·관리계획서 등을 함께 통보한다. 아동보호전담요원은 전문가정위탁보호로 결정된 아동을 위탁가정에 인도한다. 전문위탁가정에는 위탁아동 1명 배치가 우선 고려되나, 위탁가정의 역량과 환경을 고려하여 추가 배치도 가능하다. 형제·자매의 경우에는 함께 배치하는 것을 원칙으로 한다. 또한 전문위탁가정 내 18세 미만 양육 자녀의 수는 위탁아동을 포함하여 4명 이하여야 한다.

3) 전문위탁가정 사례관리

지자체에서는 전문가정위탁 보호조치 후 1개월 이내에 위탁가정을 방문하여 경계선지능아동 등의 적응 상태 등을 점검한다. 가정위탁지원센터에서는 아동보호전담요원이 작성한 아동의 개별보호·관리 계획서를 바탕으로 서비스 계획 수립 후 시·군·구에 보고한다.

4) 전문가정위탁보호 종료 및 사후관리

경계선지능아동 등이 원가정 복귀, 18세 연령 도래, 보호조치 변경 등으로 전문가정위탁보호가 종료될 경우, 지자체 사례결정위원회의 심의를 거쳐 보호종결 여부를 결정한다. 경계선지능아동은 보호종료 후에도 최대 26세 미만까지 보호기간을 연장할 수 있다. 보호종료 후에는 자립지원 전담기관과 협력하여 5년 이내 사후관리를 실시한다.

[그림 3-1-4] 전문가정위탁 보호 절차(중장기 보호)

절차	① 아동상담·조사 및 가정위탁보호 의뢰	② 전문가정위탁 보호결정	③ 전문위탁가정 사례관리	④ 전문가정위탁보호 종료 및 사후관리
내용	- 모집·홍보 - 자격 확인 및 가정 환경 조사 - 양성교육(20시간) - 범죄경력 조회 - 전문위탁가정 추천, 자격심의 및 결정	- 전문가정위탁 대상아동 상담·조사 - 전문위탁가정 연계·배치 - 전문위탁보호 결정(사례결정위원회)	- 아동 적응 상태 모니터링 및 서비스 연계지원 - 재정 지원 - 원가정 복귀 지원	- 위탁·보호 종결 - 종결아동 사후관리
주체	복지부, 보장원, 지자체, 센터	지자체, 센터	지자체, 센터	지자체, 센터

출처: "2024 아동분야 사업안내 [1권]", 보건복지부, 2024a, pp.154-158.

다. 경계선지능아동 지원체계

경계선지능아동이 전문위탁가정에서 보호·양육될 경우, 경계선지능아동과 전문위탁부모에게 다양한 재정지원이 제공된다. 지원은 국비와 지방비를 통해 이루어지며, 위탁가정 소재지 시·군·구에서 지급한다.

만일 경계선지능아동이 위탁가정에서 '일시보호'를 받게 되면 '위기아동 가정보호사업'에 따른 전문아동보호비와 아동용품 구입비 등이 지급된다. 2024년부터는 경계선지능아동도 '위기아동 가정보호사업' 대상에 포함되어 지원 가능하다. 전문아동보호비는 국비로 지원되는 현금급여로, 일시보호 종료 시까지 아동 1인당 매월 100만 원이 보호가정 계좌로 입금된다. 아동 양육에 필요한 물품 마련을 위한 아동용품 구입비 역시 국비로 지원되며, 보호가정 책정 시 최초 1회에 한해 100만 원이 지급되는데, 기존 위기아동 가정보호 또는 전문가정위탁으로 이미 아동용품 구입비를 지원받은 이력이 있을 경우, 위기아동 연계 시마다 위기아동 1인당 50만 원이 지원된다.

또한 경계선지능아동이 전문위탁가정에서 '중장기보호'를 받게 되면 '전문가정위탁사업'에 따라 위기아동 가정보호사업에서도 지원되는 지원 항목 외에 추가적으로 양육보조금이 지급된다. 양육보조금은 지방비로, 아동 1인당 월 30만 원~50만 원 이상 지원할 것을 권고하고 있어 지자체마다 지원 수준이 다르다. 아동의 연령에 따라 지원 금액을 차등화하고 있어 만 7세 미만(83개월까지) 아동은 월 34만 원 이상, 만 7세 이상 만 13세 미만(84~155개월) 아동은 월 45만 원 이상, 연장보호아동을 포함한 만 13세 이상(156개월부터) 아동은 월 56만 원 이상 지원할 것을 권고한다. 국비로 지원되는 아동용품 구입비는 전문위탁가정 책정 시 최초 1회에 한해 100만 원이 위탁부모 계좌로 지급된다. 사용 용도는 초기 아동 적응 및 양육 물품 구입 등 소요 비용에 제한된다. 이미 다른 아동을 위기아동

가정보호나 전문가정위탁으로 보호하여 아동용품 구입비를 지원받았다면 해당 전문위탁가정에는 50만 원만 지원된다. 또한 동일 아동에 대해 위기아동 가정보호로 기존에 아동용품 구입비를 지원받았다면 추가로 아동용품 구입비는 지원되지 않는다.

특히 심리검사·치료비 지원 관련, 심리검사 비용은 1회에 한해 20만 원이 지원되며, 언어치료 등 치료비는 월 20만 원 이내에서 12개월간 지원된다. 심리검사 비용은 검사 유형에 따라 10만 원 이내의 검사도 받을 수 있지만, 특히 종합심리검사는 지역에 따라 30~60만 원으로 차이를 보여 지원 수준이 상향될 필요가 있다. 치료비 역시 치료기관마다 차이를 보이지만 1회 기준 5~10만 원 수준으로 경계선지능아동의 안정적인 치료를 위해 지원 수준이 적정 수준으로 상향될 필요가 있다. 한편, '경계선지능 아동 맞춤형 사례관리서비스' 사업 대상자는 '종합심리검사 결과 경계선 지능아동으로 진단받은 아동복지시설 보호아동 및 가정위탁아동 중 종합심사를 거쳐 최종 선정된 경계선지능아동'이나, 실제 전문위탁가정에서 보호받는 경계선지능아동은 해당 사업을 통한 지원을 받지 않는다.

〈표 3-1-14〉 경계선지능아동 보호·양육에 따른 지원 사항 비교

구분	위기아동 가정보호	전문가정위탁
법적 근거	「아동복지법」 제15조 제6항 - 일시위탁 근거조항	「아동복지법」 제15조 제1항 제3호 -가정위탁 보호조치 근거조항
보호형태	일시보호	중장기 보호
보호기간	3개월 일시보호 목적 달성 시까지 - 3개월 이내 연장 가능 - 이후 장기보호로 전환	보호종료 시까지 - 2세 이하 아동 36개월 도래 시 일반가정위탁으로 전환
위탁가정 요건	전문위탁부모 자격	
위탁아동 1명 이상 배치 시 지원 기준	아동 수에 비례하여 지원 - 아동 1인당 100만 원씩	아동 수에 비례하여 지원 - 아동 1인당 100만 원 - 양육보조금 별도 지원
재정지원	[공통]	

구분	위기아동 가정보호	전문가정위탁
전문아동보호비 (국비)	◦ 아동 1인당 월 100만 원 - 시·군·구에서 매월 위탁·보호가정 계좌로 지급	
상해보험료 (국비)	◦ 연 68,500원 내외 지원 - 시·군·구에서 보호결정 시 상해보험 가입 처리	
심리검사·치료비 (국비)	◦ 심리정서 치료비 월 20만 원 이내(12개월) ◦ 심리검사비: 20만 원(1회) ◦ 교통비 월 2만 원 이내(12개월) ※ 종합심리검사(Full Battery검사)는 예산지원 가능 범위 내에서 30만 원 이내 지원 가능(1회) ※ 치료를 요하는 정도가 심한 아동의 위탁부모에 대해 양육상담비 월 20만 원 이내 지원(12개월) ※ 시·군·구청장이 필요하다고 인정하는 경우 치료·검사·상담 지원금액을 각 10만 원 이내에서 초과지급 가능	
기초생활보장 급여	◦ 생계급여 월 55만 원 ◦ 주거급여 월 10~19만 원(일시보호인 경우, 제외) ◦ 의료·교육급여는 개인별 상이	

가정양육수당	◦ 보육시설을 이용하지 않는 7세 미만 아동
	  - 0세(~11개월): 월 20만 원
	  - 1세(12~23개월): 월 15만 원
	  - 2~6세(24~86개월): 월 10만 원
	※ 부모급여 지원받는 아동이 24개월이 되는 날 가정양육수당 자격으로 일괄 전환	

부모급여	◦ 보육시설을 이용하지 않는 1~23개월 아동
	  - 0세(11개월까지): 월 100만 원
	  - 1세(12~23개월): 월 50만 원
	※ 가정양육수당과 부모급여는 중복지급 불가능	

아동수당	◦ 8세(95개월) 미만까지 월 10만 원 지급	
기저귀·조제분유 지원	◦ 2세(24개월) 미만 아동	
[개별]		

	◦ 아동용품 구입비(국비)
	  - 보호가정 책정 시 최초 1회 100만 원을 보호가정 계좌로 지급
	  - 위기아동 양육에 필요한 아기침대, 침구, 의류, 카시트, 유모차 등 물품 구매
		◦ 아동용품 구입비(국비)
		  - 전문위탁가정 책정 시 최초 1회 100만 원을 위탁가정 계좌로 지급
		  - 초기 아동적응 및 양육에 필요한 아기침대, 침구, 의류, 카시트, 유모차 등 물품 구매
		◦ 양육보조금(지방비): 아동 1인당 월 30~50만 원 이상 지원 권고
		  - 7세 미만: 월 34만 원 이상
		  - 7세~13세 미만: 월 45만 원 이상
		  - 만 13세 이상(연장보호아동 포함):

구분	위기아동 가정보호	전문가정위탁
		월 56만 원 이상 - 시·군·구에서 매월 위탁·보호가정 계좌로 지급
보호 절차	시·군·구(아동 발생 소재지)에서 가정위탁지원센터(위탁가정 소재지)에 아동보호 의뢰	시·군·구(아동 발생 소재지) 사례결정위원회의 심의를 통해 아동보호조치 결정

출처: "2024 아동분야 사업안내 [1권]", 보건복지부, 2024a, p.146, p.162.

제2절 청소년보호체계

1. 가정외보호 경계선지능청소년의 분포(추정)

「청소년복지지원법」제2조(정의)에 따르면 '가정 밖 청소년'이란 "가정 내 갈등·학대·폭력·방임·가정해체·가출 등의 사유로 보호자로부터 이탈된 청소년으로서 사회적 보호 및 지원이 필요한 청소년"을 말한다. 또한 '위기청소년'이란 "가정 문제가 있거나 학업 수행 또는 사회 적응에 어려움을 겪는 등 조화롭고 건강한 성장과 생활에 필요한 여건을 갖추지 못한 청소년"을 뜻한다. 본 연구에서의 가정외보호 청소년은 이러한 가정 밖 청소년과 위기청소년을 모두 포함하는 개념이다. 따라서 가정외보호 경계선지능청소년은 "가정 내 여러 가지 사유로 보호자로부터 이탈되어 사회 적응에 어려움을 겪는 경계선지능청소년"을 의미한다.

국외 연구에서의 지능 정규분포에 따르면 전체 청소년 인구의 13.6%가 경계선지능을 가졌을 것으로 추정된다. 예를 들어, Gigi 외(2014)의 연구에서는 이스라엘의 징집 대상인 16~17세 청소년 49만 9천 명을 전수 조사했을 때 전체 인원의 15.3%에 해당하는 7만 7천 명가량을 경계선지능청소년으로 보고하였다.

우리나라의 청소년복지시설 내 경계선지능청소년 분포(추정)와 관련한 연구는 많지 않다. 청소년쉼터에 거주하는 청소년의 정신병리에 대한 연구에서는 경계선지능청소년의 비율이 38%, 지적장애를 가진 청소년이 22%인 것으로 조사되었다(이종성, 곽영숙, 2001). 또한 서울시 청소년 유관기관 79개소의 종사자를 대상으로 한 경계선지능청소년 실태조사에서 경계선지능청소년이 기관을 이용한다는 응답률은 전체 참여기관의 16.7%였다(김동일 외, 2021). 전국의 중장기 청소년쉼터 30개와 자립지원관 11개 기관에서 보호하고 있는 경계선지능청소년 현황을 조사한 연구에서 경계선지능청소년으로 진단받거나 의심되는 청소년은 보호청소년 전체 376명 중 78명으로 21%의 출현율을 보였다(박현숙, 2022).

2. 중장기 청소년쉼터·청소년자립지원관

가. 법적 근거 및 지원 정책

「초·중등교육법」과 「아동복지법」에 일부 경계선지능과 관련된 내용이 포함되어 있으나, 경계선지능청소년은 물론 경계선지능인과 관련된 구체적인 상위법은 아직 제정되지 않았다. 「초·중등교육법」 제28조에는 '경계선지능 학생'을 학업에 어려움을 겪는 학생으로 분류하여 "성격장애나 지적 기능의 저하 등으로 인하여 학습에 제약을 받는 학생 중 「장애인 등에 대한 특수교육법」 제15조에 따른 학습장애를 지닌 특수교육 대상자로 선정되지 아니한 학생"으로 정의하고 있다. 제28조에서는 실태조사, 예산지원, 교재와 프로그램 개발 및 보급, 교원 연수 등도 명시하고 있다.

최근 「장애인 등에 대한 특수교육법」 제15조 제1항 제8호의 특수교육 대상자 선정 기준에서 '학습장애'를 지닌 특수교육 대상자는 개인의 내적 요인으로 인하여 듣기, 말하기, 주의집중, 지각, 기억, 문제해결 등의 학습 기능이나 읽기, 쓰기, 수학 등 학업성취 영역에서 현저하게 어려움이 있는 사람으로 명시하였다. 따라서 개인의 내적 요인으로 인해 듣기, 말하기, 주의집중, 지각, 기억, 문제해결 등의 학습기능에 현저하게 어려움이 있는 사람을 경계선지능 학생이라고 할 수 있다.

그러나 아직까지 교육 현장이나 임상 현장에서 경계선지능만으로 특수교육 대상자로 지정받기는 어려운 상황이다. 또 다른 법률로는 「아동복지법」 제16조의 3(보호대상아동 보호기간의 연장)에서 지적 능력으로 인해 자립 능력이 부족한 경우 보호기간을 연장한다고 명시된 바 있다. 지적 능력에 대해서 지능지수의 정확한 수치 범위는 2025년 1월 기준, 아직 공개되지 않고 있다.

「아동복지법」에 따라 아동복지시설 및 위탁가정에서 생활하는 경계선지능청소년은 경계선지능아동 사례관리서비스를 통해 자립지원을 받을 수 있다. 또한 경계선지능 관련 역량강화를 위한 아동양육시설 종사자 교육, 경계선지능아동을 위한 다양한 개입 프로그램과 자립지원서비스가 마련되어 있다. 그러나 「청소년복지법」에 따른 청소년복지시설에 입소하는 경계선지능청소년 대상 정책이나 서비스는 현재 마련되어 있지 않다. 청소년복지시설의 종사자들은 경계선지능청소년의 선별과 보호에 대한 어려움을 호소하고 있지만, 경계선지능청소년의 지원체계를 담은 매뉴얼이나 관련된 개입 프로그램은 없으며, 경계선지능 관련 역량 강화 교육도 없이 현장에서 고전 중이다.

「청소년기본법」을 비롯한 청소년 관련 법률에 경계선지능과 관련된 내용은 명확히 포함되어 있지 않으나, 경계선지능청소년을 지원할 수 있는 법적 근거를 찾아볼 수는 있다. 「청소년복지 지원법」 제2조에는 위기청소년과 가정 밖 청소년을 정의하고, 이들에 대한 지원을 명시하고 있다.

「청소년복지 지원법」 제12조의 2(위기청소년 통합지원 정보시스템의 구축 및 운영 등)에 따르면 위기청소년 관련 정보의 효율적 처리, 정보 공유 및 기관 간 서비스를 연계하는 통합지원 정보시스템을 구축, 운영할 수 있다(시행 2024.4.25.). 동법 시행령 제17조의 3(자립지원)에서도 가정 밖 청소년의 자립 역량 강화를 위한 교육·훈련 등의 프로그램 개발 및 운영, 청소년복지시설 종사자에 대한 가정 밖 청소년의 자립 지원 관련 교육·훈련을 실시할 수 있다고 명시하고 있다(시행 2024.4.25.).

나. 경계선지능 진단 절차

청소년의 자발적 입소가 대부분인 청소년쉼터와 같은 청소년복지시설에서 경계선지능으로 진단을 받았거나 의심되는 청소년을 구분하기는 어렵다. 일시 또는 단기보호를 주로 하는 청소년쉼터의 경우, 이용 청소년의 보호기간이 짧아서 경계선지능을 가졌음에도 선별되지 못한 채 퇴소하는 경우가 많다. 청소년쉼터에서 입소 당시 실시하는 검사에는 위기스크리닝을 위한 설문지, 문장완성검사, 가출청소년 평가지가 있다. 그러나 평가지 결과만으로 경계선지능을 구분하는 데 한계가 있다(박현숙, 2022). 경계선지능을 진단하기 위해서 비용과 시간이 소요되는 지능검사를 다수의 청소년에게 실시하기가 어려운 실정이고, 보호자나 청소년 본인이 동의하지 않아서 심리검사나 심리상담을 시행하는 데에도 어려움이 따른다(염지혜, 2024.8.8). 입소 후에 경계선지능청소년의 청소년쉼터 적응과 자립지원서비스 제공 등을 위해서는 청소년복지시설의 특성에 맞는 경계선지능청소년 선별도구가 개발 및 적용될 필요가 있다.

'청소년쉼터 내 경계선지능청소년 실태조사'에 따르면, 청소년쉼터 등의 청소년복지시설에 입소할 때 실시하는 종합심리검사를 통해 경계선지능을 진단받는 경우가 가장 많았다(박현숙, 2022). 단기 청소년쉼터에서 검사를 통해 경계선지능 관련 진단을 받고 온 경우가 있었고, 병역판정을 위한 신체검사에서 '지식수준 미달' 판정 때문에 재검사 과정에서 경계선지능인 진단을 받는 경우도 있다고 보고했다. 종합심리검사 등의 심리검사를 실시하는 시기는 입소 당시가 가장 많았으며, 문제행동이 발생하거나 관련 프로그램 실시 과정에서 검사를 진행하는 경우도 있는 것으로 나타났다. 진단을 위해서는 주로 종합심리검사를 실시했으며, 지능검사만 실시하는 기관도 있었다.

또한 '청소년쉼터 내 경계선지능청소년 실태조사'에서는 시설 종사자 보고형의 경계선지능 선별 검사를 사용했다(박현숙, 2022). 선별 검사지의 내용은 경계선지능청소년의 심리적 특성, 언어, 학습 및 대인관계 경험으로 구분되어 있다. 경계선지능 선별 검사를 통해 전문적인 심리검사가 필요한 대상인지 여부를 확인할 수 있으며, 경계선지능적 특성의 발현 정도를 확인하여 지원의 방향과 정도를 정하는 데 필요한 기초자료로 쓸 수 있다. 한국청소년쉼터협의회에서 경계선지능 선별 체크리스트를 제작하여 이를 이용해서 실태 조사를 실시한 바 있다(김범구 외, 2023). 이 조사를 위해 만들어진 경계선지능 선별 체크리스트는 인지 영역, 학습 영역, 사회 및 정서 영역으로 구분되어 있으며, 청소년복지시설 내 관계자가 쉽게 이용할 수 있는 형식으로 만들어졌다. 이 조사에서는 경계선지능 선별 체크리스트의 각 영역에서 수행에 어려움을 보고하는 청소년복지시설 내 청소년의 비율을 조사한 바 있다(김범구 외, 2023). 그러나 실제로 경계선지능을 진단받은 청소년의 지능과 경계선지능 선별 검사 결과치의 상관관계 분석의 타당화 과정이 뒤따르지 않아 어렵게 만든 도구가 실질적으로 활용되기 어려운 상황이다. 도구의 타당화를 비롯한 관련 연구가 후속 수행되어 현장에서 즉각 사용될 수 있어야 한다.

이용 청소년의 입·퇴소가 잦은 일시보호시설에서는 시간적·예산적 한계 때문에 지능검사를 포함한 종합심리검사가 쉽지 않다. 어렵게 실시한 종합심리검사 결과가 옮겨간 기관으로 연계되어 적용되지 못하기 때문에 비용 대비 효용성도 낮을 수 있다. 시설 종사자가 실시할 수 있는 경계선지능 선별 검사는 일시보호시설에서 더 잘 사용될 수 있을 것이다. 또한 중장기 보호시설이나 자립지원관에서도 입소할 때 경계선지능 선별 검사를 실시하여 경계선지능 위험군을 선별한 후에 종합심리검사나 지능검사 등의 표준화된 진단 절차를 실시한다면, 선별이 지연되는 것을 예방하고 예산적 한계도 일정 부분 극복이 가능할 것이다.

경계선지능청소년의 선별, 진단과 심리상담 등의 지원을 받았던 이력 등 관련 정보의 효율적 처리, 정보 공유 및 기관 간 서비스 연계 등이 「청소년복지 지원법」 제12조에 명시되어 2024년 4월부터 시행 중이다. 입·퇴소를 반복해서 서비스 대상으로 선별되거나 지속적인 지원을 받는 데 어려움이 있는 청소년쉼터의 경계선지능청소년에 대한 통합지원정보시스템을 진단체계와 보호·관리체계에서 잘 활용할 수 있도록 적극적인 홍보와 교육이 필요하다.

다. 경계선지능청소년 지원체계

청소년복지시설인 청소년쉼터에서 경계선지능청소년에 한정된 지원체계나 지원 서비스 준비는 아직 미미한 단계이다. 경계선지능청소년에 대한 시설 종사자들의 문제의식과 지원에 대한 욕구는 높으나, 실제적인 지원과 내실화 방안 연구는 매우 부족한 상태이다. 아동보호체계와 청소년보호체계에서 자립을 준비해야 하는 청소년은 경계선지능이라는 동일한 특성을 가졌음에도 불구하고, 아동보호체계에 비해 청소년보호체계에서 경계선지능청소년의 적응이나 자립에 대한 지원은 턱없이 부족하다(손선옥, 박현용, 2023). 청소년쉼터 이용 청소년에 대한 연구들에서는 청소년쉼터 내에 경계선지능으로 진단받거나 의심되는 청소년을 상당수 보호하고 있으며, 종사자들이 경계선지능청소년의 보호나 자립 준비에 어려움을 겪고 있어 이와 관련한 지원의 필요성을 꾸준히 제기해 왔다(김범구, 2019; 박현숙, 2022; 손선옥, 박현용, 2023).

제3절 요약 및 시사점

1. 가정외보호 경계선지능아동·청소년 지원체계

첫째, 현행 법률상의 가장 큰 문제점은 경계선지능 아동 또는 청소년을 직접적으로 규정하고 지원하는 법적 근거가 부재하다는 점이다. 「아동복지법」 또는 「청소년복지 지원법」상에서도 이들에 대한 법적 정의나 지원 근거가 미비하고, 보호대상아동, 가정 밖 청소년, 위기청소년에 대한 일반적 정의와 보호 기준만이 존재할 뿐이다. 법적 기반이 미흡한 상황에서는 경계선지능아동·청소년의 특수성과 요구에 맞는 전문적이고 체계적인 지원도 어려울 수밖에 없다.

「아동복지법」 제15조의 보호조치 규정에도 경계선지능아동의 특수성이 반영되지 않아, 일반 보호아동과 동일한 기준으로 보호조치가 이루어지고 있다. 경계선지능청소년 관련해서는 정부 차원의 지원 정책도 부재한 문제점이 있다. 청소년쉼터는 이용 청소년의 보호기간이 짧아 경계선지능이 온전히 선별되지 못하고, 고가의 진단 비용과 장기간 소요된다는 문제가 있으며, 지능검사에 대한 보호자나 청소년 본인의 부동의로 경계선지능을 진단하는 데에도 한계가 있다.

둘째, 경계선지능아동·청소년 지원 정책 전달체계는 소관 부처, 보호체계, 시설 유형, 지역에 따라 서비스 격차가 존재하여 동일한 수준의 서비스 접근성을 보장하지 못하고 있다. 같은 연령대인 경우, 이러한 문제점은 더 명료하게 나타난다. 아동과 청소년을 담당하는 부처가 달라 관계기관 간 연계·협력체계가 미흡하여 분절적 서비스 제공의 문제를 극복하는 데 한계가 있다. 특히 경계선지능청소년 대상 지원은 거의 부재하므로 아동·청소년 통합 방식의 지원을 고민할 필요가 있다.

셋째, 가정외보호 경계선지능아동·청소년을 위한 정책 실행에서는 통합적이고 체계적인 접근이 부족한 상황이다. 특히 발달단계, 경계선지능 특성과 지원 요구를 반영한 맞춤형 지원체계가 미비하다. 이를 위해서는 경계선지능아동·청소년 정기 실태조사 실시 및 통계자료 구축을 통해 효과적인 정책 수립을 위한 기초자료를 확보할 필요가 있다.

넷째, 전문위탁가정의 전문성 확보와 안정적 지원 확대가 필요하다. 전문위탁가정의 제도 도입 취지에 부응하지 못하는 전문성, 공급 수준, 처우 수준을 보이고 있어 극복해야 할 한계가 많다. 무엇보다 경계선지능아동을 보호·양육할 수 있는 전문위탁가정 현황, 전문위탁가정에서 성장하는 경계선지능아동 현황 및 실태 등 매우 기초적인 자료 구축이 필요하다. 이와 함께 전문위탁가정의 경계선지능아동에 대한 안정적이고 지속 가능한 지원이 반드시 제공되어야 한다. 특히 경계선지능아동은 지속적으로 다양한 유형의 치료가 요구되기도 하므로, 심리검사나 치료비 지원금액을 현실적으로 상향 조정할 필요가 있다. 정부·지자체 차원의 치료비 지원을 확대하여 치료 계획 수립에 따른 안정적이고 양질의 치료를 보장할 필요가 있다.

2. 현행 맞춤형 사례관리서비스의 구조적 한계

첫째, 「아동복지법」 제38조의 자립지원 조항을 근거로 하고 있어, 자립지원이라는 제한된 영역에서만 서비스가 제공되는 한계가 있다. 경계선지능아동에 대한 지원은 자립 준비뿐만 아니라 인지발달, 학습능력, 사회성 발달 등 전반적인 발달 영역을 포괄하는 통합적 접근이 필요하다는 점에서 법적 근거의 확장이 요구된다.

둘째, 사례관리서비스 비용 지원이 회기당 3만 5천 원으로 고정되어 있어 아동의 특성과 요구 수준에 따른 탄력적인 서비스 제공이 어려운 실정이다. 이는 보다 전문적이고 집중적인 지원이 필요한 아동에 대한 충분한 서비스 제공을 제한할 수 있다. 장기적 관점에서 체계적인 치료 계획 수립에도 한계가 있을 수밖에 없다.

셋째, 서비스 이용 아동의 연령 분포를 보면 초등학생에 집중되어 있어 조기 개입이 필요한 미취학 아동이나 보다 집중적인 자립 준비가 필요한 고등학생 이상의 참여가 상대적으로 저조한 것으로 나타났다. 이는 연령대별 특성과 요구를 반영한 맞춤형 프로그램 개발과 지원체계 구축이 필요함을 시사한다.

넷째, 전체 보호아동 대비 서비스 이용률이 낮은 것은 경계선지능아동에 대한 조기 발견 및 개입 체계가 미흡함을 보여준다. 현재는 표준화된 선별도구나 체계적인 발굴 시스템이 부재하여 경계선지능아동의 조기 발견과 적절한 개입이 지연되는 경우가 많다.

다섯째, 지역별로 서비스 제공기관과 전문인력의 분포가 불균등하여 지역 간 서비스 격차가 발생하고 있다. 이로 인해 거주 지역에 따라 서비스 접근성과 질적 수준에 차이가 발생할 수 있다.

여섯째, 시설 퇴소 후 연계 서비스가 부족하여 지원의 연속성이 확보되지 못하고 있다. 성인기 전환 과정에서 필요한 지속적인 지원과 사후관리가 제한적으로 이루어지고 있어, 퇴소 후 적응에 어려움을 겪을 수 있다.

일곱째, 전문인력의 지속적 확보와 역량 강화가 과제로 남아 있다. 경계선지능아동에 대한 전문적 이해와 지원 역량을 갖춘 인력이 부족하며, 잦은 인력 교체로 인해 서비스의 연속성과 전문성 확보에 어려움이 있다. 이는 결과적으로 서비스의 질적 수준에 영향을 미칠 수 있다.

3. 정책적 시사점

첫째, 가정외보호 경계선지능아동·청소년을 위한 별도의 분리된 지원체계보다는 통합적 환경 내에서의 맞춤형 지원이 더욱 효과적일 것으로 판단된다.

둘째, 시설 내에서 효과적으로 활용할 수 있는 체계적인 행동지원 프로그램의 도입이 필요하다. 특히 전체 학생을 대상으로 하는 다층적 지원체계인 MTSS나, 학교 폭력 예방을 위해 긍정적 행동지원과 또래 영향력을 활용하는 핀란드의 KIVA 같은 검증된 프로그램을 시설 환경에 맞게 수정·보완하여 적용하는 것이 효과적일 수 있다.

셋째, 현행 다양한 조사·진단 도구들을 경계선지능아동·청소년의 특성과 요구를 충분히 반영할 수 있도록 정교화할 필요가 있다.

넷째, 개별보호·관리계획의 법적 위상을 강화하고 그 역할과 기능을 구체화할 필요가 있다.

다섯째, 보호·양육(입소), 보호종료(퇴소), 자립 단계까지 아동·청소년의 경계선지능 특성과 요구에 맞는 연속적이고 체계적인 지원체계를 수립할 필요가 있다. 이는 조기 발견과 개입, 맞춤형 보호와 양육, 자립 준비까지 전 과정에서 일관된 지원이 이루어질 수 있도록 하는 것이다.

제4장

경계선지능 진단 및 지원체계 주요 쟁점

제1절 FGI 개요
제2절 주요 분석 결과
제3절 요약 및 시사점

제4장 경계선지능 진단 및 지원체계 주요 쟁점

제1절 FGI 개요

1. FGI 수행 방법

본 연구에서는 가정외보호, 즉 보호대상아동과 가정 밖 청소년 대상 아동보호체계와 청소년보호체계 내에서의 경계선지능 진단 절차, 치료비용을 포함한 지원 현황, 그리고 진단 및 지원체계의 한계 등 주요 쟁점을 파악하기 위하여 현장 실무자 중심의 초점집단면접(이하 'FGI')을 실시하였다.

먼저, FGI 수행에 앞서 한국보건사회연구원 생명윤리위원회(IRB)의 심사를 거쳐 승인을 받았다(승인번호 2024-0382). FGI는 2024년 12월에 총 8회에 걸쳐 수행되었으며, 줌(Zoom)을 활용한 비대면 방식으로, 연구자가 반구조화된 질문지를 활용하여 직접 질의하는 방식으로, 회당 120분 이내에서 집단별 면접을 수행하였다.

FGI 참여자에게는 사전에 서면으로 면접의 목적, 내용, 활용 범위를 안내하고 정보 수집에 대한 동의를 구하였다. 자료 분석과 주요 결과 도출을 위하여 면접 내용은 FGI 참여자의 동의를 받고 모두 녹음 및 녹화하여 녹취록으로 작성하였다. 분석 과정에서 녹취 내용은 FGI 참여자에 대한 유추가 불가능하도록 왜곡되지 않는 범위 내에서 일부 변경하여 활용하였다. 구체적인 지역명이나 식별 또는 유추할 수 있는 개인정보 역시 공개하지 않고 익명 처리하였다.

2. FGI 참여자 선정 기준

FGI 참여 대상자 모집 및 선정은 '의도적 표본 추출 방식(Purposive Sampling)'을 적용하여 관계기관의 추천을 받아 연구진이 직접 섭외하였고, 최종적으로 총 21명이 참여하였다. 대상자는 지자체 아동보호전담요원과 가정외보호 제공자로 다음의 5개 집단으로 구분하였다. FGI 참여자 집단별 선정 기준은 다음과 같다.

〈표 4-1-1〉 FGI 참여자 집단별 선정 기준

구분	집단명	참여 인원	선정 기준
1. 아동보호전담요원	A	5명	현재까지 3년 이상의 아동보호전담요원 근무 경력이 있는 경우
2. 아동양육시설 임상심리상담원	B	5명	현재 아동양육시설 내에서 경계선지능으로 진단된 아동 1명 이상에게 상담 및 심리정서 서비스 등을 제공하는 경우
3. 공동생활가정 시설장/종사자	C	5명	현재 공동생활가정 내에서 경계선지능으로 진단된 아동을 1명 이상 보호하는 경우
4. 전문위탁가정 부모	D	2명	현재 위탁가정에서 경계선지능으로 진단된 아동을 보호하는 경우
5. 중장기 청소년쉼터 시설장/종사자	E	4명	현재 쉼터 내에 경계선지능으로 진단된 청소년을 1명 이상 보호하는 경우

3. FGI 참여자의 일반 특성

FGI 집단별 참여자 특성을 살펴보면, 먼저 '아동보호전담요원'은 서로 다른 지자체 소속으로, 모두 3년 이상의 아동보호전담요원 경력을 가진 여성들이었다. 이들 중 2명은 공무직이고, 3명은 시간선택제 임기제로 근무하였다.

'임상심리상담원'은 서로 다른 지자체의 아동양육시설에서 근무하고 있으며, 여성 5명이었다. 이들이 소속된 시설은 소재하는 지역이 중복되지 않았다. 또한 모두 5~19년의 사회복지 경력을 갖고 있었으며, 현 아동양육시설 또는 아동보호치료시설에서도 최소 5년 이상 근무하고 있었다.

'공동생활시설'의 참여자도 모두 다른 지자체에서 근무하고 있었으며, 시설장 3명, 보육사 2명이었다. 참여자의 성별은 모두 여성이었고 9~17년의 사회복지 경력과 현 시설에서 최소 약 5년 이상 근무한 경력을 갖고 있었다.

'전문위탁가정의 부모'는 인터뷰 거절 등의 이유로 섭외에 어려움이 있어 2명이 FGI에 참여하였다. 이들은 서로 다른 지역에 거주하고 있는 여성이었으며, 일반위탁가정으로는 각각 21년과 8년, 전문위탁가정으로는 모두 4년의 경력을 갖고 있었다. 위탁모 1인은 3년 이상의 일반위탁가정 경험 외에 간호사면허증과 요양보호사 자격증을 보유하였다.

마지막으로 '중장기 청소년쉼터'의 참여자는 남성 2명, 여성 2명이었으며, 소장 3명, 팀장 1명이었다. 팀장 1명은 4년의 사회복지 경력이 있었으며 현 기관에서 3년 근무하였다. 소장 3명은 모두 20년 전·후의 사회복지 경력이 있었고, 현 기관에서도 6~19년의 근무 경력을 갖고 있었다.

5개 그룹별 FGI 참여자 일반 특성은 익명성 보장을 위하여 식별 가능한 정보를 모두 제외하였으며, 다음의 표에 제시하였다.

〈표 4-1-2〉 FGI 참여자 일반 특성

구분	연번	성별	연령	직급	근무 경력
아동보호 전담요원	A-1	여	52	공무직	4년
	A-2	여	42	시간선택제 임기제 마급	3년
	A-3	여	33	공무직	4년
	A-4	여	41	시간선택제 임기제 마급	3년 1개월
	A-5	여	56	시간선택제 임기제 라급	4년 6개월

구분	연번	성별	연령	사회복지 경력	현 기관 근무 경력
아동양육시설 임상심리상담원	B-1	여	42	19년	15년
	B-2	여	39	12년	12년
	B-3	여	29	5년	5년
	B-4	여	32	8년	8년
	B-5	여	49	6년	6년

구분	연번	성별	연령	직위	사회복지 경력	현 기관 근무 경력
공동생활가정 시설장/종사자	C-1	여	47	보육사	17년	4년 8개월
	C-2	여	44		9년	6년
	C-3	여	61	시설장	16년	13년
	C-4	여	63		14년	14년
	C-5	여	47		17년	10년

구분	연번	성별	연령	보유 자격증	전문(일반)위탁 가정 경력
전문위탁가정 부모	D-1	여	67	-	4년(21년)
	D-2	여	58	간호사면허증, 요양보호사	4년(8년)

구분	연번	성별	연령	직위	사회복지 경력	현 기관 근무 경력
중장기 청소년쉼터 시설장/종사자	E-1	남	31	팀장	4년	3년
	E-2	남	46	소장	19년	6년
	E-3	여	40		20년	15년
	E-4	여	41		21년	19년

4. FGI 질의 내용

5개 집단별 면접 질의 내용은 다음과 같이 구성하였다. 반구조화 질문 방식을 적용하여 면접 과정에서 필요한 내용은 추가·보완하고, 일부 불필요한 내용은 제외하여 질의 내용을 조정하였다.

〈표 4-1-3〉 아동보호전담요원 질의 내용

영역	질의 내용
응답자 특성	• 성별, (만)연령, 소속 지자체, 직위·직급, 아동보호전담요원 근무 경력
보호대상아동 경계선지능 진단과 보호조치	• 보호대상아동 발생 후 보호조치 결정 과정에서 경계선지능 진단 방식 및 절차 - 진단 방식 및 절차상 문제점 • 경계선지능아동으로 진단 시, 보호조치 결정 • 보호조치 이후 지자체 차원의 경계선지능 진단 아동에 대한 점검·관리체계

가정외보호 경계선지능아동 지원체계	• 가정외보호 경계선지능아동 지원체계
	  - 아동양육시설, 공동생활가정, 전문위탁가정
	• 가정외보호 경계선지능아동 보호·치료지원을 위한 정부와 지자체의 역할
	  - 법, 제도(정책), 인력·예산 지원 측면
	• 경계선지능아동 보호·치료를 위한 아동보호치료시설의 역할
	  -「아동복지법」상에 명시된 아동보호치료시설(나형)의 기능 수행을 위해 정부와 지자체가 지원해야 할 사항

보호대상아동 경계선지능 진단과 지원체계 개선 욕구	• 보호대상아동 경계선지능 진단-보호·치료-지원-사후관리 체계 개선 의견
	  - 전반적인 체계, 법적·제도적 측면, 인력, 시설, 지역사회 자원, 재정 지원 측면 등
	  - 정부와 지자체의 역할
	• 아동보호치료시설의 경계선지능아동 보호·치료를 위한 기능 적합성·필요성

〈표 4-1-4〉 아동양육시설과 공동생활가정 질의 내용

영역	질의 내용
응답자 특성	• 성별, (만)연령, 소속 지자체, 직위·직종, 사회복지 경력, 현 기관 근무 경력
경계선지능아동 현황과 진단	• 보호아동 중 경계선지능 진단 아동의 현황 및 특성 - 주요 특성, 보호·지원의 어려움, 다른 아동에의 영향 • 입소 아동에 대한 경계선지능 진단 - 입소 전·후, 보호기간
가정외보호 경계선지능아동 지원체계	• 경계선지능아동 대상 시설 자체 지원체계 - 시설에서의 경계선지능아동 대상 보호·지원 방식 - 시설 자체적인 별도 보호·지원 인력과 제공 프로그램 - 외부자원 활용(지역사회 의료, 상담 등) • 시설 경계선지능아동 대상 정부나 지자체 차원의 지원체계 - 법, 제도(정책), 인력·예산 지원 측면 - 경계선지능아동 시설 보호조치 후 지자체의 관리체계 여부 • 경계선지능아동 보호·치료를 위한 아동보호치료시설의 역할 - 아동보호치료시설을 통한 보호·치료 경험 여부(전원 요청) - 아동보호치료시설을 통한 집중치료 필요성, 적절성 - 「아동복지법」상에 명시된 아동보호치료시설(나형)의 기능 수행을 위해 정부와 지자체가 지원해야 할 사항
보호대상아동 경계선지능 진단과 지원체계 개선 욕구	• 보호대상아동 경계선지능 진단-보호·치료-지원-사후관리 체계 개선 의견 - 전반적인 체계, 법적·제도적 측면, 인력, 시설, 지역사회 자원, 재정 지원 측면 등 - 정부와 지자체의 역할 • 아동보호치료시설의 경계선지능아동 보호·치료를 위한 기능 적합성·필요성

〈표 4-1-5〉 전문위탁가정 질의 내용

영역	질의 내용
응답자 특성	▸ 성별, (만)연령, 거주 지역, 보유 자격증, 전문위탁가정 경력, 일반위탁가정 경력
경계선지능아동 특성 및 보호 경험	▸ 경계선지능아동 보호 경험, 중도 포기 경험 여부 　- (보호 경험이 있다면) 경험 빈도 　- (중도 포기한 적이 있다면) 중도 포기 이유 ▸ 현 경계선지능 진단 보호아동 일반 특성 　- 보호기간, 연령, 성별, 주요 특성, 보호·지원의 어려움
가정외보호 경계선지능아동 지원체계	▸ 경계선지능아동 보호 시 전문가정위탁 지원체계 　- 정부·지자체 차원의 지원 및 관리체계 　- 가정위탁지원센터의 역할 　- 외부자원 활용 지원(지역사회 의료, 상담, 치료 등)
보호대상아동 경계선지능 진단과 지원체계 개선 욕구	▸ 보호대상아동 경계선지능 진단-보호·치료-지원-사후관리 체계 개선 의견 　- 전반적인 체계, 법적·제도적 측면, 지역사회 자원, 재정 지원 측면 등 　- 정부와 지자체, 가정위탁지원센터의 역할 　- 경계선지능아동 및 전문위탁가정을 위한 지원체계 개선 사항

〈표 4-1-6〉 중장기 청소년쉼터 질의 내용

영역	질의 내용
응답자 특성	▸ 성별, (만)연령, 소속 지자체, 직위·직종, 사회복지 경력, 현 기관 근무 경력
경계선지능청소년 현황과 진단	▸ 보호청소년 중 경계선지능 진단 아동 현황 및 특성 　- 주요 특성, 보호·지원의 어려움, 다른 청소년에의 영향 ▸ 입소 청소년에 대한 경계선지능 진단 　- 입소 후, 보호기간
가정외보호 경계선지능청소년 지원체계	▸ 경계선지능청소년 대상 시설 자체 지원체계 　- 시설에서의 경계선지능청소년 대상 보호·지원 방식 　- 시설 자체적인 별도 보호·지원 인력, 치료지원, 제공 프로그램 　- 외부자원 활용(지역사회 의료, 상담 등) ▸ 시설 경계선지능청소년 대상 정부나 지자체 차원의 지원체계 　- 법, 제도(정책), 인력·예산 지원 측면 　- 쉼터 내 경계선지능청소년 대상 지자체의 지원·관리체계 여부
가정 밖 청소년 경계선지능 진단과 지원체계 개선 욕구	▸ 가정 밖 청소년 경계선지능 진단-보호·치료-지원-사후관리 체계 개선 의견 　- 전반적인 체계, 법적·제도적 측면, 인력, 시설, 지역사회 자원, 재정 지원 측면 등 　- 정부와 지자체의 역할

제2절 주요 분석 결과

1. 지자체 아동보호전담요원

가. 경계선지능 진단과 보호조치

1) 종합심리검사를 통한 경계선지능 진단

「아동복지법」 제15조에 따라 지자체 아동보호전담요원은 보호대상 아동을 시설이나 위탁가정으로 보호조치하기 이전에 상담, 건강검진, 심리검사, 가정 환경 조사를 필수로 실시한다. 이 중에서 심리검사는 지능, 인지, 정서, 기질과 성격, 사회성 등을 포함하는 '종합심리(Full-Battery)검사'를 진행하며, 동 검사를 통해 경계선지능 여부가 판단된다. 아동보호전담요원은 아동과 초기상담 과정에서 아동의 경계선지능 가능성을 의심하기도 하나, 최종적으로 종합심리검사 결과를 바탕으로 경계선지능 진단 여부를 확인받고 기타 심리·정서적 특성도 파악한다.

> 학대피해아동이든 아니든 장기 보호조치를 할 경우에는 무조건 기본 세팅이 건강검진과 종합심리검사라든지 심리검사가 필수이기 때문에 (A-1)
>
> 학대피해아동은 일시보호시설하고 아보전에서 지원하는 종합심리검사비로 예산을 활용하고, 비학대 아동은 지자체 예산으로 종합심리검사하고 건강검진이 진행됩니다. (A-2)
>
> 이게 의무 사항이다 보니까 아이들이 입소 의뢰되거나 했었을 때는 건강검진하고 종합심리검사를 필수로 진행하고요. (A-4)
>
> 지침서에는 보호조치 전 필수사항으로 나와 있어요. (A-5)

2) 종합심리검사의 긴 예약 대기로 인한 어려움

아동보호전담요원들은 경계선지능 진단 절차에서 겪는 가장 큰 어려움으로 '종합심리검사의 긴 예약 대기'를 공통으로 지적하였다. 지자체별로 편차가 존재하여 보호대상아동이 종합심리검사를 받기 위해서는 짧게는 일주일, 길게는 6개월까지 예약 대기가 필요한 상황이었다. 특히 (대학)병원은 정신건강복지센터나 심리상담센터보다 예약 대기가 길어 이용하는 데 어려움이 있다고 하였다. MOU 등을 통해 지역 내 병원이 검사 연계·의뢰기관으로 지정되었더라도 신속한 검사 자체는 어려운 상황이었다. 장기간의 예약 대기로 인하여 아동보호전담요원은 여러 기관에 연락하여 가장 빨리 종합심리검사를 진행할 수 있는 기관을 선택하였다.

> 급히 진행해야 하는 아동들은 꼭 저희와 연결되어 있지 않더라도 다른 상담소로 연결해서 진행하고 있구요. 저희가 심리상담소 위주로 검사를 진행하는 이유는 병원에서 진단받으려면 대기 기간이 최소 3개월에서 6개월 정도 소요가 되니 금방금방 진행할 수 있는 곳으로 가게 되는데. (A-2)

> 예약 잡는 데 오랜 시간이 걸리다 보니까 조율에 어려움은 있는데 보호대상아동이라고 하니까 진짜 빠르면 일주일 안에 잡기도 하고 느리면 4주 뒤 이 정도 잡히긴 하거든요. (A-3)

> 작년쯤 MOU 협약을 체결은 했지만 종합심리검사는 이미 대기가 있기 때문에 저희를 우선 배정해주신다고 해도 쉽지가 않더라고요. 그래서 빨리 검사할 수 있는 곳을 찾고 있습니다. (A-4)

예약 대기 시간을 줄이기 위해 여러 기관 중 검사가 빨리 진행될 수 있는 기관에서 종합심리검사를 실시하다 보니 검사 기관의 일관성이 부족하고, 병원이 아닌 검사 기관은 전문성이 상대적으로 낮다는 문제점이 지적되었다.

저희 지자체는 일관성 있게 진행되지는 않아요. 빨리 예약이 되고 진행될 수 있는 곳에서 하다 보니까 병원, 그리고 임상심리사가 상주하는 곳에서 진행하면 아이를 위해서 더 도움이 된다고 생각합니다. (A-4)

또 이게 병원 진단하고 상담소 진단하고 차이가 나는 부분도 있어서 나중에 아이들이 조금 더 추가적으로 필요하면 병원으로 가요. (A-2)

아동보호전담요원은 신속하게 종합심리검사가 가능한 기관 부족 외에 저연령 아동 검사의 어려움, 부모 또는 아동의 소극적 검사 참여로 인한 어려움도 언급하였다. 특히 부모들은 경계선지능에 대한 이해 부족과 부정적 인식이 존재하였고, 부모와 아동 모두 검사 시간을 지키지 않는 등 비협조적 태도로 인해 검사가 원활히 진행되지 않는 경우도 발생하였다.

부모들이 종합심리검사에 거부적인 것보다는 기관에 가서 질문지를 하고 시간적 소요를 내기 어려워하시는 게 힘들죠. 내 아이가 이렇지 않다고 거부하고 현실을 인정하지 않고 자꾸 물러서고. (A-1)

저연령의 아이들은 검사 진행이 어렵습니다. 또는 보호자가 잘 참여를 안 하거나 아이가 약속을 잘 안 지키는 경우 계속 몇 번 약속이 취소되고 다시 아이들을 일일이 다 데리고 와서 상담소 가서 검사를 받게 하고 이런 부분들이 어려웠던 것 같아요. (A-2)

시설에도 이미 경계선지능을 받은 친구나 지적장애 받은 친구들이 많다 보니 검사받기를 꺼려하는 부분이 많이 발생합니다. (A-3)

3) 보호조치 과정에서 고려되지 않는 경계선지능 특성

아동이 경계선지능으로 진단될 경우, 보호조치 결정 과정에서 이러한 아동 특성은 중요하게 고려되지 않고 있었다. 오히려 아동양육시설, 공동생활가정, 또는 위탁가정으로 보호조치하는 것을 어렵게 하는 부정적인 요인으로 작동하였다. 경계선지능이라는 특성으로 인해 보호대상아동을 받아줄 수 있는 시설이나 위탁가정을 먼저 확인하는 것이 우선이었다. 특히 상대적으로 종사자 수가 더 많고, 경계선지능아동이 이미 다수 보호·양육되는 아동양육시설 중심으로 보호조치가 계속 이루어질 수밖에 없었다.

경계선지능은 현실적으로 되게 입소 진행하기 어려운 조건으로 생각이 됩니다. 사실 포커스가 경계선지능이라는 점을 처음부터 고려해서 보호 절차가 진행되는 상황이 아니고요. 일단 아이 주변에 어떤 자원이 있나, 보호할 자원이 있는지, 가정형 보호를 한번 생각해 보고, 그다음에 시설로 가게 되는데. 이런 경계선지능 진단을 가장 중점적으로 해서 보호조치를 진행해 보지는 못한 것 같아요. (A-5)

시설에도 이미 경계선지능을 받은 친구나 지적장애 받은 친구들이 많다 보니까 [해당 아동을] 조금 받기를 꺼려하세요. 아이들이 마찰이 계속 생기다 보니까 시설에서도 많이 힘들어하는 상황입니다. (A-3)

경계선지능아동으로 판정이 나서 그걸 먼저 고려해야 된다는 생각을 미처 못 했던 것 같아요. 일단은 아동이 입소할 만한 시설이 있는가를 먼저 파악하고요. 그다음에 그 아이에 대한 정보를 제공하고. 대부분의 양육시설은 경계선 아이들이 이미 있고 지도하고 있어서 양육시설로 많이 가는 편이고요. (A-4)

경계선 초등학생이나 취학 아이가 연령이 어느 정도 있는 아이들은 저희는 다 공동생활가정으로 가요. (A-1)

전국적으로 경계선지능아이의 배치를 요청한다는 공문을 보내도 회신되는 경우가 없어서 아이 특성에 맞춰서 배치가 될 수 있는 거는 한계가 너무 많은 상황이에요. (A-2)

4) 매우 제한적인 전문위탁가정으로의 보호조치

전문위탁가정은 경계선지능아동을 포함하여 특별한 보호가 필요한 보호대상아동을 전문적으로 보호·양육하기 위해 2022년 도입되었다. 그러나 경계선지능아동이 전문위탁가정으로 보호조치되는 경우는 매우 드물다. 전문위탁가정 양성이 아직 미흡하여 공급 측면에서 해당 가정의 수가 부족하고, 주로 학대피해아동이나 영유아 보호에 집중되기 때문이다. 또한 경계선지능아동의 낮은 인지능력 외에 나타나는 여러 특성으로 인해 위탁가정에서 보호·양육의 어려움이 예상되는 아동에 대한 일종의 거부감이나 두려움이 존재하는 것으로 파악되었다.

> 저희는 사결의에 보호조치 안건을 올리기 전에 혹시 몰라서 가정위탁에 이 친구가 이러한 특성이 있는데 위탁부모가 가능하신지부터 우선적으로 물어봐요. 근데 열에 진짜 열은 어렵다고 말씀을 많이 하세요. 그렇다 보니까 어쩔 수 없이 저희도 시설로 하게 되는 거고. (A-3)

> 저희 시는 전문위탁은 없습니다. 보호자 풀에 보면 거의 지원을 하는 분도 없고 매칭이 되지 않더라고요. 그게 현실 상태고요. (A-5)

> 전문위탁가정으로 갈 아이들은 36개월 미만이 대부분이기 때문에 위탁하실 부모님이 거의 안 계세요. 부모님들이 아이를 가려 받으려고 하는 게 굉장히 큰 것 같아요. (A-1)

> 가정위탁 같은 경우는 솔직히 전문위탁은 어렵고요. 예산도 그렇고 그래서 거의 미미하고요. (A-4)

> 경계선 아동이나 연령이 낮다고 해서 1차적으로 가정위탁으로 연계하려고 하지만 연계된 사례가 1년에 한 케이스도 없어서. 필요하지만 가정보호 형태로 가기에는 굉장히 어려운 상황이고요. (A-2)

경계선지능아동을 보호·양육할 수 있는 전문위탁가정의 수도 부족하지만, 무엇보다 전문위탁가정 양성 과정에서 사전에 경계선지능에 대한 이해를 제고하고 전문적인 양육 기술 역량을 강화할 수 있는 교육 제공이 필요한 것으로 나타났다. 전문위탁가정에서도 이와 관련한 교육 욕구를 아동보호전담요원에게 표시하였다.

> 경계선지능아동을 보호하는 한 가정에서 "내가 그래도 자격증이 있고 해서 전문 위탁으로 됐지만 경계선지능아동을 양육하기 위해서 어떻게 해야 할지 모르겠다. 교육이나 이런 부분이 있으면 좋을 것 같다"라고 의사를 주시더라고요. (A-3)

> 위탁가정 대상으로 전문적인 교육이라든가 어떠한 그런 것들은 미비한 것 같아요. (A-4)

5) 경계선지능아동 보호조치 후 양육 상황 주기적 점검

경계선지능아동 보호조치 이후 아동보호전담요원은 분기별로 보호·양육 상황에 대한 대면 점검을 통해 아동에게 필요한 사항을 확인하고 있었다. 이 과정에서 아동과 시설 또는 위탁가정의 어려움, 필요한 지원을 확인하고 관련 정보를 제공하였다.

> 주기적으로 양육 점검을 가고 있고. 언어발달 지연이 상당히 심각한 남매가 있는데, 정말 집중적으로 치료 시설도 모니터링하고 있고. 아이 상황에 따라 지침 상관없이 계속 집중적으로 관리하고 있어요. (A-1)

> 양육 상황 점검 이외에는 별도의 점검 체계나 관리는 없는 것 같아요. 법적 근거 없이 지자체에서 경계선지능아동에 대해 더 깊게 점검하거나 관련하기는 섣부르고요. 아이의 치료 상황을 모니터링한다든지 치료가 필요하다면 저희가 자원을 연계해 주는 정도밖에는 관리나 점검을 할 수 없고. (A-2)

> 저희 지자체에서 있는 양육 교육 중에서 경계선지능아동 관련 교육이 뜨거나 하면 빠르게 전달해 드리는 편입니다. (A-3)

> 아동에 대한 개별보호관리계획에 따라 심리치료나 인지행동치료 이런 것들이 제공되는데 분기별로 호전도나 효과성을 보니까 아이의 좋아진 모습들을 확인할 수 있는 것 같아요. (A-4)

시설보호아동 점검 과정에서 새로운 자원을 계속 제공하기보다 현재 이 아이가 받고 있는 서비스가 적절한가를 더 점검하게 되거든요. 필요하거나 불필요한 자원이 있는지 확인해서 보호관리계획에 넣고 시설 담당자하고 협의합니다. (A-5)

나. 경계선지능아동 지원체계

1) 가정외보호 경계선지원아동 대상 지원 정책

시설이나 위탁가정에서 보호 중인 경계선지능아동에 대한 국가 및 지자체 차원의 지원은 매우 부족하다. 현재는 아동권리보장원의 '경계선지능아동 맞춤형 사례관리서비스' 사업이 거의 유일한 제도이다. 만일 아동에게 인지·정서·행동상 어려움이 있을 경우, 아동권리보장원의 '아동복지시설 아동 치료재활지원사업'을 통한 지원도 가능한 것으로 파악된다.

현재 시에서 특별히 이 아이들을 위해서 지원하는 건 없는 것 같고, 시설에서도 제대로 치료를 못 하고 치료비도 부족하니까 시설장님이나 선생님들이 굉장히 힘들어하시거든요. 계속 문제행동이 나오고 경계선지능 아이들이 ADHD나 다른 불안정한 것들을 같이 겸하게 되니까 (A-1)

아동양육시설이나 공동생활가정에서는 지금 아동권리보장원에서 시행하고 있는 경계선지능아동 프로그램만 진행하고 있는 것 같아요. 반대로 전문위탁가정은 실질적으로 이 프로그램도 이용하지 않고 (A-2)

지자체 차원에서는 별도로 진행이 되는 것 같지는 않아요. 아동권리보장원에서 진행하는 경계선지능아동 사례관리 사업을 통해서 시설에서 조금 더 아동에 맞춰서 프로그램 진행하고 있고. (A-3)

시에서 실제 지원되는 사업 내용이나 프로그램은 별도로 없고 (A-5)

아동보호체계는 학대피해아동과 비학대피해아동으로 구분되는데,

지자체에서는 비학대피해아동 발생 후 초기 심리검사 비용과 심리치료비 일부를 지원한다.

> 학대피해아동 같은 경우에 아동보호전문기관에 연결돼서 검사를 진행하고. 가정위탁이나 시설에 입소하는 아이들은 저희가 종합심리검사하고 심리치료비를 마련해 놓거든요. 기본 심리검사 30만 원, 심리치료비 80만 원을 해놓은 상태여서 [중략] 더 필요할 경우에는 심리바우처 연결을 하고 그 외에는 각 시설에서 추가적으로 할 수 있는 걸 마련하도록 해요. (A-1)

> 아마 비슷할 것 같은데 학대피해아동하고 비학대아동으로 나눠서 진행이 되고, 비학대 요보호아동인 경우 지자체 예산 1인당 30만 원이 잡혀 있구요. 심리치료비는 50만 원 예산이지만 이후에 추가적으로 필요하다고 하면 지속 지원은 하는데 너무 한 명한테 투입되지 않게 진행하고 있습니다. (A-2)

> 저희는 아동심리치료지원사업을 하는데, 경계선 아이들도 포함이 되어서 월 20만 원 한도 내에서 연간 지원을 하고 있습니다. (A-4)

또한 경계선지능아동이 시설에 입소한 이후에는 수립된 보호계획에 따라 아동에게 필요한 치료서비스나 외부 지원사업 관련 정보를 시설 종사자 또는 위탁가정에 안내·제공하는 정도에 머물렀다.

> 지원체계가 체계적으로 구축되어 있는 건 아니지만 아이에 대한 개별 보호를 수립하고, 시설에서 심리치료라든가 인지행동치료를 받을 수 있게끔 외부 지원 사업을 받을 수 있도록 안내합니다. (A-4)

2) 아동보호치료시설 인식 및 필요성

FGI에 참여한 대부분의 아동보호전담요원은 아동보호치료시설의 존재, 유형 구분, 유형별 기능에 대해 잘 모르고 있었다. 보호치료시설의 기능과 관련해서는 경계선지능아동의 보호·양육의 어려움으로 인해 이들 아동에게 전문적인 치료 서비스를 제공할 수 있는 기관의 필요성은 인정하였으나 그 방향성에 대해서는 다른 의견을 제시하였다. 경계선지능 하나의 문제보다는 그 외에 다른 요인들로 인해 야기되는 심각한 문제행동 등 여러 복합적이고 장기간 집중 치료를 요할 때 아동보호치료시설이 기능하는 것이 적절하다는 의견도 있었다.

보호처분 받은 아이들이 있는 시설 아닌가요? 저는 별도로 전문자격을 가진 종사자가 상주해서 소수 인원, 정말 3~4명의 이런 아이들을 양육할 수 있는 전문적인 치료보호시설이 있어야 된다고 생각을 하거든요. 될지는 모르지만. (A-1)

저는 보호치료시설이 목적이 나눠져 있는 거 이번에 처음 알았어요. 아동보호치료시설에 나목의 목적을 갖는 시설은 무조건 필요하다고 생각하는데, 생활시설의 보호는 아니고 단기 치료의 형태나 이용 시설의 형태이면 좋겠어요. 치료만 하는 게 아니라 보호자, 생활지도원 그리고 시설 종사자들에게 교류도 같이 이루어져서 잠깐 서로의 시간을 갖고 다시 아이가 복귀할 수 있는 형태라고 하면 저는 긍정적이에요. 수요가 많지는 않을 거라고 생각이 들어서 시·도 단위로 설치를 하면 어떨까 해요. (A-2)

저는 아이 특성에 맞춰서 진단이나 치료가 된다면 다녀오면 좋을 것 같아요. 무조건 다 보낸다는 건 아니고요. 저희는 너무 심각한 사례가 있어서 oo 시설에 보낸 경험이 있어요. 저는 단기라도 다녀오면 좋지 않을까라는 생각은 있습니다. (A-3)

저는 보호치료시설이 대부분 통고제 아니면 소년법에 의해서 간다고 생각했거든요. 아이가 문제행동과 경계선이 함께 있다면 치료를 받아야 하는 건 맞지만 단순 경계선 하나 때문에 보내는 건 아닌 것 같아요. (A-4)

저 같은 경우는 [아동복지법] 52조에 나오는 아동보호치료시설을 보고 항상 궁금했어요. 실제 정보에 대해서 아는 분들이 별로 없었고요. 사실은 저희가 초기 아동 보호조치할 때 여기는 해당이 없는 기관으로 생각하고 있었고, 그다음에 나목도 되게 궁금했어요. 도대체 정서적 행동적 장애로 인해서 이런 아동을 보호하는 시설이 있기는 한 거야? 그럼 많이 필요할 것 같은데? 라는 생각을

했고 저도 너무 궁금해요. (A-5)

다. 개선 사항

1) 경계선지능아동 맞춤형 사례관리서비스 상시 지원

현재 거의 유일한 정부 지원사업인 '경계선지능아동 맞춤형 사례관리서비스'는 아동권리보장원에서 분기별로 총 4회 신청을 받고 있다. 따라서 모집 공고 시기를 기다리는 것이 아닌 상시 신청 가능한 체계로 변경되길 희망하였다.

> 보장원에서 진행하고 있는 경계선지능아동 프로그램이 상시 신청이 아니라 분기에 한 번 신청한다든지 자리가 있을 때 신청할 수 있는 시스템인데 이런 것들을 상시로 신청해서 누구나 계속 이용할 수 있도록 그러한 방법으로 바꾸는 것도 필요하다고 생각해요. (A-2)

2) 치료비 상향 지원

경계선지능아동은 다양한 특성을 갖고 있으며, 여러 측면에서 저하 능력을 보이므로 심리치료, 언어치료 등이 요구된다. 현재 경계선지능아동 맞춤형 사례관리서비스에서 제공하는 치료비용은 회기당 3만 5천 원으로 최대 50회기까지 지원된다. 다만, 치료비용이 일반적으로 8만 원 수준이므로 치료비용 상향 조정에 대한 요구가 있었다. 또한 치료를 위해 외부로 이동할 경우, 교통비와 종사자 이동이 함께 요구되므로 이에 대한 지원도 별도로 필요하다고 하였다.

> 현재 예산은 1인당 3만 5천 원 정도라고 해요. 그리고 50회기라고 해서 1년을 받는 것처럼 표면적으로는 되어 있지만 이게 가격이 현실적이지 않잖아요. 비용이

그래서 7만 원 정도로 해서 50회기가 지원된다면 더 실제적인 교육이 되지 않을까요. (A-5)

현실적으로 아이들 치료를 받으러 오고 갈 때 종사자들 시간 소요가 너무 많아요. 제도적으로 이동지원이 교통수단이든, 이동 도우미든, 택시비용 지원이든 필요해 보입니다. (A-1)

경계선지능아동에게는 다양한 유형의 치료지원이 지속적이고 안정적으로 제공될 필요가 있다. 이러한 점에서 정부나 지자체가 연속성을 가지고 장기적인 관점에서 지원 정책을 마련할 것을 제안하였다.

이런 자원들이 지속적으로 연결됐을 때, 아이들은 시간이 오래 걸리고 결국은 국가 예산도 이만큼 길게 가져야 같은 사회에서 어울리는 사람으로 구성원이 되겠구나 이런 생각이 들었습니다. (A-5)

3) 종사자 대상 경계선지능 가이드라인 개발·배포

아동복지시설이나 위탁가정에서는 여전히 경계선지능에 대한 이해가 부족한 것으로 파악된다. 경계선지능아동은 다양한 범위의 특성을 보이고 있으므로 '경계선지능 관련 가이드라인 또는 매뉴얼'을 개발하여 시설 종사자, 위탁가정, 자립지원전담기관, 부모나 보호자, 학교 교사, 아동보호전담요원, 공무원 등 관계자들의 이해도를 제고할 필요가 있다고 지적하였다. 가이드라인에는 경계선지능아동이 보이는 행동이나 심리상태를 이해하고, 행동에 대한 대응, 보호·양육 기술, 아동의 특성을 고려한 전문 치료지원 등에 대한 정보 제공이 필요해 보인다.

경계선아동들의 여러 특성이 있을 때 대처 방법에 대한 가이드라인을 배포해 주면 좋을 것 같습니다. 아동보호전담요원, 종사자, 사후관리 측면에서도 자립지원전담기관에 어떻게 아이들을 이해할 것인지에 대해 가이드라인이나 매뉴얼

> 을 배포해 준다면 기존 인력을 활용해서 조금 더 전문성을 높일 수 있다고 생각합니다. (A-2)

> 시설 내에 임상 선생님하고 생활지도 선생님들이 계시긴 하는데, 지금 경계선지능 아동에 대한 개입이나 지원은 임상 선생님이 대부분 하시고, 교육도 받으시잖아요. 그런데 실질적으로 아이들에 대한 주된 양육은 생활지도원 선생님들께서 하고 계시거든요. 그렇기 때문에 임상심리사 외에 생활지도 선생님들도 이런 아이들을 잘 이해하고 지도할 수 있도록 교육과 코칭 이런 것들이 필요합니다. (A-4)

또한 시설에 경계선지능아동 등 심리·정서 지원을 담당하는 임상심리 상담원의 수가 많지 않으므로, 임상심리상담원의 소진을 예방하기 위하여 외부 인력을 임시 활용한 업무 분담의 필요성도 강조되었다. 또한 치료 프로그램을 시설 내에서 운영할 때 보육사를 보조교사로 활용한다면 보육사의 경계선지능아동에 대한 이해도도 제고할 수 있을 것으로 판단하였다.

> 인지 치료를 담당하는 외부 인력을 초빙해서 도움을 받아요. 외부 인력이 들어오다 보니까 임상 담당 선생님이 업무 부담이 감소가 되니 해내실 만하다고 하더라구요. 선생님 혼자 이거를 감당하면 힘들지 않냐? 라고 했을 때는 본인이 보육사님을 서브로 보조교사로 초빙해서 같이 진행하게 되면 이 아이에 대한 이해가 깊어지는 거죠. (A-5)

사후관리 측면에서도 경계선지능아동에 대한 일정 수준의 지원이나 사후관리도 제안되었다. 이러한 부분은 자립지원전담기관과의 협업을 통해 사전에 구축 가능할 것으로 판단된다.

> 중간에 원가정으로 복귀하거나 보호종료된 경계선 아이들 대상으로도 지원체계가 마련될 필요가 있다고 생각해요. 원가정으로 복귀했을 때 대부분 부모님들이 경제력이 있지는 않으세요. 단순 경계선일 경우에는 계속적으로 지원하기는 어렵거든요. 지금 사후관리하고 있는 친구가 대학은 입학했지만 어떻게 수강

신청을 하는지, 또 언제 내가 학교를 가야 되는지 잘 몰라서 이미 제적 처리가 되었더라구요. 그런 친구들을 볼 때 자립하기 전·후로 체계적인 관리나 지원이 있으면 더 좋겠다는 생각이 들었습니다. (A-4)

4) 통합사례관리

가정외보호 경계선지능아동 관련, 다양한 관계자들이 참여하는 통합사례관리에 대한 의견도 제시되었다. 지자체-시설-학교-전문가가 참여하여 해당 아동이 학교에 적응하고 학습을 지속할 수 있도록 지원할 필요가 있다.

학업 유지 동기를 강화시킬 수 있는 프로그램이 필요하다고 생각을 하다 보니 교육기관하고 또 시설하고 보호자가 있다면 보호자까지 해서 이런 통합 사례 회의가 지속적으로 진행이 되면서 서로 어떤 부분에 개입을 해야 될지 논의하는 회의가 정례화되면 좋을 것 같습니다. (A-2)

5) 아동보호치료시설 이용 대상자 명확화

현재 「아동복지법」 제52조 제1항 제3호의 나목에 제시된 '정서적·행동적 장애로 인하여 어려움을 겪고 있는 아동'의 개념이 포괄적이므로 이 조항을 명료하게 해야 한다는 의견이 제시되었다. 경계선지능아동이 정서적·행동적 어려움도 있을 경우, 아동보호치료시설 나형으로 보호조치가 가능한 것인지 실무자의 판단이 쉽지 않기 때문이다.

52조 나목에 보면 사실 우리가 지금 우려하고 있는 경계선지능아동이 이 나목에 포함되는지가 애매한 부분이 있다고 저는 생각을 했어요. 왜냐하면 '정서·행동적 장애'라는 게 인지가 기본적으로 저하돼 있기 때문이라고 유추하기에는 우리가 경계선지능아동도 갈 수 있다고 전혀 생각을 못 했거든요. 예를 들면, 학대로 인한 일시보호는 학대피해아동쉼터에서 보호를 한다고 법에 있으니, 이것도 법 조항을 더 보완되면 어떨까 합니다. 법 조항이 더 다듬어지면 저희가 조금 더 빨리 여기 시설을 생각할 수 있겠다든지, 이거에 근거한 또 시설을 만드는 데 도움이 될 것 같습니다. (A-5)

2. 아동양육시설

가. 경계선지능아동 현황 및 진단

1) 경계선지능아동 현황

본 연구의 FGI에 참여한 5개 아동양육시설 내 경계선지능아동 비중은 시설별로 차이를 보여 최소 12.5%, 최대 38.3% 수준이었다. 평균적으로 25% 내외 수준의 경계선지능아동 분포를 보였다. 단, 1개 시설에서는 전체 아동 대상의 종합심리검사가 진행되지 않아 경계선지능 의심 아동을 포함한 비중이다.

현원이 45명인데 그중에서 경계선지능으로 선별된 아동은 15명으로, 33% 정도 됩니다. (B-2)

전체 아이들이 37명 있는데 풀배터리 검사를 모두 하지 않아서 잠정적으로 경계선으로 예상하는 아이들이 한 7명에서 한 10명 정도 되고요. (B-1)

현원 40명 중에 경계선으로 병원에서 진단을 받거나 혹은 센터에서 진단을 받은 아이가 총 5명입니다. (B-4)

현원 47명 중에서 18명이 경계선지능으로 진단받았습니다. 그런데 경계선 지능에 더해 ADHD까지 복합적인 어려움들을 가지고 있습니다. (B-5)

현재 총 38명 중에서 미취학 7세부터 고 1 사이에 남학생 4명과 여학생 5명 이렇게 해서 총 9명이 종합심리검사를 통해서 경계선지능으로 나온 아동들입니다. (B-3)

2) 경계선지능아동의 다양하고 복합적인 특성

경계선지능은 보호대상아동이 갖고 있는 여러 특성 중 하나이다. 즉, 아동복지시설 내 경계선지능아동의 특성은 단순히 지능지수나 인지 기능의 저하에만 있지 않고, 학대 피해 경험으로 인한 정서적·행동적 어려움 또는 ADHD 성향도 존재할 수 있다. 경계선지능아동에게서 보이는 중첩적 특성의 원인은 확정적으로 특정될 수 없다.

> 학습적으로 떨어지는 면이 있고요. 정서적으로도 문제가 있고 우울증이나 ADHD 같이 산만하고 이런 특성도 있고요. 남자아이들은 학교 폭력 같은 문제도 있고요. 주된 문제는 사실 또래 관계긴 해요. (B-4)

> 언어적 이해가 늦거나 상황 파악과 대처가 잘되지 않아서 학년이 올라갈수록 학습을 하지 않으려고 하고 성취동기가 낮은 편이라 어떤 일을 시작하거나 쉽게 포기하는 그런 경향들이 나타나고 있습니다. (B-3)

> 낮은 인지력과 함께 정서적으로도 방임이나 학대 피해 아동들이 많거든요. 또 ADHD다 보니까 공격적인 행동, 충동성이 같이 있어요. (B-5)

> 인지적 어려움, 정서적 어려움, 대인관계 어려움 이런 것들이 다양하게 나타나는 것 같아요. 한 아이에 대해서도 되게 복합적으로 나타나요. (B-2)

3) 경계선지능아동 보호·지원의 어려움

경계선지능아동이 성장하면서 특히 사춘기 시기부터 문제행동 성향이 강해져 종사자들의 보호·양육 어려움이 가중되는 것으로 나타났다.

> 근데 이게 초등생 아이들이 나중에 중고등생이 됐을 때 더 어려움이 더 크더라고요. (B-2)

> 초등학교까지는 인지적인 개입이 되는데 중학교부터는 본인들이 컸다고 많이 거부하더라고요. 사실 초등학교 6학년 때부터도 거부를 하는 것 같아요. (B-4)

> 사춘기 이전까지는 교육도 잘되었는데 사춘기에 들어서는 아이가 받아들이지 못하면서 종사자들하고 갈등이 생기는 게 어렵습니다. (B-1)

또한 아동 성별에 따라서도 일정 수준 차이를 보인다고 하였다.

> 여자아이들 같은 경우에는 또래 관계가 가장 어려운 것 같아요. 남자아이들 같은 경우에는 행동적으로 많이 나타나는 것 같아요. 그래서 학폭이 일어나는 친구도 있었고. (B-4)

무엇보다 아동을 직접적으로 양육하는 종사자들이 경계선지능에 대한 이해나 정보가 부족하여, 아동이 성장하면서 적절한 대응을 하지 못하는 등의 어려움이 발생하는 것으로 나타났다. 따라서 전체 종사자 대상의 교육이 정기적으로 기관 내에서 실시될 필요가 있다.

> 선생님들은 많이 답답해하시는 것 같아요. 저도 설명은 한다고 하지만 그 친구들을 이해하는 게 사실 저도 어렵긴 하거든요. 그런 교육들이 학교에서도, 시설에서도 많이 필요하다고 요즘 느끼고 있어요. (B-4)

> 종사자들도 경계선지능에 대한 지식이 부족하다 보니 서로 갈등이 격화되고. 그래서 어떻게 대처해야 되는지에 대한 어려움이 있습니다. (B-1)

> 그나마 교육을 통해 나아지고 있긴 하지만 기관에서 경계선지능아동들에 대한 이해가 조금 더 있으면 더 낫지 않을까라는 생각을 해요. (B-5)

경계선지능아동들에 대한 시의적절한 대처가 이루어지지 않을 경우, 함께 생활하는 다른 아동이 모방행동을 하거나, 시설 내 일상생활이나 프로그램 운영 시 방해가 되는 등 부정적인 영향이 미친다고 하였다.

양육자와의 갈등 상황이 발생했을 때 어려움이 있어요. 화가 나면 생활지도원에게 욕하거나 반말하거나, 물건을 던지고. 그리고 어린아이들이 그 행동을 보고 배우는 경우들도 있어요. [중략] 프로그램 진행이 어려울 때도 있고, 그 아이들을 봐주다 보면 또 다른 아이들이 소외되기도 하고요. (B-2)

거짓말, 도벽 그리고 자기의 감정을 언어화하기가 어려우니까 행동으로 하는 부분들이 많아서 함께 생활하는 친구들, 언니들이나 동생들이 늘 불안하죠. 자기 물건도 늘 어딘가에 보관해야 하고. [중략] 어린 친구들에게 함부로 얘기하고 공격적인 언어나 행동을 하니까 동생들이 주눅 들죠. (B-5)

연령이 낮은 애들이 화나면 똑같이 따라하기도 하니까 영향을 미쳐요. (B-3)

4) 보호아동의 경계선지능 진단

보호대상아동을 보호조치하기 이전에 아동에 대한 건강검진과 심리검사가 이루어져야 하나 일부 현장에서는 시설 입소 전에 종합심리검사가 필수적으로 진행되지는 않는다고 하였다. 따라서 「아동복지법」이나 아동분야 사업안내 같은 가이드라인에 따른 절차와 실제 현장의 절차 간 괴리가 존재하는 것으로 파악된다.

입소 전에 검사를 필수로 하지는 않는 것 같아요. 검사 결과를 가지고 들어오는 친구들도 있지만 검사 결과 없이 들어오는 친구들도 있어요. (B-5)

시청 통해 들어온 아이들은 그런 것들이 어렵더라고요. [중략] 입소할 때 저는 심리검사가 진행이 되었으면 좋겠다는 생각을 하거든요. 그래야 그 아이에 대한 개별화된 서비스 같은 것도 저희들이 체계적으로 구성하는 데 훨씬 더 수월하고 아이의 특성을 파악하는 데도 도움이 되니까요. (B-2)

요즘에는 입소 전에 아보전[아동보호전문기관]이라든지 종합보호센터에 아이의 풀배터리 검사를 요구하는 편이고요. [중략] 입소 후에는 이전 양육 상황과 지금의 아이 성향을 파악하는 데 적어도 6개월 정도는 걸리더라고요. (B-1)

아동보호전문기관이라든지 입소 의뢰가 되면 거기에서 검사를 하고 오는 경우도 있고, 지자체에서 이거 심리검사를 필수로 해라 이런 것은 없고. [중략] 어떤 개입들을 방법을 찾기 위해서 저희 기관에서는 100% 다 심리검사를 했어요. (B-5)

아동양육시설의 임상심리상담원은 아동의 연령이 낮을수록 개입의 효과가 더 높다고 인식하였다. 또한 아동이 입소한 이후 경계선지능 여부나 개선 정도를 파악하기 위한 목적의 심리검사는 자주 할수록 검사의 학습효과로 인하여 결과에 오류가 발생할 수 있어, 잦은 검사보다는 초·중·고등 학령기 전환 시기에 맞춘 검사가 적합할 것으로 판단하였다.

연령이 낮을수록 개입적인 효과가 훨씬 더 높게 나타나더라고요. (B-2)

심리검사를 너무 자주 하면 아이들이 학습 효과가 있어서 피하는 편이고, 예를 들어서 미취학 때 했던 아이들이면 취학하고 나서 한번 검사를 한다든지 초중고 학령기 전환기 때 하는 방향으로 생각하고 있거든요. (B-2)

한 3년이나 4년 정도 주기에 맞춰서 하면 이 친구의 변화를 보는 데 좀 더 객관적인 자료가 되지 않을까 생각해요. (B-5)

연령이 올라가면서 변화 과정을 자료로 알 수 있으니까 3년 정도 주기를 갖고 진행하면 좋을 것 같습니다. 왜냐하면 매년 하면 재학습 효과가 우려되니까 2~3년 주기를 갖고 진행해야 하지 않을까 생각합니다. (B-3)

아이가 학대나 분리 경험을 하고 입소를 한 거라 입소 당시와 입소하고 몇 년간 적응 기간을 거친 후에 안정적인 상황에서 검사했을 때와 차이가 있을 거라고 생각해요. 그래서 입소했을 때 한 번 하고 그다음에 한 2~3년 후에 한 번 더 해볼 필요는 있다고 생각해요. (B-4)

나. 경계선지능아동 지원체계

1) 아동양육시설 자체 프로그램 운영의 한계

아동양육시설에서는 임상심리상담원을 통한 심리상담 외에 외부 강사나 기관 등을 활용한 집단 치료 프로그램을 제공한다. 다만, 외부의 재정지원 없이는 시설의 자체 프로그램 운영이 매우 제한적이다. 전담 인력 부족 외에 재정적 한계로 인하여 시설의 예산을 활용한 자체적인 프로그램 운영이 어렵다. 외부 지원을 통한 프로그램 운영 시에도 경계선지능아동의 개별 욕구에 초점을 맞추기 어렵고, 전체 보호아동 중심의 프로그램을 운영할 수밖에 없다.

> 일단은 경계선에 대한 뭔가 맞춤형으로 진행되는 프로그램은 솔직히 없다고 보시면 됩니다. (B-1)
>
> 저희는 시설 자체보다는 외부 사업을 통해서 진행을 하는데. (B-3)
>
> 저희도 외부 지원으로 대부분 진행하고 있는데. (B-4)
>
> 저희 시설 같은 경우는 경계선지능아동만을 특정하는 지원은 사실 없어요. 전체 아이들 중심으로 지원을 하는 거죠. (B-5)

2) 외부 지원에의 높은 의존도

아동양육시설에서는 아동권리보장원의 아동복지시설 아동 대상 '경계선지능아동 맞춤형 사례관리서비스'와 '치료재활지원사업', 비영리 민간단체인 굿네이버스나 초록우산 어린이재단 등의 경계선지능아동 대상 치료비 지원 등에 주로 의존하고 있다. 지자체의 정책 지원은 부족한 상황이었다.

외부 지원의 문제점은 신청주의이므로 지원의 연속성이 보장되지 않고, 1년 중 치료 비용이 지원되지 못하는 공백 기간이 발생한다는 점이다. 공백 기간 방지를 위해 종사자들은 계속 비영리 민간단체, 정부 지원을 순환하듯 연계하고 있어 지원의 안정성에 대한 욕구가 컸다. 만일 지원 공백이 발생할 경우, 아동이 다른 치료기관에서 새로운 치료사를 만나야 하므로 다시 처음부터 적응해야 하는 등 치료 효과가 감소된다고 하였다.

> 아동권리보장원 경계선지능사업하고 치료재활지원사업 또는 어린이재단이나 굿네이버스에서 지원받아서 계속 아이들에게 필요한 상담, 치료를 하죠. [중략] 지원 기간에 공백이 생겨요. 치료를 쉴 수 없으니 다른 상담센터에서 치료사를 바꿔야 하는 상황이 생겨요. 그러면 이 친구들이 안정적인 라포나 신뢰 형성을 하는 데까지도 시간이 오래 걸려 어려움이 생기죠. (B-5)

> 언어치료나 상담 등 다양한 서비스 지원을 계획하더라도 사실 지자체 재정지원은 아이들의 의식주에 초점이 맞춰져서 전문적인 서비스 제공 재원들은 지원이 되고 있지 않아요. 그래서 재원 확보에 어려움이 커요. (B-2)

> 풀배터리 검사나 치료 재활이 필요한 경우에는 외부 자원을 많이 연계하고, 요즘에는 학교에서도 무료 지원을 해주는 경우가 있거든요. 학교에서 아이가 문제행동이 있으면 지원하는 체계가 있더라고요. 그런 식으로 무료로 받을 수 있는 길을 알아보는 편이죠. (B-1)

> 아동권리보장원 맞춤형 사례관리서비스 사업을 신청해서 자립전담요원 선생님이 경계선지능아동지도사를 이수해서 진행하고 있습니다. 사업 기간에 공백기가 생기면 자립 선생님이 계속 주기적으로 아동들을 만나고 치료재활사업하고 정신건강복지센터를 통해 집단 프로그램을 구성해서 진행하고 있습니다. (B-3)

> 아동권리보장원 치료재활지원사업이라든가 경계선지능아동서비스 이용하고 있고, 초록우산이라든가 세이브더칠드런 공동모금회 사업 등으로 상담은 계속해서 지원하고 있거든요. 공백기가 생기는 경우가 있는데 최대한 안 생기게 하려고 끊어서 공동모금회 사업은 12회기가 지원됐으면 보장원에서 그 사이에 안내

공문이 내려오면 그걸로 몇 회기 뒤에 붙여서 진행하고요. 만약에 정말 필요하다고 하면 원장님이랑 상의해서 아이들 후원금으로 공백기간에 지원을 하기도 해요. (B-4)

일부 지자체에서 경계선지능아동 대상의 지원이 이루어지는데, 가장 큰 한계는 하나의 사업을 지원받을 경우, 다른 지원을 중복적으로 받을 수 없다는 점이다. 이로 인해 한 아동이 다양한 치료서비스를 이용할 수 없고, 여러 치료서비스 중 하나만 선택해야 한다는 점이 지적되었다.

저희 시는 생활시설 아동 심리치료 지원 사업이 있어요. 저희가 한 아이를 추천해서 선정되면 계속 지원을 해 주세요. 그런데 이 사업의 가장 큰 어려움은 다른 기관에서 중복 지원을 받을 수가 없어요. 이 친구가 언어도 필요하고 심리 정서도 필요하면 둘 중에 하나만 해야 되는 거죠. (B-5)

3) 아동보호치료시설 인식 및 필요성

임상심리상담원은 아동보호치료시설에 대해 명확하지는 않으나 일정 수준 인지하고 있었다. 인지 경로는 주로 아동의 범죄 또는 문제행동으로 인하여 아동보호치료시설로 전원 조치가 이루어지면서였다.

아동보호치료시설은 잘 몰랐는데, 한 친구가 입소한 지 한 달도 안 돼서 절도사건 등으로 재판이 진행되면서 법원 처분에 의해 보호치료시설로 전원을 하게 되면서 알게 되었습니다. (B-3)

보호치료시설로 치료가 필요해서 보냈다기보다는 문제행동이 발생해서 분리 조치하는 차원에서 보내는 경우가 많더라고요. (B-1)

경계선지능아동 대상 아동보호치료시설의 필요성에 대해서는 다양한 의견이 존재하였다. 만일 경계선지능아동의 낮은 인지 기능과 그 외의 복합적인 어려움이 개선되고 적합한 치료를 받을 수 있다면 아동보호치료시설에서 보호하는 것이 타당할 수 있다고 하였다. 그러나 시설 내에서 문제행동이나 공격성을 보이는 보호아동의 일시적 분리나 통제 측면에서 아동보호치료시설이 활용된다면 그에 대해서는 우려의 목소리를 나타냈다.

> 거짓말, 도박, 구걸하고, 동생들과 선생님들에게 공격 행동 보이면 이 친구를 어떻게 할 수 있는 방법이 너무 없어요. 가까이 우리가 이용할 수 있는 보호치료시설이 필요하다고 많이 느끼고 있어요. (B-5)
>
> 일시적인 분리 보호가 필요하다고 생각이 드는데, [중략] 다른 아동들이나 양육자 선생님들과 갈등 상황이 빈번하게 발생해도 원에서 문제행동에 제재를 가할 방법이 마땅히 없어요. (B-3)
>
> 분리 보호나 집중 치료는 필요한데 진짜 어떻게 하는지에 대해서는 저희도 의문이에요. (B-1)
>
> 만약에 그 기관에서 어떤 프로그램으로 어떤 효과성을 나타낼 수 있는지를 알 수 있다면 아이를 한번 보내볼 필요는 있겠다. 그러니까 보낼 필요성을 한번 확인할 필요가 있을 것 같아요. (B-4)
>
> 저희 기관과 보호치료시설이 서비스 차원이 비슷하다면 굳이 전원을 시킬 필요는 없다고 봅니다. 아이에게는 처벌적 의미가 훨씬 더 강하게 작용하는 거잖아요. 만일 보호치료시설이 전문적인 서비스를 제공할 수 있는 곳이라면 모르겠지만. (B-2)

다. 개선 사항

1) 경계선지능아동 지속적·안정적 지원 확대

현재 경계선지능은 지적장애에 해당하지 않는다. 따라서 장애인이 받을 수 있는 혜택에서 제외된다. 경계선지능아동이 장애인은 아니라도 학업 수행이나 일반 성인과 같이 자립적인 생활을 하기 위해서는 주변의 지속적 도움이 필요하다. 임상심리상담원들은 경계선지능아동이 장애인 지원에 약간 미달하는 수준이라도 안정적으로 공적 지원을 받을 수 있기를 희망하였다.

> 경계선지능아동은 상대적으로 지원 혜택이 적어서 장애인이 받는 지원의 일부를 확대해서 받으면 좋겠어요. (B-3)

> 장애아동 통합반처럼 학교에 경계선지능아동을 위한 별도의 반이 있으면 어떨까 싶더라고요. 시설에는 선생님 수는 한 명으로 정해져 있는데 아이들이 많으니까 경계선 아이들을 따로 봐주기가 굉장히 어렵거든요. (B-4)

2) 경계선지능아동 전담 인력 증원

아동양육시설은 「아동복지법」 시행령 [별표 14]에 의거하여 아동 수에 따라 종사자 직종·수 및 배치 기준이 결정된다. 그러나 교대근무제로 운영되기 때문에 사실상 소수의 인력이 전체 보호아동을 돌보는 실정이다. 따라서 경계선지능아동을 집중적으로 돌볼 수 있는 양육 환경 조성에 어려움이 크다. 임상심리상담원도 대다수 시설에서 1명 수준에 불과하다.

> 선생님 한 분이 경계선지능 한 아이만 볼 수 있는 상황이 아니거든요. 아이들 연령기준에 맞춰서만 생활지도원 배치가 이루어지고, (추가)보조인력은 권고사항이니 지자체가 인건비를 부담하기 어려운 거죠. (B-2)

> 인력 문제가 있어서 저희가 어려움이 많더라고요. 생활실 선생님이 다른 아이들을 봐야 하는 게 더 중점인 것 같아서요. 경계선 아동을 관리하다 보니 다른 아이들은 또 배제되는 상황이 벌어지더라고요. (B-1)

> 이동 지원이라든가 보조 인력이 더 투입되면 더 좋을 것 같아요. 생활지도원의 비중을 더 늘리는 게 좋지 않을까 생각합니다. (B-4)

> 경계선지능 아이들 수에 따라서 배치 인력이 더 늘어나야 하지 않을까요? 그래야 아이들 양육이 가능하지 않을까 생각해요. (B-5)

> 일반 아동들하고 같이 양육을 하는 상황에서 인력이 추가되면 좋을 것 같다는 생각이 들어요. (B-3)

무엇보다 경계선지능아동이 상담이나 치료를 목적으로 외부의 병원 등으로 이동하기 위해서는 시설 종사자가 반드시 동반한다. 이러한 경우, 시설 내에서 아동을 보호하는 종사자의 결원이 일시적으로 발생한다. 경계선지능아동이 시설 외부로 이동 시 이를 전담할 수 있는 별도 인솔 인력을 추가적으로 지원할 필요가 있다.

> 외부 상담센터나 병원에 갈 때 인솔 과정에 인력이 투입되어야 하니, 그 공백을 막기 위해서 남은 선생님들이 교차로 지원해 주는 실정입니다. (B-5)

> 병원 진료나 약물 치료는 외부로 나가야 하니 그때를 제외하고는 인력 부족, 인솔할 수 있는 인력 부족으로 인해서 시설로 방문할 수 있는 임상 선생님들을 찾아서 [시설에서] 상담을 진행하는 편입니다. (B-3)

3) 종사자의 경계선지능 이해도 제고

임상심리상담원은 아동양육시설 종사자들의 경계선지능에 대한 이해도가 낮다고 인식하였다. 특히 직접적인 돌봄을 제공하는 인력의 경우, 경계선지능의 주요 특성과 그에 수반되는 다양한 정서·행동 문제에 대해 충분한 지식과 이해가 있어야 경계선지능아동에 대한 대응이 효과적이다. 그러나 인력 부족 문제로 교육에 따른 적절한 서비스 제공에 한계가 존재한다는 지적도 있었다.

> 양육시설 종사자들의 경계선지능아동에 대한 이해도는 '하'라고 봅니다. 생활지도

> 선생님들 교육을 진행하지만 선생님들은 이론이라고만 하고 끝나세요. 왜냐하면 이 많은 아이들을 혼자서 감당을 하는데 이거는 현실적으로 할 수가 없다고 하고서는 항상 끝나거든요. (B-4)
>
> 신입 선생님들이 들어오시면 10회기 동안 경계선, 지적장애, 학대피해아동 정서 등 교육을 해요. 그런데 많은 아이들을 돌보면서 교육에서 들은 대로 실천하기가 쉽지 않은 거죠. 생활지도원 선생님들은 경계선지능 이해도가 '중' 정도 되는 것 같아요. (B-5)
>
> '중하', '하' 정도 생각합니다. 아이의 기준에 맞는 행동에 대한 실천을 지지해 주자라고 다들 그런 생각은 하시지만, 반복 학습을 해야 한다는 건 아는데 쉽지 않죠. (B-3)

개선 방안으로 전체 종사자 대상의 경계선지능 교육을 통해 이해도를 제고하고, 시설 내 경계선지능아동을 집중 보호·양육할 수 있는 인력의 추가 배치가 제시되었다.

> 전체 직원을 대상으로 경계선에 대한 교육이 구성되면 좋겠다는 생각이 들더라고요. 아무래도 아동 이해를 바탕으로 양육하는 것과 아닌 것의 차이가 크다 보니까요. (B-2)
>
> 무엇보다 가장 필요한 건 인력인 것 같아요. 양육 과정에서 너무 소모적인 것들이 많아서 아이들과 종사자 관계도 악화되더라고요. 경계선 아동들을 보호한다면 인력을 늘려주는 것이 가장 필요한 것 같습니다. (B-2)

4) 장기적 관점의 안정적 지원 지속

경계선지능은 단기간에 개선되지 않으며, 꾸준한 치료적 개입과 정서·경제·학습 등의 다양한 지원이 필요하다. 따라서 빠른 시일 내 지원 성과나 개선 효과를 기대하기보다는 체계적이고 지속적인 지원을 통해 가정외보호 중인 경계선지능아동의 점진적인 개선을 유도할 필요가 있다. 특히 여러 치료가 필요한 경계선지능아동이지만 치료 서비스 이용에 중복 제한이 있어 임상심리상담원들은 이를 완화할 것을 요청하였다.

> 아이들이 바로바로 효과를 내지 않는단 말이에요. 변화를 보이지 않아요. 장기적으로 퇴소 직전까지 꾸준하게 안정적인 개입을 필수적으로 해 줄 필요가 있어요. (B-5)

> 1~2년, 몇 년 내로 결과를 나타낼 수 있는 게 아니거든요. 서비스가 연속적으로 필요하다고 생각하고, 발달재활서비스나 심리지원서비스가 인지치료, 작업치료, 심리상담 이런 걸 연계할 수 있는 사업이거든요. 이 사업들에 경계선 아이들에 대한 이용 제한이나 조건이 없어지면 좋겠어요. (B-4)

5) 지자체 지원 정책 확대 필요

경계선지능아동 대상으로는 비영리 민간단체의 지원에 의존하고 있다. 임상심리상담원들은 지자체 차원의 지원 정책은 거의 부재하고, 경계선지능 관련 조례와 지원 정책도 학교나 교육청 중심으로 학습 부진 개선을 위한 느린 학습자 측면에만 초점을 맞추고 있다고 하였다.

> 세이브더칠드런, 굿네이버스, 어린이 재단으로 연계하는 방법밖에 없는 것 같아요. (B-1)

> 지자체에서 경계선 아동들만을 위한 사업이나 예산지원은 따로 없습니다. 심리치료나 이런 것들도 다 외부 자원으로 연계하는 형태여서 다 그런 식으로 운영이 되는 거 같아요. (B-2)

이 밖에도 청소년기 경계선지능아동 관련 매뉴얼의 필요성을 강조하였고, 질적 측면에서 경계선지능아동을 성장시킬 수 있도록 체계화된 인적·

정책적 지원을 요구하였다.

> 청소년기 경계선지능아동들에게 어떻게 개입을 하고 양육해야 되는지 지침이 되는 매뉴얼이 필요합니다. (B-2)

> 수도권에서는 경계선지능 지원을 위한 인력 배치가 따로 있다는 얘기를 들었는데, 더 구체적으로 체계화해서 질적으로 이 아이들을 성장시킬 수 있는 그런 게 뭔가가 있었으면 좋겠습니다. (B-1)

3. 공동생활가정

가. 경계선지능 진단과 보호조치

1) 경계선지능아동 현황

본 연구의 FGI에 참여한 5개 공동생활가정 중 경계선지능아동은 2개 기관 1명, 2개 기관 2명, 1개 기관 3명이었다. 공동생활가정은 7인 이하 정원으로 운영되므로 경계선지능아동이 2인 이상인 경우 작지 않은 비중이라고 할 수 있다.

> 남자 아동 그룹홈으로 4명 중에 8살 아이 1명이 경계선지능입니다. (C-1)

> 현재는 4명 중 1명이 진단받았습니다. (C-2)

> 저희도 남자 아동 그룹홈이고, 6명 중에 3명이 경계선지능입니다. (C-3)

> 저희는 6명 중 경계선지능아동이 2명이고요. (C-4)

> 현원이 7명이고, 현재 경계선지능 판정받은 친구는 2명입니다. (C-5)

2) 경계선지능아동의 다양하고 복합적인 특성

경계선지능은 보호대상아동이 갖고 있는 여러 특성 중 하나이다. 즉, 아동복지시설 내 경계선지능아동의 특성은 단순히 지능지수나 인지 기능의 저하에만 있지 않고, 학대 피해 경험으로 인한 정서적·행동적 어려움이 있을 수도 있고, ADHD 성향도 존재할 수 있다. 경계선지능아동이 보이는 중첩적 특성의 원인도 특정될 수 없다.

> ADHD 진단도 같이 나왔는데 친모의 반대로 약물 복용을 못 하고 있습니다. 초등학교 2학년인데 학폭위가 열리기 직전이고 친구들을 때리고 욕하고 목 조르고 협박하고 있어서 수시로 학교나 학원에서 연락이 와요. (C-1)
>
> 사회성과 교우 관계, 운동 능력 발달 같은 게 많이 늦고, 전부 다 ADHD나 우울증이 같이 있어요. (C-3)
>
> 생활지도를 할 때 다른 아이한테는 다섯 번 말하면 되는데 경계선 아이한테는 백 번을 말해야 해요. 선생님이 말하는 것을 잘 이해 못해서 멍하니 있거든요. (C-4)

3) 경계선지능아동 보호·지원의 어려움

공동생활가정 종사자들은 아동의 경계선지능 진단이 늦어져 조기 개입의 적정 시기를 놓치게 되면 종사자들이 경계선지능아동을 양육 및 지도하는 데 어려움이 가중된다고 하였다. 현재 경계선지능아동을 보호·양육하면서 이들 아동의 교육지도 방법에 대한 종사자의 고민도 컸다. 또한 소수의 인력이 경계선지능아동까지 지원하다 보니 종사자의 정신적 소진 문제도 염려하였다.

> 경계선지능이 뒤늦게 진단되어 조기 개입을 못하고 이미 성장을 많이 해버린

다음에 저희가 개입하게 되면 많이 어렵더라구요. (C-5)

집 안에서 자리 비우는 게 어렵고, 학습 지도할 때 어려움이 큽니다. (C-1)

아이가 자신감을 가지고 당당하게 살아갈 수 있도록 그룹홈에서 어떻게 지도할 것인가에 대한 고민이 많습니다. 반복 지도를 해야 하니 무엇보다 양육하는 선생님의 멘탈이 지치지 않게 유지하는 게 힘들죠. (C-4)

4) 보호아동의 경계선지능 진단

보호대상아동의 보호조치 이전에 아동에 대한 건강검진과 심리검사가 이루어져야 하나 일부 현장에서는 공동생활가정 입소 전에 종합심리검사가 필수적으로 진행되지는 않는다고 하였다. 따라서 「아동복지법」이나 "아동분야 사업안내"에 따른 명문화된 절차의 명확한 준수 여부가 확인될 필요가 있다.

굿네이버스 통해서 풀배터리 검사 결과지도 받고, 지자체 아동요원을 통해서 건강검진까지 다 같이 해서 결과지를 받을 때도 있고요. 또 어떨 때는 정보도 없이 아이만 떠맡았는데 저희가 이것저것 수소문해서 치료비용 마련해서 대학병원에서 풀배터리 검사하고 건강검진도 하고요. (C-1)

아이들이 올 때 진단을 받아서 온 건 아니고요. 장애가 있는 것 같다는 전달을 받아서 관찰을 해보니까 일반적인 성장 발달 단계보다 한참 떨어지는 것을 느껴서 저희가 검사를 했고요. (C-4)

대부분이 그렇지만 아이들이 원가정에 있었을 때 어떠한 판정을 받거나 검사를 경험했던 것은 아니고요. 기관에 왔을 때 생활을 하면서 저희가 풀배터리 검사를 실시해서 경계선지능하고 ADHD 진단을 받았습니다. (C-5)

보호아동의 입소 후 주기적으로 심리검사를 실시하는 체계는 구축되어 있지 않다. 한편, 심리검사의 학습효과를 우려하여 정기적인 심리검사를 진행하지 않는다고도 하였다.

> 경계선지능아동에 대한 주기적인 진단이나 체계 이런 거는 사실 그룹홈에서 전무한 상황입니다. (C-2)

> 학습 효과가 있다고 해서 주기적인 [심리]검사는 하지 않았습니다. (C-3)

만일 경계선지능아동이 다른 시설에서 전원된 경우, 해당 아동의 입소 거부를 우려하여 기존 시설에서 아동에 대한 충분한 정보를 제공하지 않기도 하였다. 따라서 아동이 타 시설로 전원되는 경우, 입소 전·후 풀배터리 검사의 필요성을 강조하였다.

> 전원이 된 경우, 이전 시설에서 아동이 어떤 특성이 있는지 직접적으로 알려주시는 걸 꺼리세요. 왜냐하면 아이를 안 받겠다 말씀하시는 분들도 많기 때문이죠. 그래서 풀배터리 검사는 들어오기 전에도 필요하고 저희 시설 들어오고 나서도 꼭 필요하다고 생각합니다. (C-2)

나. 경계선지능아동 지원체계

1) 인력 부족으로 인한 경계선지능 지원 신청의 어려움

공동생활가정도 아동권리보장원의 경계선지능아동 맞춤형 사례관리 서비스 지원 대상에 해당한다. 그러나 종사자의 수가 적어 행정업무 부담으로 지원 신청을 포기하기도 하였다. 특히, 다른 보호아동을 돌보면서 종사자 1명이 경계선지능아동 1~2명을 전담하기에는 수행하는 업무가 많아 현실적인 어려움이 존재하였다.

그 경계선지능 사업에 대해 저희가 내린 결론은 '하지 않겠다'였어요. 지원체계 자체가 보조금으로 내려오는 거고, 1~2명의 경계선 아이에게 인력 1명이 온전히 투입되어야 하는 상황이더라구요. 그 인력이 그 업무만 하기에는 기존 업무들이 너무 많은 거예요. 현실성이 없어요. (C-5)

경계선지능아동 맞춤형 사례관리 사업을 하면서 지도사 자격 이수하는 프로그램을 다 받게 해서 선생님들이 아이들과 평상시에 상호작용을 할 수 있게 했고요. 사업이 좋은 줄 알고 또 필요하지만, 그룹홈에 종사자가 몇 명 안 되는데 그 인력을 빼기가 상당히 어렵습니다. (C-3)

아동권리보장원 경계선지능아동 사례관리는 저희가 겁이 나서 못 하고 있어요. 교육도 따로 들어야 하고 사례관리하면서 일이 많아지면 다른 아이들은 뒷전이 되거든요. (C-1)

경계선지능아동에게 종합심리검사와 사례관리비가 지원됩니다. 그런데 요구되는 서류가 워낙 방대해서 저희는 사실 신청을 안 한 상태입니다. (C-2)

이러한 어려움으로 인해 한 공동생활가정에서는 정부 지원 대신 학교 추천을 통해 지역 의료기관의 의료사회사업 지원을 받기도 하였다.

정부에서 예산 지원은 받지 못했고요. 학교에서 추천을 받아 xx의료원에서 종합심리검사와 작업치료를 의료사회사업으로 받게 되었어요. 1년에 150만 원까지 지원해 줍니다. (C-4)

2) 경계선지능아동 지원 사업의 연속성 보장 필요

아동권리보장원의 경계선지능아동 맞춤형 사례관리서비스는 1년간 최대 50회기의 예산을 지원한다. 지원 신청 및 선정, 그리고 지원금 배정에 이르기까지 행정절차상 시간이 소요되므로 한 해 동안 공백없이 지속적인 치료지원이 필요한 아동은 중간에 잠시 치료를 중단하거나 대체 가능한 외부 민간지원을 받거나 자부담의 형식으로 치료비를 마련하였다.

경계선지능아동 맞춤형 사례관리서비스는 지원 공백이 자연스럽게 생깁니다. 실질적으로 자치구에서 사업비를 내려주는 게 3월 말이나 4월 초니까 1월부터 3월까지 3개월 정도는 사업을 진행을 못한다고 보시면 됩니다. (C-3)

경계선이든 ADHD든 일관되게 쭉 가야 되잖아요. 그런데 지원 가능한 예산 범위 내 기간이더라도 어떤 조건에 부합해야 합니다. 그래서 지자체에서는 지원을 못 받았고 병원에서만 지원받았습니다. 나머지는 전부 다 자부담해서 하고요. (C-4)

3) 아동보호치료시설 인식 및 필요성

공동생활가정 종사자들은 아동보호치료시설을 명확히 알지 못하였다. 일부 종사자들은 시설에서 심각한 문제행동을 보인 아동을 전원한 경험이 있어 아동보호치료시설을 그러한 성향의 아동을 분리 보호·양육하는 기관으로 인식하였다. 아동보호치료시설의 필요성과 관련하여 다시 버림 받았다는 아동의 심리적 상처와 종사자의 죄책감을 우려하였다. 또한 단순 경계선지능이 아동보호치료시설 입소 조건인 아동의 정서·행동적 어려움에 명백히 해당하는지도 불분명하다고 하였다.

경계선지능만 있거나 경계선지능이면서 복합적 문제가 있는 아이들을 치료시설에 몇 개월 혹은 1년을 보낸다고 해서 확 좋아지는 것은 아니라고 봅니다. 아이들에게 또 다른 상처와 버림받은 느낌을 줄 수 있습니다. (C-4)

나를 또 버리는 거라고 받아들일 수 있고, 문제 있는 아이들하고만 살 수밖에 없는 상황 그리고 나를 치료 대상으로 보는 시설에서 살아야 된다는 그런 억울함이 굉장히 증폭이 될 것 같아요. 아이를 다른 데로 보낸다는 거에 대한 죄책감을 종사자들이 감당하는 게 많이 힘듭니다. (C-2)

경계선지능아동한테 아동보호치료시설이 필요한 게 아니라 품행이나 정서적 어려움이 있는 친구들한테는 집중 치료가 필요하다는 생각이 들고요. (C-3)

> 경계선 아동이 치료받아야 하는 아이는 아니거든요. 경계선 지능만 생각한다면 치료 시설과 연결하는 것은 맞지 않는다는 생각이 듭니다. (C-5)

반면, 일부 종사자들은 공동생활가정의 인력 부족에 따른 경계선지능아동에 대한 보호·양육의 어려움을 호소하였다. 만일 아동보호치료시설이 전문적인 보호·치료의 기능을 수행할 수 있다면, 필요성이 인정된다고 하였다.

> 필요합니다. 저희도 한계거든요. 1명의 경계선지능아동을 위해 저희가 시간을 많이 쏟아부으면 다른 여러 문제를 가진 아이들이 방치됩니다. 우리 말고 더 준비되고, 더 전문적으로 대처해 줄 수 있는 시설이 마련되면 좋겠습니다. (C-1)

다. 개선 사항

1) 종합심리검사(풀배터리) 시기 적절성 검토

보호대상아동이 보호자와 갑작스럽게 분리되면서 발생하는 심리적 불안감으로 인해 보호조치 이전의 종합심리검사 결과는 충분히 신뢰하기 어렵다는 종사자의 의견이 있었다. 따라서 아동의 보호조치 단계에서 실시하는 경계선지능 판단 등의 초기 종합심리검사의 시기와 관련하여, 보호조치 이전과 최소 보호기간 6개월 이후의 검사를 통해 아동의 상태 변화를 비교하고 지속해서 지원할 수 있어야 한다고 강조하였다.

> 종합심리검사를 하는 시점이 중요한데요. 아동이 입소할 때 검사는 오류가 많을 수 있어요. 환경이 바뀌는 과정에서 아이가 엄청난 불안감을 경험하면서 제대로 된 결과가 나오기 힘들 겁니다. 그래서 아이를 적어도 6개월 이상 안정적인 보호를 한 후에 지자체에서 종합심리검사를 의무적으로 하고 지속적으로 아이를 지원해 주는 것이 필요하다는 생각을 해요. (C-4)

2) 장기적 관점에서의 역량 강화

종사자들은 경계선지능아동 지원에 대해 치료적 접근에서 장기적 역량 강화로의 인식 전환이 필요하다고 하였다. 특히 이들은 아동보호치료시설에서 보호·치료하는 것보다는 현 시설에서 경계선지능아동이 자신의 가능성을 충분히 발현하고 사회에 건강하게 적응할 수 있도록 지지하는 방식의 접근이 필요하다고 강조하였다. 또한 전국 공통의 단일한 지원체계 구축의 필요성과 함께 지자체 차원에서 경계선지능 진단 및 치료 비용 지원이 아동이나 시설에 직접적으로 제공된다면 행정 불편 최소화에 도움이 될 것이라는 의견을 제시하였다.

> 아이의 기량을 충분히 살릴 수 있는 지원체계를 돈독히 하는 것이 중요하지 보호치료시설에 입소하는 것은 바람직하지 않다고 생각합니다. (C-4)

> 어떤 치료의 대상이나 혹은 관리의 대상보다는 공동체 안에 같이 살아갈 수 있는 대상이라는 그런 방향성이 정확하게 세워져야 하지 않을까. (C-2)

> 기본적으로 경계선지능아동에 대해서는 전국 공통으로 갈 수 있는 단일한 지원체계가 있으면 좋겠어요. 시청에서 병원이랑 아예 연계를 해서 심리검사 바우처를 주면 저희가 다른 행정 절차 없이 병원에서 풀배터리를 비용 없이 검사하고 결과지 받아서 양육 설계를 하는 식이면 좋겠어요. (C-3)

> 충동 조절 어려움이라든지 언어 장애라든지 다 가지고 있는데 종합적으로 전문지원이 되어야 하는 상황에서 전국 통일로 지원시스템이 만들어질 수 있으면 합니다. (C-1)

3) 자립을 위한 안정적 지원

종사자들은 경계선지능아동 대상의 지원은 궁극적으로 아동의 자립을 위한 것으로, 단절 없는 안정적인 지원이 가장 중요하다고 하였다. 또한 준장애적 성격을 가진 경계선지능아동은 장애아동이 받는 혜택을 전혀 받지 못하므로 일부라도 지적장애에 준하는 지원을 받을 수 있도록 검토될 필요성이 있다고 하였다.

> 지적장애 친구들은 보호체계가 탄탄하게 마련되어 있어서 활동보조인이나 지원센터 보조를 받으면서 자립하던데 경계선지능은 이도 저도 아니라서 24세 연장보호 끝에 자립을 하더라도 실제 어려움이 있습니다. (C-5)

> 시간을 들이고 노력해도 안 되는 부분이 취업 문제였거든요. 기술교육원 같은 경우도 한 번 교육받으면 3년 이내에는 혜택을 다시 못 받는데 교육 기간을 연장해 준다거나 횟수를 늘려주면 좋겠어요. 취업 훈련할 수 있는 기관들이 많이 생겨서 아이들이 자립 기반을 마련했으면 좋겠습니다. (C-3)

> 경계선지능아동이 자립할 때까지 지원이 꾸준히 이어져야 하는데 지자체나 보장원 지원사업은 회계 연도나 사업 계획 연도가 있어서 끊겨요. 심리 바우처도 매년 재신청해야 한다거나 혹은 한 번 받았으면 그다음에는 못 받는다거나... 그런 식으로 지원이 계속 끊겨서 경계선지능아동 지원체계를 설계할 때 연 단위가 아니라 기간 없이 이어지면 좋겠습니다. (C-2)

4) 종사자 인력 증원 및 처우 개선

보호대상아동 중 점차 증가하는 경계선지능아동을 적합하게 보호·양육하기 위해서는 종사자들이 경계선지능과 이들 아동에게서 표출되는 복합적 문제행동이나 특성을 이해할 수 있는 역량 강화가 중요하다. 종사자 대상 교육 프로그램에 경계선지능 관련 내용을 포함할 필요가 있다. 또한 이들 아동에 대한 보호·양육의 전문성과 집중 돌봄이 요구되므로 소수의 인력이 아닌 인력 증원을 통해 돌봄의 질을 제고하고, 종사자의 소진을 예방할 필요가 있다. 또한 보호·양육의 전문성과 어려움이 가중되므로 종사자에 대한 처우 개선도 병행될 필요가 있다.

사회복지사나 보육사들의 역량 강화를 시켜줄 필요가 있습니다. (C-4)

경계선지능에 대한 종사자 교육이 굉장히 필요한 상황이긴 한데 동시에 다른 교육에도 지치고 있어서 과제인 것 같습니다. 처우 개선이 없다 보니까 계속 인력풀이 부족하고 업무 평준화가 잘 되지 않아서 충원 인력들도 오래 가기도 힘듭니다. (C-1)

저희가 사회복지사이지만 경계선지능이나 장애아동을 돌보기 위해 그룹홈에 들어온 건 아니거든요. 근데 자꾸 요구되는 전문 지식이 거의 이쪽으로 가다 보니까 종사자 입장에서는 내가 부족하구나 생각이 들면서 소진을 가속화시키는 요인이 되기도 합니다. (C-2)

특히 특수욕구아동에 대한 인원 산정 지침을 준수하는 지자체의 노력이 요구된다. 이를 통해 경계선지능아동이 집중적인 돌봄을 받고 종사자의 업무 부담을 줄일 수 있어야 한다.

경계선지능이나 ADHD 아동은 특수욕구아동이라고 지침에 나와 있어서 이 아이들을 2명으로 산정할 수 있어요. 전담 인력이 필요한 상황이지만 권고 사항이다 보니 실천하고 있는 지자체는 거의 없더라고요. (C-5)

경계선아동은 1명을 2명으로 간주하는데 이게 적극적으로 활용되어야 합니다. 그룹홈 정원 내에서 아동 수를 조정해서 소규모로 돌보는 방식으로 종사자 업무 부담을 줄이는 방법이 필요합니다. (C-3)

4. 전문위탁가정

가. 경계선지능아동 특성 및 보호 경험

두 가정 모두 2022년에 전문가정위탁제도가 도입되면서 기존 일반위탁 가정에서 전문위탁가정으로 전환된 사례이다. 또한 동일하게 일반위탁가정으로 보호아동을 양육하는 과정에서 아동이 경계선지능으로 뒤늦게 진단을 받았다. D-1 가정은 총 3명의 위탁아동을 양육하고 있는데, 1명은 보호종료 이후 함께 거주하고 있고, 나머지 2명은 모두 경계선지능아동이다. D-2 가정은 1명의 경계선지능아동을 양육하고 있다.

위탁모들은 이들 아동의 특성으로 지체된 언어발달, 상황 인식 및 이해력 부족, 학습지연, 집중력 부족, 사회관계 형성 능력 부족, 도벽, 분노와 폭력성 등을 언급하였다. 이는 경계선지능아동이 주로 보이는 복합적 특성이라고 할 수 있다. 경계선지능아동이 ADHD 증상을 보이는 경우도 많은데, 한 위탁아동은 ADHD 진단을 받고 현재 약을 복용 중이었다.

> 행동도 아주 느리고 말도 더듬고 이해력도 부족하고 친구와의 관계도 원활하지 않고 사회성도 부족하고 규칙을 잘 지키지 못해요. 반복적인 교육을 시켜도 학습에 어려움이 굉장히 많아요. 가면 갈수록, 초등학교 때는 모르겠는데 중학교, 고등학교 들어가면서부터 아이가 학교에서 따라가지 못한다는게 눈에 띄는 거예요. 그다음에 아이가 분노가 생기면 본인도 모르게 약간의 폭력성이 나와요. (D-1)

> 말은 유창하게 하는데, 중요한 거는 이 상황에 맞는 말이 아니고, [중략] 학교에서도 전혀 선생님이 묻는 말에 의중에 맞지 않는 말들을 하고 [중략] 또 ADHD가 드러나니까 너무 산만하고. (D-2)

위탁가정 모두 다른 가족 구성원의 동의를 얻어 위탁양육을 시작하였으나, 경계선지능아동이 보이는 이러한 특성으로 인해 위탁아동과 친자녀 간 갈등이 일부 존재한다고 하였다.

> 아이가 우울증, 분노조절장애도 있고, 도벽이 있어서 누나 물건을 손대고 그래요. 누나하고 둘이 부딪히는 경우는 있어요. (D-1)

> 아이 특성상 산만하고 생각 없이 물건을 훔쳐서 경찰조사를 받기도 해서 이런 문제가 생기면 우리 키우는 자녀가 싫어하고 엄하게 대하죠. (D-2)

가정위탁 아동 중 경계선지능아동 추세와 관련하여, FGI에 참여한 위탁모들은 최근 가정위탁 아동이 증가하면서 경계선지능아동이 점차 증가하는 것으로 느끼고 있었다.

> 자조 모임에서 얘기를 해보면 요즘은 경계선 아동들이 조금씩 늘어나는 거를 보거든요. 그전보다는 많아진 거죠. 위탁아동들이 늘어나는데 그중에 경계선 아동들이 점점점점 있어져요. (D-2)

나. 경계선지능아동 및 위탁가정 지원체계

이들 위탁가정에서는 월 100만 원의 전문아동보호비와 월 40만 원 수준의 양육보조금을 지원받고 있었다. 이러한 지원에 대해 위탁모의 경계선지능아동 보호·양육에 대한 수고비로 인식하였다. 양육보조금은 지자체마다 지원 수준을 달리하고 있다. 현재 보호가 종료된 아동 1인과 2인의 보호아동과 함께 살고 있는 한 위탁모는 해당 지자체에서 아동 1인당이 아닌 가정 1인당 월 100만 원의 전문아동보호비를 지급한다고 하였다. 이와 관련하여 전문위탁가정에 대한 지원 지침의 명확성이 확인될 필요가 있다. 위탁가정에서 지원받고 있는 기타 지원 사항은 본 연구의 〈표 3-1-14〉에 제시한 바와 동일하다.

> 전문 위탁 보호비가요. 100만 원이 주어지는 거는 아이를 위해서 쓰라고 주어진 거는 아니고요. 또 아이 양육 보호비라고 해서 월 40만 원씩 나오는 게 있어요. 그러니까 말하자면 쉽게 얘기해서 수고비. (D-2)

> 큰 아이는 종결이 됐고 만 24살이다 보니까, 근데 둘째, 셋째 각각 40씩 들어와요. 우리 지역은 전문위탁보호비가 아동당이 아니고 한 가정당 100만 원. 아이가 2명, 3명, 4명 있어도 100만 원이에요. (D-1)

위탁모들은 전문위탁가정의 경계선지능아동을 위한 지원이 부족하다고 느끼고 있었다. 특히 어려움이 있는 아동을 보호하기 위해 전문성이나 개별 아동 보호를 요구하면서도 시설보호 아동에 비해서도 지원이 부족하다고 인식하였다. 현재 아동복지시설의 경계선지능아동 대상 맞춤형 사례관리 서비스를 통한 지원에 대해서도 전혀 정보를 얻은 바 없었다.

> 우리는 시설에 가는 아이들이나 가정에 가는 아이들이나 아이 1명당으로 이렇게 하는 줄 알았는데 어떤 시설에서는 더 많은 것을 챙겨주신다고 (D-2)

경계선지능아동은 지속적인 치료가 필요한 상황이다. 따라서 아동에 대한 보호·양육 외에 치료지원을 병행하게 된다. 현재 지자체 차원에서 전문위탁가정에서 보호하는 경계선지능아동의 치료를 위한 비용 지원 등이 없어 지원이 필요하다고 강조하였다. 해당 아동들은 장기간에 걸쳐 필요한 치료를 꾸준히 받아야 하는 상황인데, 지원이 부족하여 늘 걱정을 해야 하고, 지자체 공무원, 가정위탁지원센터 등에서 정보를 제공하면 비영리 민간단체 등을 통해 지원을 받고 있었다. 다만, 전문가정위탁사업에서는 아동의 치료비를 월 20만 원 이내에서 12개월간 지원하고 있어 위탁모들이 이에 대한 정보를 정확히 습득할 수 있도록 안내가 필요해 보인다.

> 저 같은 경우는 우선 시청 직원들한테도 정보를 받고 그다음에 저희 담당, 가정위탁 담당 선생님한테도 정보를 받아요. 이렇게 정보를 받고 문화 체험이라든지 그런 프로그램이 있으면 저한테 정보를 주면 저희에 맞춰서 가요. (D-1)

> 시청 공무원이 그러니까 분기별로 주기별로 오잖아요. 연에 한 3, 4회 방문하거든요. 방문하면 아이들에 대해서 계속 얘기를 듣고 가고. 듣고 가면은 이런, 이런 내용들이 없습니까?라고 물으면 연락을 줘요. 어머니 올해에 이런, 이런 계획이 있다고 하니까 몇 월에 있을 거예요, 하면 그렇게 어머니 한번 신청서 넣어보세요. 동사무소에 한번 얘기해 보세요라고 알려주시기도 해 주세요. 정부나 지자체에서 알아서 해주는 게 아니고, 계속 저희들이 어디서 지원해주는 게 있나, 찾아다녀야 조금이라도 지원받을 수 있어요. (D-2)

전문위탁가정 대상 교육에서 경계선지능에 대한 교육이라든가 양육 방법에 대한 교육 컨텐츠가 부족한 것으로 판단된다. 위탁모들은 경계선지능 관련 교육의 필요성과 자조모임의 중요성을 강조하였는데, 자조모임을 통해 상호간 지지체계 구축, 정보 공유, 양육 방식 학습 등이 이루어지고 있었다.

> 경계선지능아동이 그렇게 사실 위탁가정에 많지는 않아요. 일반적이지는 않아요. 그러다 보니까 아무래도 뭐라 그럴까 사례관리가 그렇게 원활하지는 않을 수도 있어요. 그리고 교육은 특별히 지능 경계선에 대한 교육은 없어요. 다만 저희가 자조 모임을 통해서 우리 아이의 특성 이런 거는 논의할 수 있죠. (D-1)

> 경계선 아동에 대해서 교육을 해준다든지 그런 거는 잘 없어요. 저는 교육이 필요로 한데 그러한 교육을 잘 해주는 곳이 없고요. 일상에서 자조 모임이 왜 중요하냐면 이런 어머니들이 앞서 가면서 먼저 선임하고 겪잖아요. 저희들이 그게 뒷받침이 되고 또 그걸 가지고 위로를 받고. 자조모임을 하다 보니까 경계선 아동들이 늘어나는 걸 보거든요. 이런 치료를 했다고 정보 공유도 하고 서로 공감대도 나누고 (D-2)

다. 개선 사항

위탁모들은 먼저 경계선지능 관련 매뉴얼의 필요성을 제시하였다. 또한 정부, 지자체, 가정위탁지원센터에서 더 많은 관심을 갖고 경계선지능아동에게 경제적 지원과 함께 상담에서 직업·사회생활 교육까지 안정적 지원을 요구하였다. 특히 경계선지능아동의 연령대가 높아질수록 재정지원이 확대되길 희망하였다.

> 정부에서 경계선지능아동에 대한 매뉴얼이 정확하게 있어야 할 것 같습니다. (D-2)

정부나 지자체에서 경계선 아이들에게 상담, 재활, 직업 소개, 특수교육 서비스, 경제적 지원, 사회생활 교육을 도와줬으면 좋겠어요. 그리고 장기 위탁 아동의 경우에 성장 단계(연령)에 따라 추가적인 재정지원이 제공됐으면 좋겠습니다. (D-1)

위탁가정에 대해서는 상담 및 정보 제공, 자조모임 활성화, 장기 위탁가정에 대한 휴가 지원을 제안하였다.

위탁부모들 정신건강, 심리상담, 자조모임 활성화에도 더 관심 가져 주면 좋겠습니다. (D-2)

장기 위탁가정은 특히 휴식의 시간이 필요하다고 생각해요. [중략] 가정위탁지원센터에서는 자주 1대 1로 가정방문 해서 상담하고 정보도 제공해 주면 좋겠습니다. (D-1)

5. 중장기 청소년쉼터

가. 경계선지능청소년 현황 및 진단

1) 경계선지능청소년 현황

청소년쉼터는 보호기간이 최장 4년이며, 청소년 보호 연령대도 만 9세에서 24세까지 가능하다. 본 연구의 FGI에 참여한 4개 중장기 청소년쉼터의 경계선지능청소년 수는 일부 청소년의 자립 및 퇴소로 인하여 면접일 기준 2개 시설은 0명, 1개 시설은 8명 중 3명, 나머지 1개 시설은 5명 중 1명이었다.

8명 중 3명이 경계선지능으로 진단되었고, 2명은 청소년, 1명은 22살 성인입니다. (E-1)

현재 보호하고 있는 청소년이 5명이고 그중에 1명이 경계선입니다. (E-2)

11월, 12월에 아이들이 자립·퇴소해서 현재 4명의 친구들은 경계선 지능이 없어요. 작년 기준으로는 경계선이었던 친구가 3명 정도 있었습니다. (E-3)

저희도 지난 5월에 퇴소해서 현재 [경계선지능청소년이] 쉼터에서 생활하고 있진 않아요. (E-4)

2) 경계선지능청소년의 특성 및 보호·지원의 어려움

청소년쉼터의 경계선지능청소년도 일상생활은 가능하나 낮은 인지능력으로 인해 전반적으로 이해 및 학습 능력이 부진하였다. 또한 다양한 심리·행동 문제를 보이는 경우가 많아 관계 형성에 큰 어려움을 겪고 있었다. 함께 생활하는 또래에게서는 차별이나 따돌림을 받기도 하였다.

공통적으로 또래에 비해서 배움도 느리고 학교 수업 자체를 따라가는 데도 어려움이 있더라고요. [중략] 쉼터 내에서 생활할 때도 또래 아이들이 경계선 지능 아이를 왕따시키거나 차별적으로 대하는 경우가 많습니다. (E-1)

일상생활에서 이해도가 너무 낮아서 문제 처리하거나 하는 데 시간이 많이 필요했고 사회적으로 관계를 형성하는 데 어려움이 많이 있었어요. (E-3)

늘 관계에서 문제가 발생하는데, 입체적인 사고를 하지 못하니 충분히 해결할 수 있는 문제임에도 하나에만 꽂혀서 문제를 더 키워버리는 일들이 자주 발생해요. 일부러 배척하고 일부러 외면하지 않으나 다른 아이들도 지쳐가는 거죠. (E-4)

종사자들은 경계선지능청소년 보호·지도 방식에 대한 경험 부족, 경계선지능청소년과 다른 청소년 간의 반복되는 갈등 상황, 경계선지능청소년과 종사자와의 반목을 어려움으로 꼽았다.

> 이해도나 문제 처리 능력이 낮아서 쉼터 내 규칙을 반복적으로 알려주어도 지키지 못해서 다른 입소생들하고 갈등이 발생하는 경우들이 종종 있었고요. 갈등 상황을 조정하는 데 선생님들이 노력이 많이 필요했죠. (E-2)

> 이 아이들을 어떻게 다루어야 하는지를 잘 모르는 거예요. 그래서 따로 느린 학습자에 대한 교육도 받고 책도 보고, 그래도 직원들은 역량 부분에 있어서 많이 어려움을 느끼고 있고요. (E-3)

> 자기 말 들어주는 선생님 말은 잘 듣고, 자기 말 안 들어주는 선생님은 대놓고 무시합니다. (E-4)

3) 보호청소년의 경계선지능 진단

청소년쉼터 입소는 청소년의 자발적 방문이나 타 기관 의뢰를 통해 이루어진다. 이들 청소년의 입소 시 또는 입소 후 경계선지능 여부를 진단하는 과정에서 가장 큰 어려움은 청소년 또는 청소년의 보호자가 동의하지 않으면 검사를 진행하지 못한다는 점이었다.

> 보호자는 거의 거부하는 경우가 별로 없는데 당사자가 거부하는 경우가 많아요. 심리검사는 자발성이 우선이다 보니 사실 거부하면 저희가 별도로 검사를 진행하지는 않아요. 그냥 설득 과정을 더 가져갈 뿐인 거죠. (E-2)

> 본인이 극구 검사를 거절하면 어떻게 할 수가 없어요. 그렇게 해서 진단을 받지 못하고 그래 보이는 경우로 살아가는 애들도 있는 것 같아요. (E-3)

> 미성년자 같은 경우는 보호자 동의도 받아야 하고 사실 본인이 거부하면 저희가 진행을 거의 안 하거든요. 그래서 못하는 경우들이 종종 있고. (E-4)

또한 예산 부족으로 인해 종사자의 관찰에 따라 아동의 상태를 짐작하여 선별적으로 풀배터리 검사나 지능검사를 진행하기도 하였다. 기관 의뢰로 연계 받아 보호하게 될 경우, 새롭게 검사를 하기보다 이전 기관에서 받은 검사 결과를 활용하기도 하였다.

> 풀배터리 검사는 비용이 많이 들어 예산 부족으로 입소 아이들을 선별해서 진행하고 있습니다. 중장기다 보니 연계돼서 오는 사례가 많아서 이전 기관이나 학교에서 이루어진 검사 결과로 파악을 하는 경우가 많습니다. (E-1)
>
> 경계선은 상황을 지켜봐요. 건강검진은 필수로 하지만 심리검사는 필요에 따라서 거의 케이스 바이 케이스로 진행을 하고요. (E-2)
>
> 입소하면 건강검진을 필수로 하게 되고, 무조건 다 풀배터리를 하는 건 아니고 몇 번 정도 병원에 진료를 보고 검사 여부를 결정합니다. (E-3)

나. 경계선지능청소년 지원체계

1) 경계선지능 관련 프로그램 구성·운영의 어려움

청소년쉼터 내 경계선지능청소년 대상 프로그램은 구성·운영에 어려움이 있다. 이는 경계선지능 외에도 다양한 특성과 어려움을 가진 청소년이 많아, 쉼터 내에서 경계선지능에 초점을 맞추기 쉽지 않다. 대신 경계선지능청소년에게 기본적인 일상생활 교육·훈련을 집중적으로 반복한다고 하였다.

> 다른 지원체계도 딱히 없지만, 경계선 친구들만을 위한 거를 바라는 건 사실 쉼터 입장에서는 너무나 불가능하기 때문에 생각도 안 하죠. 더 심각한 문제나 어려움이 있는 아이들이 많기 때문에. (E-3)
>
> 시설 내에서는 일상생활 교육을 반복적으로 하고 문제해결 능력을 키워줄 수 있게끔 지원하고 있습니다. 시설 자체적으로 별도 지원 인력이나 치료나 제공하는 프로그램이 특별히 있진 않아요. (E-2)

> 시설 내에서는 기본적인 생활 습관을 먼저 가르치고 있습니다. 양치, 샤워, 설거지, 빨래부터 교육시키고 있습니다. (E-1)

2) 열악한 지원체계

청소년쉼터의 경계선지능청소년 대상 국가 및 지자체 차원의 지원은 매우 미흡한 수준이다. 최근 여성가족부의 청소년쉼터 야간 보호 상담원 증원이 일부 이루어졌으나, 이는 경계선지능청소년만을 위해 지원된 사업은 아니다. 또한 다른 공공기관이나 민간기관을 통한 지원도 쉽게 진행되지 못하는 등 전반적으로 청소년복지체계에서 경계선지능청소년을 위한 지원 인프라는 아동복지체계에 비해서도 상당히 열악하였다.

> 정신건강복지센터와 협약을 해도 우선순위에서 밀리면 치료도 밀리고, 예산도 부족해서 여러 가지로 지원에 어려움이 있습니다. 외부 자원은 저희가 아직 부족한 상황입니다. 정부나 지자체 차원 지원은 따로 없어요. (E-1)

> 심리상담 같은 외부 자원을 연계하는 경우가 있지만 특별히 경계선지능이라서 연계하는 건 아니고. [중략] 사실 인프라 자체가 거의 없습니다. (E-4)

> 심리치료가 다른 아이들보다 꽤 길어지는 편인데요. 보조금 예산에서는 해결할 수가 없고 외부 자원들을 연결하려면 대기가 굉장히 길어요. [중략] 2년 전부터 여가부 지원으로 전국 절반 정도의 쉼터들이 야간 보호 상담원이 2명씩은 있어요. 그렇게 되고 나니까 그나마 좀 해소되긴 했어요. (E-3)

다. 개선 사항

1) 경계선지능 관련 지원의 법적 근거 마련

현재 경계선지능 관련 지원의 법적 근거는 미약하다. 따라서 종사자들은 먼저 법적 근거를 마련할 필요성을 제기하였다. 이러한 법적 근거를 바탕으로 전국의 아동·청소년이 쉽게 접근할 수 있는 교육을 제안하였다. 또한 담당 부처 이원화로 인해 보건복지부가 총괄하는 아동권리보장원의 '경계선지능아동 맞춤형 사례관리서비스' 지원 대상에도 청소년쉼터는 포함되어 있지 않아 추후 지원 대상 확대도 희망하였다.

> 경계선지능 관련 지원의 법적 근거를 최우선으로 마련해야 하죠. 그리고 전국 단위에 온라인 방식이든 뭐든 쉽게 접근할 수 있는, 경계선지능아이들이 교육 받을 수 있는 프로그램이 많이 있어야 한다고 생각합니다. (E-2)

> 경계선 아이들을 보호하거나 지원할 수 있는 법, 정책, 시설들이 마땅히 없어서 저희도 도움받을 수 있는 곳이 없는 것 같아요. [중략] 진단 검사비가 지역별로 다르고 많이 들잖아요. 아동권리보장원에서 지금 해주는 것처럼 청소년쉼터 아이들에게도 간이 검사를 해서 일정 점수가 넘으면 풀배터리 검사 비용을 지원해 주는 제도가 있으면 좋겠습니다. (E-3)

2) 종사자 대상 경계선지능 매뉴얼 배포 또는 교육 확대

경계선지능 문제가 관심을 받으면서 종사자들은 경계선지능 및 복합적 문제를 갖고 있는 청소년을 올바르게 지도·보호할 수 있는 체계적이고 일관된 가이드라인의 필요성을 제기하였다. 즉, 각 시설에 종사자 대상 경계선지능 매뉴얼을 일괄 개발·배포하거나 교육을 확대하길 희망하였다.

> 경계선지능 아이들 교육에서 일상생활 훈련까지 종사자들이 활용할 수 있는 매뉴얼이 있으면 좋겠어요. 쉼터 선생님들마다 지도 방법이 다른데 아이들도 그렇고 선생님들도 사실 혼란스러울 수 있거든요. (E-4)

> 경계선지능 아동이나 청소년을 어떻게 대처해야 하는가에 대한 구체적인 매뉴얼이 있으면 좋겠어요. 또 종사자들이 경계선지능 관련한 좋은 교육을 주기적으로 받고 이해도가 생기면 좀 더 경계선 아이들에게 접근할 수 있을 때 더 좋을 것 같다고 생각했고요. (E-1)

3) 경계선지능 관련 인력 확충

청소년쉼터 역시 인력 지원에 대한 요구가 있었다. 경계선지능청소년을 쉼터 인력 1명이 전담하기 불가한 상황에서 지원 인력 없이 종사자가 정상적인 업무를 수행하기에 한계가 있다. 인력 증원이 어려울 경우, 최소한 경계선지능청소년 1명은 청소년 2명으로 간주해 주길 희망하였다.

> 쉼터에서는 이 친구들을 1.5배나 2명으로 봐주지 않기 때문에 경계선이 있는 친구들은 알고 나서 받기에는 힘들죠. 제대로 보호하려면 주말이든 야간이든 최소 두 명은 있어야 저는 가능하다는 생각이 들어요. (E-3)

제3절 요약 및 시사점

1. 경계선지능아동 진단체계

　첫째, 종합심리검사 결과에 따라 경계선지능아동의 특성을 반영하는 보호조치가 필요하다. 「아동복지법」 제15조 제3항에 따라 시설 입소나 가정위탁의 보호조치 이전에 보호대상아동에 대한 상담, 건강검진, 심리검사, 가정 환경 조사를 진행하여 아동의 신체적·정신적 건강 상태를 파악하게 된다. 그러나 동 조항에서는 검사 결과를 반영한 보호조치에 대한 명백한 규정은 없다. 아동의 경계선지능 특성이 고려되지 않을 경우, 다수 아동이 보호되는 아동양육시설 중심의 보호조치가 계속 이루어질 수밖에 없다. 반면, 학대피해아동의 경우, 동법 제15조 제6항에 의거하여 일시보호기간 동안 보호대상아동에 대한 상담, 건강검진, 심리검사 및 가정 환경 조사를 실시하고 그 결과를 보호조치 시에 고려하여야 한다고 명시하고 있다.

　둘째, 아동의 경계선지능 여부나 정도를 판단하는 종합심리검사와 관련하여 「아동복지법」이나 아동분야 사업안내와 같은 가이드라인에 따른 절차가 준수되는지 점검이 필요해 보인다. 일부 현장에서는 시설 입소 전에 종합심리검사가 필수적으로 진행되지 않거나, 전원을 요청한 이전 기관으로부터 관련 정보를 받지 못하기도 하였다. 한편, 주로 청소년의 자발적 방문이나 타 기관 의뢰를 통해 입소가 이루어지는 청소년쉼터는 별도의 절차를 따르고 있어 경계선지능청소년에 대한 적절한 개입이 더욱 어려운 상황이었다.

　셋째, 신속하고 전문적인 종합심리검사가 진행될 필요가 있다. 현재 병원 검사는 긴 예약 대기로 인해 신속 검사에 한계가 존재하여 가급적 빨리 검사할 수 있는 곳을 이용하다 보니 검사 기관의 일관성이 부족하고, 병원이 아닌 검사 기관은 전문성이 상대적으로 낮다는 문제점이 지적되었다. 또한 검사 비용도 지자체별로 격차가 존재하여 실비 지원이 요구되었다. 체계적인 검사를 위해서는 지자체 차원의 적극적인 기관 연계 협조와 예산 지원이 필요하다.

넷째, 종합심리검사 시기 및 주기의 적절성 검토가 필요하다. 종사자들은 아동이 입소한 후에도 심리적으로 안정된 상황을 지켜보면서 지능검사를 추가로 실시하는 것이 검사 결과의 신뢰성 측면에서 타당하다는 의견을 제시하였다. 또한 잦은 심리검사는 아동의 학습효과로 인하여 결과에 오류가 발생할 수 있으므로 초·중·고등 학령기 전환 시기에 맞춘 정기 검사 실시를 제안하였다.

2. 경계선지능아동 지원체계

첫째, 촘촘한 지원체계 구축을 위해서는 경계선지능 관련 지원의 법적·제도적 근거 마련이 필요하다. 이를 바탕으로 국가 및 지자체 차원의 가정외보호 경계선지원아동 대상 지원 정책 확대가 필요하다. 시설이나 위탁가정에서 보호 중인 경계선지능아동에 대한 정부 지원은 매우 부족하다. 현재는 아동권리보장원의 '경계선지능아동 맞춤형 사례관리서비스' 사업이 거의 유일한 제도이다. 그러나 동일 연령대 아동·청소년이라도 담당부처가 이원화되어 있기 때문에 동 사업의 지원 대상에 청소년쉼터는 포함되지 않는다. 종사자들은 아동복지시설이나 청소년복지시설 구분 없이 전국 공통의 단일한 지원체계 구축을 희망하였다.

셋째, 전문위탁가정의 양적 확대 및 질적 제고가 필요하다. 전문위탁가정 양성은 아직 미흡하여 공급 측면에서 해당 가정의 수가 부족하고, 경계선지능아동보다는 주로 학대피해아동이나 영유아 보호·양육에 집중되고 있다. 또한 경계선지능아동의 낮은 인지능력 외에 나타나는 여러 특성으로 인해 위탁가정에서 보호·양육하는 데 어려움이 예상되는 아동에 대한 일종의 거부감이나 두려움이 존재한다. 경계선지능아동 및 전문위탁가정에 대한 지원 확충과 지속적인 위탁가정 교육을 통해 아동의 개별 욕구에 부합하도록 시설보다 가정에서 보호되는 기회가 확대되어야 한다.

넷째, 경계선지능아동에 대한 장기적 관점의 안정적 지원이 보장될 필요가 있다. 현재는 지원의 연속성이 보장되지 않고, 1년 중에 치료 비용이 지원되지 못하는 공백 기간이 발생한다. 경계선지능은 단기간에 개선되지 않으며, 아동마다 특성과 욕구가 달라 꾸준한 치료적 개입과 정서·경제·학습 등의 다양한 지원이 필요하다. 따라서 공백이 발생하지 않도록 지원의 연속성을 보장하고, 빠른 시일 내에 지원 성과나 개선 효과를 기대하기보다는 경계선지능아동의 점진적인 개선을 유도할 필요가 있다. 또한 다양한 치료 서비스 이용이 가능하도록 중복 제한 요건을 일정 수준 완화할 필요도 있다.

3. 종사자 역량 지원체계

첫째, 종사자 대상 경계선지능 매뉴얼이나 가이드라인 개발·배포이다. 최근 경계선지능 문제가 관심을 받으면서 종사자들은 낮은 인지 기능 및 복합적 문제를 갖고 있는 아동을 지도·보호할 수 있는 체계적이고 일관된 매뉴얼 또는 가이드라인의 필요성을 제기하였다. 아동복지시설이나 청소년복지시설 모두 경계선지능아동 보호·지도 방식에 대한 경험 부족, 경계선지능아동과 다른 아동/종사자 간의 반복되는 갈등으로 인해 많은 어려움을 경험하고 있어 종사자들의 요구도가 높았다.

둘째, 종사자의 경계선지능 이해도 및 전문성 제고를 위한 교육 확충이 제시되었다. 특히 직접적인 돌봄을 제공하는 종사자들은 경계선지능아동이 보이는 행동이나 심리상태를 이해하고, 행동에 대한 대응, 보호·양육기술, 성장 단계별 경계선지능아동의 특성을 고려한 전문 치료지원 등에 대한 정보 제공 요구가 높았다. 그러나 인력 부족 문제로 교육 이수의 어려움, 교육 내용에 근거한 적절한 서비스 제공에 한계가 존재한다는 지적도 있었다.

셋째, 경계선지능아동을 집중 보호·양육할 수 있는 인력의 추가 배치가 요구되었다. 현재는 소수 인력이 다른 아동들을 돌보면서 경계선지능아동까지 지원하고 있어 종사자의 육체적·정신적 소진 문제가 발생하였다. 외부 지원사업 신청, 행정업무, 상담이나 치료를 목적으로 한 외부 이동 등 종사자의 원활한 업무수행에 많은 부담이 있었다. 따라서 만일 인력 증원이 어렵다면 외부 인력을 임시 활용한 업무 분담 대안을 마련해 주거나 경계선지능아동 1명을 아동 2명으로 간주해 주길 희망하였다. 궁극적으로 인력 증원을 통해 돌봄의 질을 제고하고, 종사자의 소진을 예방할 필요가 높다.

4. 아동보호치료시설의 기능 검토

첫째, 종사자들 사이에서도 아동보호치료시설의 존재, 유형 구분, 유형별 기능에 대한 인지도가 낮았다. 주요 인지 경로는 아동의 범죄 또는 문제 행동으로 인하여 아동보호치료시설로 전원 조치가 이루어지면서였다.

둘째, 경계선지능아동 대상 아동보호치료시설의 필요성이나 방향성에 대해서는 다양한 의견이 존재하였다. 경계선지능아동의 낮은 인지 기능과 그 외의 복합적인 어려움을 개선하기 위한 전문적 치료를 받을 수 있다면 아동보호치료시설에서 보호하는 것이 타당할 수 있다고 하였다. 그러나 시설 내에서 문제행동이나 공격성을 보이는 보호아동을 일시적으로 분리하거나 통제하는 측면에서 아동보호치료시설이 활용된다면, 다시 버림받았다는 아동의 심리적 상처와 종사자의 죄책감이 문제가 될 것이라고 우려하였다.

셋째, 아동보호치료시설에서 보호·치료하기보다는 현 시설이나 위탁가정에서 경계선지능아동이 자신의 가능성을 충분히 발현하고 역량을 키우도록 지지하는 방식의 접근이 필요함을 강조하였다. 이를 위해 종사자들은 경계선지능아동 지원이 치료적 접근에서 장기적 역량 강화로 인식 전환이 필요하다고 하였다.

제5장

아동보호치료시설의 기능 탐색

제1절 아동보호치료시설 일반 개요
제2절 아동보호치료시설 설문조사 방법 및 분석 결과
제3절 요약 및 시사점

제5장 아동보호치료시설의 기능 탐색

제1절 아동보호치료시설 일반 개요

1. 아동보호치료시설 유형 및 기능

「아동복지법」에서는 아동복지시설의 종류에 따른 시설의 목적을 정의하고 있다. 동법 제52조 제1항 제3호에 의하면, 〈표 5-1-1〉과 같이 아동복지시설 중 아동보호치료시설은 '가목'과 '나목'으로 구분된다. 본 연구에서는 쉬운 이해를 위해 가목과 나목의 아동보호치료시설을 각각 '가형'과 '나형'으로 지칭한다. 이는 본 장의 제2절에서도 동일하다.

먼저 아동보호치료시설 가형은 경범죄 혹은 불량행위로 인해 「소년법」 제32조 제1항 제6호에 따른 처분3)을 받은 10세 이상 19세 미만의 아동을 치료와 선도 목적으로 위탁보호하는 기능을 한다. 아동보호치료시설 가형의 위탁보호 기간은 기본적으로 6개월이나, 추가로 6개월간 연장 가능하여 최대 1년간 위탁보호할 수 있다. 다른 유형의 아동복지시설과

---

3) 제32조(보호처분의 결정) ① 소년부 판사는 심리 결과 보호처분을 할 필요가 있다고 인정하면 결정으로써 다음 각 호의 어느 하나에 해당하는 처분을 하여야 한다.
  1. 보호자 또는 보호자를 대신하여 소년을 보호할 수 있는 자에게 감호 위탁
  2. 수강명령
  3. 사회봉사명령
  4. 보호관찰관의 단기(短期) 보호관찰
  5. 보호관찰관의 장기(長期) 보호관찰
  6. 「아동복지법」에 따른 아동복지시설이나 그 밖의 소년보호시설에 감호 위탁
  7. 병원, 요양소 또는 「보호소년 등의 처우에 관한 법률」에 따른 소년의료보호시설에 위탁
  8. 1개월 이내의 소년원 송치
  9. 단기 소년원 송치
  10. 장기 소년원 송치

달리 아동보호치료시설 가형은 판사가 해당 아동보호치료시설로 보호조치 하는 것을 결정한다(임성은 외, 2019). 그러나 아동보호치료시설 가형은 「아동복지법」상 아동복지시설에 해당하여 시설이 속한 지자체의 장에게 설치 신고하고, 동법에 따른 종사자 배치 기준과 시설 설치 기준을 적용받는다. 따라서 관련 업무는 법원과 밀접하나, 법원이나 법무부의 관리·감독 권한은 없다. 10개의 소년보호처분(1호~10호)에 따른 위탁보호기관 중에서도 아동보호치료시설 가형은 유일하게 보건복지부 소관의 아동복지시설에 해당한다(임성은 외, 2019).

반면, 아동보호치료시설 나형은 정서적·행동적 장애 또는 학대 피해로 인한 어려움이 있는 아동을 보호·치료하는 기능을 한다. 따라서 치료지원 및 일상생활 지도를 통한 보호 지원, 사회 적응력 향상을 위한 정서·사회성 지원 등을 제공한다. 아동보호치료시설 나형은 관련 연구도 수행된 바 없어 정보가 매우 부족하다. 동 시설에서는 경계선지능아동 외에 다양한 치료적 보호가 필요한 ADHD, 지적장애, 행동 및 충동 문제, 우울·불안, 중독이나 과몰입의 어려움이 있는 아동들이 6개월에서 1년간의 단기 또는 1년 이상의 장기로 보호·치료를 받고 있다.

〈표 5-1-1〉 「아동복지법」상 아동보호치료시설의 유형 및 정의

구분	내용
제52조 (아동복지시설의 종류) 제1항 제3호	① 아동복지시설의 종류는 다음과 같다. [중략] 3. 아동보호치료시설: 아동에게 보호 및 치료 서비스를 제공하는 다음 각 목의 시설 　가. 불량행위를 하거나 불량행위를 할 우려가 있는 아동으로서 보호자가 없거나 친권자나 후견인이 입소를 신청한 아동 또는 가정법원, 지방법원소년부지원에서 보호위탁된 19세 미만인 사람을 입소시켜 치료와 선도를 통하여 건전한 사회인으로 육성하는 것을 목적으로 하는 시설 　나. 정서적·행동적 장애로 인하여 어려움을 겪고 있는 아동 또는 학대로 인하여 부모로부터 일시 격리되어 치료받을 필요가 있는 아동을 보호·치료하는 시설

출처: "아동복지법", 2024, 국가법령정보센터. https://www.law.go.kr/법령/아동복지법

「아동복지법」 시행규칙 별표 2에서는 아동복지시설 설치 기준을 제시하고 있는데, 공통 시설기준을 제외한 시설별 기준에서 아동보호치료시설은 '아동양육시설에 준하되, 심리검사·치료실을 별도로 갖추어야 하며, 심리검사·치료실은 16.5㎡ 이상으로 심리검사·치료를 위한 적당한 설비를 갖추어야 한다'고 규정하고 있다. 따라서 아동보호치료시설은 보호·양육 외에 심리치료의 기능을 추가로 수행하는 시설임을 확인할 수 있다.

2. 아동보호치료시설 현황

2023년 12월 말 기준, 아동보호치료시설은 서울 3개소, 부산 1개소, 대구 2개소, 대전 1개소, 경기 1개소, 충북 1개소, 전북 1개소, 전남 1개소, 경남 1개소로 전국에 12개소가 있다(보건복지부, 2024). 이 중에서 아동보호치료시설 나형은 부산, 대구, 전남, 경남에 각 1개소씩 총 4개소가 있다. 즉, 아동보호치료시설은 전국적으로 설치되어 있지 않고, 특히 심리·정서적 어려움이 있는 보호대상아동이 점차 증가하는 상황에서 전문적인 보호·치료 기능이 가능한 나형 시설은 현실적으로 매우 부족하다.

동년 말 기준, 전국 12개 아동보호치료시설 가형과 나형에 종사하는 종사자 수는 총 307명이었다. 아동보호치료시설에서 보호하는 아동 정원은 603명, 현원은 442명으로 73.3%의 정원충족률을 보였다. 아동보호치료시설 특성상 가형 대비 나형 시설의 정원충족률이 더 낮은 경향을 보인다. 아동보호치료시설은 남, 여, 혼성 등 성별에 따라 입소 가능한 시설을 구분한다. 입소 아동의 성별 현황은 남성 314명, 여성 131명으로 남성이 약 2.4배 더 많았다.

〈표 5-1-2〉 아동보호치료시설 현황(2023.12.31. 기준)

(단위: 개소, 명)

구분	시설 수	종사자 수	정원	현원		
				소계	남	여
계	12	307	603	442	314	131
서울	3	93	175	126	83	43
부산	1	24	40	17	17	-
대구	2	41	72	55	25	30
인천	-	-	-	-	-	-
광주	-	-	-	-	-	-
대전	1	48	100	92	92	3
울산	-	-	-	-	-	-
세종	-	-	-	-	-	-
경기	1	28	40	40	-	40
강원	-	-	-	-	-	-
충북	1	25	36	33	33	-
충남	-	-	-	-	-	-
전북	1	29	70	50	39	11
전남	1	10	40	10	6	4
경북	-	-	-	-	-	-
경남	1	9	30	19	19	-
제주	-	-	-	-	-	-

출처: "2024년도 아동복지시설 현황(생활시설 4종 및 이용시설 2종, 학대쉼터)(2023년 12월 31일 현재)", 보건복지부, 2024c.

3. 아동보호치료시설 종사자 배치 및 자격 기준

「아동복지법」 시행령 별표 14에서는 동법 제52조 제1항 각 호에 따른 고유 업무에 필요한 아동복지시설 종사자의 직종, 수, 배치 기준을 제시하고 있다. 이러한 종사자 직종별 배치 기준은 생활시설 기준, 공동생활가정을 제외한 아동복지시설별로 동일하게 '아동 10명 미만', '아동 10명 이상 30명 미만', '아동 30명 이상'의 구분을 통해 적용된다. 여기서 아동 수는 정원이 아닌 현원 기준으로, 아동 현원이 감소하면 배치 가능한 종사자의 직종과 수도 함께 감소하게 되는 구조이다.

예를 들어, 아동보호치료시설의 아동 현원이 30명 이상인 경우, 상담지도원과 위생원을 제외하고는 모든 직종의 종사자를 배치할 수 있다. 〈표 5-1-3〉에 제시된 바와 같이, 시설장, 사무국장, 의사 또는 계약의사, 간호사 또는 간호조무사, 사무원, 영양사, 생활복지사, 임상심리상담원, 자립지원전담요원은 직종별로 각 1명씩 배치 가능하다. 그러나 의사의 경우, 인건비 등의 문제로 채용이 불가능하며, 직업훈련교사는 그 수가 정해져 있지 않고 필요 인원을 배치할 수 있도록 규정하고 있으나 각 지자체에서의 인건비 책정이 쉽지 않은 상황이다. 조리원은 1명 배치 가능하며, 아동 수가 30명을 초과할 경우 1명을 추가로 배치할 수 있다. 안전관리원은 2명 배치 가능하며, 아동이 40명 이상일 경우 4명을 배치할 수 있다. 보육사의 경우, 아동의 연령에 따라 배치 인원이 달라져 0~2세 아동 2명당 보육사 1명, 3~6세 아동 5명당 보육사 1명, 7세 이상 아동 7명당 보육사 1명이 배치 가능하다. 아동보호치료시설은 대부분 7세 이상의 아동이 입소하며, 심리·정서적 어려움으로 개별 아동에 대한 집중지원이 필요한 아동이 많은 특성이 있다. 그러나 보육사 배치 기준이 아동복지시설의 다른 생활시설과 동일하여 보육사 수의 기준을 달리할 필요가 있다.

경계선지능을 포함하여 다양한 심리·정서적 어려움이 있는 아동을 보호·치료하는 아동보호치료시설 나형의 경우, 직업훈련교사, 상담지도원, 임상심리상담원, 자립지원전담요원이 중요한 직종이다. 그러나 현재까지는 단순히 아동 수에 따라 종사자가 직종별로 일괄 배치될 뿐 아동의 특성을 고려한 종사자 배치 기준은 적용되지 못하고 있다. 만일 아동 현원이 30명 미만인 경우, 종사자 직종 및 수는 더 감소하므로 전문적인 보호·지원에는 분명한 한계가 존재하고, 종사자의 어려움이 가중될 수 있다.

〈표 5-1-3〉 아동복지시설 종사자의 직종·수 및 배치 기준

구분	시설장	사무국장	의사/계약의사	간호사/간호조무사	사무원	영양사	보육사	생활복지사	직업훈련교사	상담지도원	임상심리상담원	조리원	위생원	안전관리원	자립지원전담요원
아동 30명 이상	1명	1명	1명	1명	1명	1명	· 0~2세까지: 아동 2명당 1명 · 3~6세까지: 아동 5명당 1명 · 7세 이상: 아동 7명당 1명	1명	필요인원		1명	1명(30명 초과 시 1명 추가)		2명(아동 40명 이상 4명)	1명
아동 30명 미만 10명 이상	1명				1명						1명	1명			1명
아동 10명 미만	1명										1명				

출처: "아동복지법 시행령. 별표 14. 아동복지시설 종사자의 직종·수 및 배치기준(제52조 관련)", 2025, 국가법령정보센터. https://www.law.go.kr/법령/아동복지법시행령

「아동복지법」 시행령 별표 15에서는 아동복지시설의 장, 사무국장, 보육사, 생활복지사 또는 상담지도원, 직업훈련교사, 임상심리상담원, 자립지원전담요원에 대한 자격 기준을 구체적으로 규정하고 있다. 특히 심리·정서적 어려움이 있는 아동 또는 학대피해아동 대상으로 실질적인 보호, 상담 및 심리치료 지원, 자립 지원을 제공하는 아동보호치료시설의 종사자는 적정 수준의 경력과 전문적인 자격 요건을 충족하는 것이 중요하다. 다만, 개별 지원과 집중 치료가 가능하도록 전문자격을 갖춘 종사자가 충분히 채용·배치될 필요가 있다.

종사자의 세부적인 자격 기준은 다음의 〈표 5-1-4〉에 제시하였다.

〈표 5-1-4〉 아동복지시설 종사자의 자격 기준

구분	자격 기준
아동복지 시설의 장	1. 「사회복지사업법」에 따른 사회복지사 2급 이상의 자격 취득 후 아동과 관련된 사회복지사업에 3년 이상 또는 사회복지사업에 5년 이상 종사한 경력이 있는 사람 2. 학대아동보호사업과 관련된 기관에서 3년 이상 근무한 경력이 있는 사람 3. 7급 이상 공무원으로서 국가나 지방자치단체에서 사회복지사업에 관한 행정업무에 5년 이상 종사한 경력이 있는 사람 4. 「의료법」에 따른 의사·한의사 또는 치과의사 면허 취득 후 3년 이상 진료 경력이 있는 사람 5. 「정신건강증진 및 정신질환자 복지서비스 지원에 관한 법률」에 따른 정신건강전문요원 자격 취득 후 사회복지사업에 5년 이상 종사한 경력이 있는 사람 6. 「영유아보육법」에 따른 보육교사 1급 자격 취득 후 사회복지사업에 5년 이상 종사한 경력이 있는 사람 7. 유치원, 초등학교 또는 중등학교 교사 자격증 취득 후 사회복지사업에 5년 이상 종사한 경력이 있는 사람 8. 직업훈련교사, 간호사, 영양사 자격 취득 후 사회복지사업에 5년 이상 종사한 경력이 있는 사람
사무국장	1. 「사회복지사업법」에 따른 사회복지사 2급 이상의 자격 취득 후 아동과 관련된 사회복지사업에 1년 이상 또는 사회복지사업에 3년 이상 종사한 경력이 있는 사람 2. 학대아동보호사업과 관련된 기관에서 1년 이상 근무한 경력이 있는 사람 3. 9급 이상 공무원으로서 국가나 지방자치단체에서 사회복지사업에 관한 행정업무에 3년 이상 종사한 경력이 있는 사람 4. 「정신건강증진 및 정신질환자 복지서비스 지원에 관한 법률」에 따른 정신건강

구분	자격 기준
	전문요원 자격 취득 후 사회복지사업에 3년 이상 종사한 경력이 있는 사람 5. 「영유아보육법」에 따른 보육교사 1급 자격 취득 후 사회복지사업에 3년 이상 종사한 경력이 있는 사람 6. 유치원, 초등학교 또는 중등학교 교사 자격증 취득 후 사회복지사업에 3년 이상 종사한 경력이 있는 사람 7. 직업훈련교사, 간호사, 영양사 자격 취득 후 사회복지사업에 3년 이상 종사한 경력이 있는 사람
보육사	1. 「사회복지사업법」에 따른 사회복지사 3급 이상 자격이 있는 사람 2. 「영유아보육법」에 따른 보육교사 자격이 있는 사람 3. 유치원, 초등학교 또는 중등학교 교사 자격이 있는 사람
생활복지사 또는 상담지도원	1. 「사회복지사업법」에 따른 사회복지사 2급 이상 자격이 있는 사람 2. 유치원, 초등학교 또는 중등학교 교사 자격이 있는 사람 3. 「영유아보육법」에 따른 보육교사 1급 자격이 있는 사람
직업훈련 교사	1. 「국민 평생 직업능력 개발법」에 따른 직업능력개발훈련교사 자격이 있는 사람 2. 「학원의 설립·운영 및 과외교습에 관한 법률」에 따른 학원강사 자격이 있는 사람
임상심리 상담원	1. 「고등교육법」 제2조에 따른 학교, 「평생교육법」 제32조 또는 제33조에 따라 교육부장관의 인가를 받아 전문대학 또는 대학 졸업자와 동등한 학력·학위가 인정되는 평생교육시설(이하 이 표에서 "대학 등"이라 한다)의 심리 관련 학과를 졸업했거나 졸업 예정인 사람 2. 「국가기술자격법 시행령」 제12조의 2 제1항 및 별표 1에 따른 임상심리사 2급 이상의 자격이 있는 사람
자립지원 전담요원	1. 「국민 평생 직업능력 개발법」에 따른 직업능력개발훈련교사 자격이 있는 사람 2. 「사회복지사업법」에 따른 사회복지사 2급 이상의 자격이 있는 사람 3. 초등학교 또는 중등학교 교사 자격이 있는 사람 4. 대학 등 졸업자(법령에 따라 이와 같은 수준의 학력이 있다고 인정되는 사람을 포함한다)로서 아동복지 또는 사회복지 관련 학과를 졸업하고 1년 이상 아동복지 업무에 종사한 경력이 있는 사람

출처: "아동복지법 시행령. 별표 15. 아동복지시설 종사자의 자격기준(제52조 관련)", 2024, 국가법령정보센터. https://www.law.go.kr/법령/아동복지법시행령

제2절 아동보호치료시설 설문조사 방법 및 분석 결과

앞에서 전국 12개 아동보호치료시설의 현황을 살펴보았는데, 이 시설의 시설장을 대상으로 설문조사를 실시하였다. 조사 수행에 앞서 한국보건사회연구원 생명윤리위원회(IRB)의 심사를 거쳐 승인을 받았으며(승인번호 2024-0382), 서면조사는 2024년 9월 4일부터 약 3주간 수행되었다. 조사 참여자에게는 사전에 서면으로 조사의 목적, 내용, 활용 범위를 안내하고 정보 수집에 대한 동의를 구하였다. 식별 또는 유추할 수 있는 기관 정보는 공개하지 않고 익명 처리하였다. 본 연구의 아동보호치료시설 설문조사 분석 결과는 다음과 같다.

1. 일반 시설 현황

가. 시설 현황

본 절에서도 「아동복지법」 제52조 제1항 제3호에 의한 가목과 나목의 아동보호치료시설을 각각 '가형'과 '나형'으로 지칭한다. 2024년 8월 말 기준, 전체 아동보호치료시설 중 가형은 8개소(66.7%), 나형은 4개소(33.3%)였다.

〈표 5-2-1〉 아동보호치료시설 현황

(단위: 개소, %)

구분		개소	비율
전체		12	100.0
시설 유형	가형	8	66.7
	나형	4	33.3

아동보호치료시설의 설립 연도를 기준으로 운영 기간을 살펴보면, 전체 12개소 기준 15년 이상 운영한 시설이 58.3%로 가장 많았다. 다음으로 5~10년 미만 25.0%, 10~15년 미만 16.7% 순이었다. 시설 유형 기준으로 가형은 15년 이상 운영한 시설이 62.5%로 가장 많았으며, 나형은 5~10년 미만과 15년 이상 운영한 시설이 각 50.0%로 확인되었다.

〈표 5-2-2〉 아동보호치료시설 운영 기간

(단위: %, 개소)

구분		운영 기간			
		5~10년 미만	10~15년 미만	15년 이상	계
전체		25.0	16.7	58.3	100.0 (12)
시설 유형	가형	12.5	25.0	62.5	100.0 (8)
	나형	50.0	-	50.0	100.0 (4)
시설 구분	A	-	-	100.0	100.0 (1)
	B	100.0	-	-	100.0 (1)
	C	-	100.0	-	100.0 (1)
	D	-	-	100.0	100.0 (1)
	E	-	100.0	-	100.0 (1)
	F	-	-	100.0	100.0 (1)
	G	-	-	100.0	100.0 (1)
	H	-	-	100.0	100.0 (1)
	I	100.0	-	-	100.0 (1)
	J	100.0	-	-	100.0 (1)
	K	-	-	100.0	100.0 (1)
	L	-	-	100.0	100.0 (1)

주: 기관별 설립연도를 기준으로 5~10년 미만, 10~15년 미만, 15년 이상으로 구분

아동보호치료시설의 조직(운영) 형태는 전체 12개소 모두 회사 이외 법인으로 사회복지법인이 83.3%로 가장 많았고, 종교법인이 16.7%인 것으로 나타났다. 시설 유형으로는 가형 시설은 사회복지법인 75.0%, 종교법인 25.0%이었으며, 나형 시설은 모두 사회복지법인이었다.

<표 5-2-3> 아동보호치료시설 조직(운영) 형태: 회사 이외 법인

(단위: %, 개소)

구분		조직(운영) 형태: 회사 이외 법인		
		종교법인	사회복지법인	계
전체		16.7	83.3	100.0 (12)
시설 유형	가형	25.0	75.0	100.0 (8)
	나형	-	100.0	100.0 (4)
시설 구분	A	-	100.0	100.0 (1)
	B	-	100.0	100.0 (1)
	C	100.0	-	100.0 (1)
	D	-	100.0	100.0 (1)
	E	-	100.0	100.0 (1)
	F	-	100.0	100.0 (1)
	G	100.0	-	100.0 (1)
	H	-	100.0	100.0 (1)
	I	-	100.0	100.0 (1)
	J	-	100.0	100.0 (1)
	K	-	100.0	100.0 (1)
	L	-	100.0	100.0 (1)

나. 종사자 현황

아동보호치료시설 12개소의 종사자 배치 기준을 살펴보면, 전체 시설의 75.0%는 「아동복지법」 시행령 별표 14에 따른 아동 현원을 준용하였으며, 25.0%는 지자체의 조례나 지침 등에 따른 아동 정원을 따르고 있었다. 시설 유형별로 가형 시설 8개소, 나형 시설 4개소 모두 전체 기준과 동일하게 「아동복지법」 시행령 별표 14에 따른 아동 현원 기준 75.0%, 지자체의 조례나 지침 등에 따른 아동 정원 기준 25.0%로 확인되었다.

〈표 5-2-4〉 아동보호치료시설 종사자 배치 기준

(단위: %, 개소)

구분		종사자 배치 기준		
		「아동복지법」 시행령 별표 14에 따른 아동 현원 기준	지자체 조례나 지침 등에 따른 아동 정원 기준	계
전체		75.0	25.0	100.0 (12)
시설 유형	가형	75.0	25.0	100.0 (8)
	나형	75.0	25.0	100.0 (4)
시설 구분	A	100.0	-	100.0 (1)
	B	100.0	-	100.0 (1)
	C	-	100.0	100.0 (1)
	D	100.0	-	100.0 (1)
	E	100.0	-	100.0 (1)
	F	100.0	-	100.0 (1)
	G	-	100.0	100.0 (1)
	H	100.0	-	100.0 (1)
	I	100.0	-	100.0 (1)
	J	-	100.0	100.0 (1)
	K	100.0	-	100.0 (1)
	L	100.0	-	100.0 (1)

2024년 8월 말, 아동보호치료시설의 종사자 정원과 현원 수를 살펴보면, 전체 12개소 기준 전체 정원 수는 348명, 현원 수는 311명으로 정원충족률은 89.37%로 나타났다. 평균 정원 수는 29.00명, 평균 현원 수는 25.92명으로 조사되었으며, 평균 정원충족률은 90.46%이었다. 시설 유형으로는 가형 시설은 평균 정원 수 35.00명, 평균 현원 31.25명으로 평균 정원충족률은 91.58%이었다. 나형 시설은 평균 정원 수 17.00명, 평균 현원 수 15.25명, 평균 정원충족률은 88.20%로 조사되어 가형 시설 종사자의 규모가 상대적으로 큰 것으로 확인되었다. 시설별로는 종사자 규모가 가장 큰 시설은 F 시설(정원 64명, 현원 47명)이었으며, 가장

작은 시설은 I 시설(정원 8명, 현원 7명)이었다.

〈표 5-2-5〉 아동보호치료시설 종사자 수

(단위: 명, %, 개소)

구분		종사자 수				정원충족률(B/A*100)	계
		정원(A)		현원(B)			
		평균	SD	평균	SD		
전체		29.00	14.28	25.92	11.22	90.46	(12)
시설 유형	가형	35.00	12.82	31.25	8.33	91.58	(8)
	나형	17.00	8.76	15.25	8.50	88.20	(4)
시설 구분	소계	348	-	311	-	89.37	(12)
	A	27	-	27	-	100.00	(1)
	B	24	-	21	-	87.50	(1)
	C	30	-	31	-	103.33	(1)
	D	28	-	26	-	92.86	(1)
	E	30	-	29	-	96.67	(1)
	F	64	-	47	-	73.44	(1)
	G	39	-	40	-	102.56	(1)
	H	38	-	29	-	76.32	(1)
	I	8	-	7	-	87.50	(1)
	J	25	-	24	-	96.00	(1)
	K	24	-	21	-	87.50	(1)
	L	11	-	9	-	81.82	(1)

전체 12개소 현원 311명 기준 종사자의 성별 특성을 살펴보면, 남성이 50.2%, 여성이 49.8%로 근소한 차이로 남성 종사자 수가 더 많았다. 시설 유형으로는 가형 시설은 총 250명 중 남성(51.6%), 나형 시설은 총 61명 중 여성(55.7%) 종사자가 더 큰 비중을 차지하였다. 여자 아동보호치료시설의 경우 여성 종사자 비율이 모두 95% 이상을 상회하였고, 남자 아동보호치료시설의 경우 모두 남성 종사자 비율이 상대적으로 높은 것으로 나타났다.

〈표 5-2-6〉 아동보호치료시설 종사자 현황: 성별

(단위: %, 명)

구분		성별 평균 종사자 비율		
		남성	여성	계
전체		50.2	49.8	(311)
시설 유형	가형	51.6	48.4	(250)
	나형	44.3	55.7	(61)
시설 구분	A (여)	-	100.0	(27)
	B (여)	4.8	95.2	(21)
	C (남)	67.7	32.3	(31)
	D (남)	79.1	26.9	(26)
	E (여)	-	100.0	(29)
	F (남)	80.9	19.1	(47)
	G (남)	75.0	25.0	(40)
	H (혼성)	69.0	31.0	(29)
	I (혼성)	57.1	42.9	(7)
	J (혼성)	41.7	58.3	(24)
	K (혼성)	52.4	47.6	(21)
	L (혼성)	22.2	77.8	(9)

직종별 종사자 현황을 살펴보면, 전체 12개소 현원 311명을 기준으로 보육사가 48.6%로 가장 큰 비중을 차지하였으며, 다음으로 안전관리원 10.6%, 조리원 8.0%, 임상심리상담원 4.5%, 아동복지시설장, 직업훈련교사, 자립지원전담요원 각 3.9% 등의 순이었다. 가형 시설의 경우 전체 기준과 직종별 비율이 유사한 경향을 보였으며, 나형 시설의 경우 임상심리상담원이 9.8%로 가형 시설(3.2%) 대비 비교적 높은 것으로 나타났다. 시설별로는 D 시설이 보육사(61.5%) 비중이 가장 큰 시설로 확인되었다. 반면 I 시설은 임상심리상담원이 42.9%로 현원 수 대비 가장 큰 비중을 차지하였으며, 보육사는 없는 것으로 조사되었다. 직업훈련교사가 있는 시설은 5개소, 상담지도원이 있는 시설은 1개소였다.

〈표 5-2-7〉 아동보호치료시설 종사자 현황: 직종

(단위: %, 명)

구분		①	②	③	④	⑤	⑥	⑦	⑧	⑨	⑩	⑪	⑫	⑬	⑭	⑮	계
전체		3.9	3.2	-	2.9	2.9	2.9	48.6	2.9	3.9	0.3	4.5	8.0	1.6	10.6	3.9	(311)
시설 유형	가형	3.2	2.8	-	3.2	2.4	3.2	50.0	3.2	4.4	0.4	3.2	7.6	1.6	11.6	3.2	(250)
	나형	6.6	4.9	-	1.6	4.9	1.6	42.6	1.6	1.6	-	9.8	9.8	1.6	6.6	6.6	(61)
시설 구분	A	3.7	3.7	-	3.7	3.7	3.7	55.6	3.7	-	-	3.7	7.4	-	7.4	3.7	(27)
	B	4.8	4.8	-	4.8	4.8	4.8	42.9	4.8	-	-	4.8	9.5	-	9.5	4.8	(21)
	C	3.2	3.2	-	3.2	3.2	3.2	38.5	3.2	6.5	-	3.2	6.5	3.2	19.4	3.2	(31)
	D	3.8	-	-	3.8	-	3.8	61.5	3.8	-	-	3.8	11.5	-	3.8	3.8	(26)
	E	3.4	3.4	-	3.4	3.4	3.4	44.8	3.4	-	-	3.4	6.9	3.4	17.2	3.4	(29)
	F	2.1	2.1	-	2.1	-	2.1	57.4	2.1	8.5	2.1	2.1	8.4	-	8.5	2.1	(47)
	G	2.5	2.5	-	2.5	2.5	2.5	52.5	2.5	5.0	-	2.5	5.0	2.5	15.0	2.5	(40)
	H	3.4	3.4	-	3.4	3.4	3.4	41.4	3.4	10.3	-	3.4	6.9	3.4	10.3	3.4	(29)
	I	14.3	14.3	-	-	-	-	-	-	-	-	42.9	14.3	-	-	14.3	(7)
	J	4.2	4.2	-	4.2	4.2	4.2	50.0	4.2	-	-	4.2	8.3	-	8.3	4.2	(24)
	K	4.8	4.8	-	-	4.8	-	47.6	-	4.8	-	4.8	9.5	4.8	9.5	4.8	(21)
	L	11.1	-	-	-	11.1	-	44.4	-	-	-	11.1	11.1	-	-	11.1	(9)

주: ① 아동복지시설장, ② 사무국장, ③ 의사(또는 계약의사), ④ 간호사 또는 간호조무사, ⑤ 사무원, ⑥ 영양사, ⑦ 보육사, ⑧ 생활복지사, ⑨ 직업훈련교사, ⑩ 상담지도원, ⑪ 임상심리상담원, ⑫ 조리원, ⑬ 위생원, ⑭ 안전관리원, ⑮ 자립지원전담요원

종사자의 연령대는 일부 무응답 시설을 제외하고 총 280명 중 40~49세와 50~59세의 비중이 각 32.9%로 가장 높았으며, 다음으로 30~39세 21.1%, 29세 이하 9.6%, 60세 이상 3.6% 순이었다. 시설 유형으로는 가형 시설은 40~49세가 37.0%로 가장 높았던 반면, 나형 시설은 50~59세가 32.8%로 가장 높았다. 또한 나형 시설은 29세 이하 종사자가 19.7%로 가형 시설(6.8%) 대비 약 3배 높은 것으로 조사되었다.

〈표 5-2-8〉 아동보호치료시설 종사자 현황: 연령대

(단위: %, 명)

구분		연령대별 평균 종사자 비율					
		29세 이하	30~39세	40~49세	50~50세	60세 이상	계
전체		9.6	21.1	32.9	32.9	3.6	(280)
시설 유형	가형	6.8	21.0	37.0	32.9	2.3	(219)
	나형	19.7	21.3	18.0	32.8	8.2	(61)
시설 구분	A	3.7	14.8	33.3	44.4	3.7	(27)
	B	4.8	4.8	28.6	57.1	4.8	(21)
	C	-	-	-	-	-	(0)
	D	7.7	15.4	42.3	34.6	-	(26)
	E	3.4	20.7	31.0	44.8	-	(29)
	F	4.3	27.7	38.3	27.7	2.1	(47)
	G	5.0	27.5	55.0	12.5	0.0	(40)
	H	20.7	24.1	20.7	27.6	6.9	(29)
	I	14.3	28.6	14.3	14.3	28.6	(7)
	J	33.3	20.8	16.7	29.2	-	(24)
	K	9.5	23.8	23.8	38.1	4.8	(21)
	L	11.1	11.1	11.1	44.4	22.2	(9)

주: 일부 시설의 경우 무응답

현재 시설에서 근무하는 종사자 중 근무 기간별 종사자 비율로는 전체를 기준으로 5~10년 미만 종사자가 23.8%로 가장 많았으며, 다음으로 1~3년 미만 21.2%, 10년 이상 20.9%, 1년 미만 18.0%, 3~5년 미만 16.1% 순이었다. 시설 유형으로는 가형 시설은 5~10년 미만, 10년 이상 종사자 비율이 상대적으로 높았고, 나형 시설은 1~3년 미만, 1년 미만의 근무 기간이 비교적 짧은 종사자가 더 많은 것으로 나타났다.

<표 5-2-9> 아동보호치료시설 종사자 현황: 현 기관 근무 기간

(단위: %, 명)

구분		현 기관 근무 기간별 평균 종사자 비율					
		1년 미만	1~3년 미만	3~5년 미만	5~10년 미만	10년 이상	계
전체		18.0	21.2	16.1	23.8	20.9	(311)
시설 유형	가형	16.0	20.8	16.0	25.2	22.0	(250)
	나형	26.2	23.0	16.4	18.0	16.4	(61)
시설 구분	A	3.7	7.4	18.5	37.0	33.3	(27)
	B	4.8	28.6	28.6	38.1	-	(21)
	C	12.9	22.6	19.4	25.8	19.4	(31)
	D	42.3	19.2	15.4	11.5	11.5	(26)
	E	34.5	20.7	13.8	17.2	13.8	(29)
	F	4.3	21.3	14.9	29.8	29.8	(47)
	G	20.0	25.0	12.5	20.0	22.5	(40)
	H	10.3	20.7	10.3	24.1	34.5	(29)
	I	42.9	14.3	-	-	42.9	(7)
	J	37.5	29.2	8.3	25.0	-	(24)
	K	19.0	23.8	23.8	14.3	19.0	(21)
	L	-	11.1	33.3	22.2	33.3	(9)

반면 사회복지 분야에서 근무한 총 경력 기간별로 평균 종사자 비율을 살펴보면, 일부 무응답 시설을 제외하고 전체 257명 기준 10년 이상이 36.6%, 5~10년 미만 26.1%, 3~5년 미만 15.2%, 1~3년 미만 13.2%, 1년 미만 8.9% 순으로, 총 경력 기간이 긴 종사자의 비율이 점차 높아지는 경향을 보였다. 시설 운영 기간이 비교적 짧은 시설의 비중이 높았던 나형 시설의 경우 현 기관 근무 기간과 더불어 사회복지 분야 총 경력 기간 또한 5년 미만의 종사자 비율이 상대적으로 높은 특성을 보였다.

〈표 5-2-10〉 아동보호치료시설 종사자 현황: 사회복지 분야 총 경력 기간

(단위: %, 명)

구분		사회복지 분야 총 경력 기간별 평균 종사자 비율					계
		1년 미만	1~3년 미만	3~5년 미만	5~10년 미만	10년 이상	
전체		8.9	13.2	15.2	26.1	36.6	(257)
시설 유형	가형	6.9	13.3	14.3	28.6	36.9	(203)
	나형	16.7	13.0	18.5	16.7	35.2	(54)
시설 구분	A	3.7	7.4	7.4	40.7	40.7	(27)
	B	-	9.5	28.6	19.0	42.9	(21)
	C	6.5	12.9	12.9	32.3	35.5	(31)
	D	19.2	11.5	15.4	26.9	26.9	(26)
	E	10.	17.2	13.8	31.0	27.6	(29)
	F	-	-	-	-	-	(0)
	G	-	12.5	15.0	25.0	47.5	(40)
	H	10.3	20.7	10.3	24.1	34.5	(29)
	I	-	-	-	-	-	(0)
	J	25.0	25.0	4.2	20.8	25.0	(24)
	K	14.3	4.8	33.3	9.5	38.1	(21)
	L	8.9	13.2	15.2	26.1	36.6	(9)

주: 일부 시설의 경우 무응답

　보유 중인 자격증별 평균 종사자 비율을 중복응답으로 조사한 결과, 전체 기준 사회복지사 자격증이 69.8%로 가장 큰 비중을 차지하였으며, 다음으로 기타 14.2%, 국가자격증 없음 5.1%, 임상심리사 2.6%, 영양사 2.3%, 직업훈련교사 2.0%, 간호조무사 1.7%, 청소년상담사 1.4% 등의 순이었다. 기타와 국가자격증 없음을 제외하고 시설 유형별로는 가형 시설과 나형 시설 모두 사회복지사 자격증이 79.2%, 77.0%로 대부분을 차지하였다. 나형 시설의 경우 임상심리사 자격증이 4.9%로 가형 시설(2.4%) 대비 비교적 높은 것으로 확인되었다.

〈표 5-2-11〉 아동보호치료시설 종사자 현황: 자격증(중복응답)

(단위: %, 개)

구분		자격증별 평균 종사자 비율													
		①	②	③	④	⑤	⑥	⑦	⑧	⑨	⑩	⑪	⑫	⑬	계
전체		-	1.4	-	-	-	2.6	69.8	2.3	0.9	1.7	2.0	5.1	14.2	(351)
시설 유형	가형	-	2.0	-	-	-	2.4	79.2	2.8	1.2	2.0	2.8	5.6	16.8	(250)
	나형	-	-	-	-	-	4.9	77.0	1.6	-	1.6	-	6.6	13.1	(61)
시설 구분	A	-	14.8	-	-	-	-	85.2	3.7	-	3.7	-	7.4	3.7	(27)
	B	-	-	-	-	-	4.8	76.2	4.8	-	9.5	-	-	42.9	(21)
	C	-	-	-	-	-	3.2	96.8	-	-	-	-	-	-	(31)
	D	-	-	-	-	-	3.8	76.9	3.8	-	-	-	7.7	7.7	(26)
	E	-	-	-	-	-	3.4	75.9	3.4	3.4	-	-	3.4	10.3	(29)
	F	-	-	-	-	-	4.3	85.1	2.1	2.1	2.1	12.8	8.5	23.4	(47)
	G	-	-	-	-	-	-	67.5	2.5	2.5	-	2.5	-	32.5	(40)
	H	-	3.4	-	-	-	-	69.0	3.4	-	3.4	-	17.2	10.3	(29)
	I	-	-	-	-	-	14.3	85.7	-	-	-	-	14.3	-	(7)
	J	-	-	-	-	-	4.2	70.8	4.2	-	4.2	-	-	16.7	(24)
	K	-	-	-	-	-	4.8	81.0	-	-	-	-	14.3	9.5	(21)
	L	-	-	-	-	-	-	77.8	-	-	-	-	-	22.2	(9)

주: 1) ① 언어재활사, ② 청소년상담사, ③ 전문상담교사, ④ 특수학교교사, ⑤ 정신건강전문요원, ⑥ 임상심리사, ⑦ 사회복지사, ⑧ 영양사, ⑨ 간호사, ⑩ 간호조무사, ⑪ 직업훈련교사, ⑫ 국가자격증 없음, ⑬ 기타
2) ⑬ 기타에는 조리사, 소방안전관리사, 직업상담사 등이 응답됨.

2. 보호아동 현황

가. 보호아동 일반 현황

2024년 8월 말 기준 아동보호치료시설에 있는 보호아동 전체 정원은 603명, 현원은 443명으로 정원충족률이 73.47%였다. 평균 정원은 50.25명, 평균 현원은 36.92명, 평균 정원충족률은 71.73%였다. 시설 유형별로는 가형 시설은 평균 정원 56.63명, 평균 현원 47.38명으로 정원 충족률이 85.51%이었던 반면, 나형 시설은 평균 정원 37.50명, 현원

16.00명으로 정원충족률이 44.17%에 그쳤다. 시설별로는 F 시설이 정원 100명, 현원 99명으로 보호아동 수가 가장 많았다. 반면 J 시설은 보호아동 현원 8명으로 보호아동 규모가 가장 작았고 정원충족률도 20.00%로 매우 낮았다.

〈표 5-2-12〉 아동보호치료시설의 보호아동 현황

(단위: 명, %, 개소)

구분		보호아동 현황				정원충족률 (B/A*100)	계
		정원(A)		현원(B)			
		평균	SD	평균	SD		
전체		50.25	21.63	36.92	23.66	71.73	(12)
시설 유형	가형	56.63	24.18	47.38	21.86	85.51	(8)
	나형	37.50	5.00	16.00	7.87	44.17	(4)
시설 구분	소계	603	-	443	-	73.47	(12)
	A	40	-	40	-	100.00	(1)
	B	32	-	29	-	90.63	(1)
	C	45	-	41	-	91.11	(1)
	D	36	-	33	-	91.67	(1)
	E	50	-	42	-	84.00	(1)
	F	100	-	99	-	99.00	(1)
	G	80	-	45	-	56.25	(1)
	H	70	-	50	-	71.43	(1)
	I	30	-	20	-	66.67	(1)
	J	40	-	8	-	20.00	(1)
	K	40	-	25	-	62.50	(1)
	L	40	-	11	-	27.50	(1)

아동보호치료시설에서 보호하는 보호아동의 성별 특성으로는 전체 현원 443명 기준 남성이 70.9%, 여성이 29.1%로 나타났다. 시설 유형별로 가형 시설은 총 379명의 보호아동 중 남성이 67.0%, 여성이 33.0%로 조사되었다. 나형 시설은 총 64명 중 대다수의 보호아동이 남성(93.8%)으로

확인되었다. 혼성 아동보호치료시설 5개소를 중심으로 살펴보았을 때도 보호아동이 모두 남성인 시설이 3개소이었으며, 나머지 2개소 역시 남성 보호아동의 비율이 60% 이상을 상회하는 것으로 나타났다.

〈표 5-2-13〉 아동보호치료시설 보호아동 현황: 성별

(단위: %, 명)

구분		성별 평균 보호아동 비율		
		남성	여성	계
전체		70.9	29.1	(443)
시설 유형	가형	67.0	33.0	(379)
	나형	93.8	6.3	(64)
시설 구분	A (여)	-	100.0	(40)
	B (여)	-	100.0	(29)
	C (남)	100.0	-	(41)
	D (남)	100.0	-	(33)
	E (여)	-	100.0	(42)
	F (남)	100.0	-	(99)
	G (남)	100.0	-	(45)
	H (혼성)	72.0	28.0	(50)
	I (혼성)	100.0	-	(20)
	J (혼성)	100.0	-	(8)
	K (혼성)	100.0	-	(25)
	L (혼성)	63.6	36.4	(11)

보호아동의 연령대 특성으로는 전체 443명 기준 만 13~15세가 59.6%로 가장 많았으며, 다음으로 만 16~18세 34.5%, 만 10~12세 3.4%, 만 18세 이상 1.6%, 만 10세 미만 0.9% 순이었다. 시설 유형으로는 가형 시설의 경우 총 379명 중 만 13~15세가 63.9%로 절반 이상을 차지하였다. 나형 시설은 총 64명 중 만 16~18세 미만이 39.1%로 가장 많았으며, 만 10세 미만과 만 18세 이상도 각 6.3%로 확인되었다.

〈표 5-2-14〉 아동보호치료시설 보호아동 현황: 연령대

(단위: %, 명)

구분		연령대별 평균 보호아동 비율					계
		만 10세 미만	만 10~12세	만 13~15세	만 16~18세 미만	만 18세 이상	
전체		0.9	3.4	59.6	34.5	1.6	(443)
시설 유형	가형	-	1.6	63.9	33.8	0.8	(379)
	나형	6.3	14.1	34.4	39.1	6.3	(64)
시설 구분	A	-	-	65.0	35.0	-	(40)
	B	-	3.4	82.8	13.8	-	(29)
	C	-	-	46.3	53.7	-	(41)
	D	-	3.0	69.7	27.3	-	(33)
	E	-	-	81.0	19.0	-	(42)
	F	-	4.0	59.6	36.4	-	(99)
	G	-	-	46.7	46.7	6.7	(45)
	H	-	-	72.0	28.0	-	(50)
	I	-	-	50.0	50.0	-	(20)
	J	-	25.0	50.0	25.0	-	(8)
	K	16.0	24.0	24.0	36.0	-	(25)
	L	-	9.1	18.2	36.4	36.4	(11)

보호아동의 학령기 특성을 살펴보면, 전체 443명 기준 연령대 특성과 유사한 경향으로 중학교 과정이 47.9%로 가장 높았으며, 다음으로 고등학교 28.2%, 초등학교 4~6학년 2.3% 등의 순이었다. 학업 중단 보호아동은 약 20% 차지하였다. 시설 유형 특성에 따라 보면, 가형 시설의 경우 학업 중단 보호아동이 22.7%로, 나형 시설 보호아동(3.1%)들에 비해 약 7배 이상 높은 것으로 조사되었다. 학업 중단 보호아동이 있는 시설을 기준으로 살펴보면, 최소 8.0%에서 최대 31.0%인 것으로 나타났다.

〈표 5-2-15〉 아동보호치료시설 보호아동 현황: 학령기

(단위: %, 명)

구분		학령기별 평균 보호아동 비율						
		초 1~3학년	초 4~6학년	중등	고등	학업 중단	졸업	계
전체		0.9	2.3	47.9	28.2	19.9	0.9	(443)
시설 유형	가형	-	0.3	50.1	26.9	22.7	-	(379)
	나형	6.3	14.1	34.4	35.9	3.1	6.3	(64)
시설 구분	A	-	-	52.5	27.5	20.0	-	(40)
	B	-	-	75.9	3.4	20.7	-	(29)
	C	-	-	43.9	29.3	26.8	-	(41)
	D	-	3.0	69.7	27.3	-	-	(33)
	E	-	-	54.8	14.3	31.0	-	(42)
	F	-	-	36.4	36.4	27.3	-	(99)
	G	-	-	35.6	42.2	22.2	-	(45)
	H	-	-	62.0	16.0	22.0	-	(50)
	I	-	-	50.0	50.0	-	-	(20)
	J	-	25.0	50.0	25.0	-	-	(8)
	K	16.0	24.0	24.0	28.0	8.0	-	(25)
	L	-	9.1	18.2	36.4	-	36.4	(11)

전체 443명의 보호아동의 보호자 여부를 살펴본 결과, 대다수의 보호아동들(90.7%)에게 보호자가 있는 것으로 확인되었다. 시설 유형별로는 양상이 다르게 조사되었는데 가형 시설의 경우 보호아동 대부분이 보호자가 있는 것으로 나타났으나(98.4%), 나형 시설은 보호자가 없는 경우가 54.7%로 나타나 그 편차가 매우 큰 편이었다.

〈표 5-2-16〉 아동보호치료시설 보호아동 현황: 보호자 여부

(단위: %, 명)

구분		보호자 여부별 평균 보호아동 비율		
		있음	없음	계
전체		90.7	9.3	(443)
시설 유형	가형	98.4	1.6	(379)
	나형	45.3	54.7	(64)
시설 구분	A	100.0	-	(40)
	B	100.0	-	(29)
	C	97.6	2.4	(41)
	D	100.0	-	(33)
	E	100.0	-	(42)
	F	96.0	4.0	(99)
	G	97.8	2.2	(45)
	H	100.0	-	(50)
	I	10.0	90.0	(20)
	J	100.0	-	(8)
	K	44.0	56.0	(25)
	L	72.7	27.3	(11)

보호아동의 입소 의뢰 기관을 조사한 결과, 전체 기준으로 아동보호치료시설 특성상 기타 응답이 85.6%로 가장 높았고, 다음으로 아동양육시설 8.8%, 지역사회(구청, 학교, 경찰) 5.2%, 아동보호전문기관 0.5% 순이었다. 시설 유형별로는 가형 시설의 경우 시설 목적에 따라 가정법원, 지방법원소년부지원 등 법원이 99.5%로 대부분을 차지하였다. 반면 나형 시설은 시설 목적에 따라 아동양육시설이 57.8%로 가장 큰 비중을 차지하였으며, 다음으로 지역사회(구청, 학교, 경찰) 35.9%, 아동보호전문기관과 기타 각 3.1%로, 가형 시설과는 다른 경향을 보였다.

〈표 5-2-17〉 아동보호치료시설 보호아동 현황: 입소 의뢰기관

(단위: %, 명)

구분		입소 의뢰기관별 평균 보호아동 비율						
		아동양육시설	공동생활가정(그룹홈)	아동보호전문기관	가정위탁지원센터	지역사회(구청, 학교, 경찰)	기타	계
전체		8.8	-	0.5	-	5.2	85.6	(443)
시설유형	가형	0.5	-	-	-	-	99.5	(379)
	나형	57.8	-	3.1	-	35.9	3.1	(64)
시설구분	A	-	-	-	-	-	100.0	(40)
	B	-	-	-	-	-	100.0	(29)
	C	-	-	-	-	-	100.0	(41)
	D	-	-	-	-	-	100.0	(33)
	E	-	-	-	-	-	100.0	(42)
	F	-	-	-	-	-	100.0	(99)
	G	4.4	-	-	-	-	95.6	(45)
	H	-	-	-	-	-	100.0	(50)
	I	20.0	-	5.0	-	75.0	-	(20)
	J	12.5	-	-	-	87.5	-	(8)
	K	92.0	-	4.0	-	4.0	-	(25)
	L	81.8	-	-	-	-	18.2	(11)

아동보호치료시설의 보호아동 1인당 평균 입·퇴소 기간을 살펴보면, 전체를 기준으로 평균 26개월로 확인되었다. 시설 유형으로는 가형 시설 8개소 모두 보호아동 1인당 평균 입·퇴소 기간은 관련 규정에 따라 6개월로 확인되었다. 비교적 장기간 아동을 보호하는 나형 시설은 입·퇴소 기간이 최소 1년(12개월)에서 최대 10년(120개월)까지이고, 평균 5.5년(66개월)으로 조사되었다.

〈표 5-2-18〉 아동보호치료시설 보호아동 현황: 평균 입·퇴소 기간

(단위: 개월, 개소)

구분		보호아동 1인당 평균 입·퇴소 기간		
		평균	SD	계
전체		26.00	37.54	(12)
시설 유형	가형	6.00	0.00	(8)
	나형	66.00	44.36	(4)
시설 구분	A	6.00	-	(1)
	B	6.00	-	(1)
	C	6.00	-	(1)
	D	6.00	-	(1)
	E	6.00	-	(1)
	F	6.00	-	(1)
	G	6.00	-	(1)
	H	6.00	-	(1)
	I	72.00	-	(1)
	J	12.00	-	(1)
	K	120.00	-	(1)
	L	60.00	-	(1)

아동보호치료시설 종사자 1인당 보호아동 수를 단순 분석한 결과, 전체 종사자를 기준으로 1인당 1.4명의 아동을 담당하는 것으로 파악되었다. 또한 보육사 1인당 보호아동은 2.9명, 임상심리상담원 1인당 보호아동은 무려 31.6명으로 나타났다. 시설 유형별로 보면, 가형 시설의 경우 종사자 1인당 보호아동 수가 나형 시설에 비해 비교적 높게 나타났는데, 특히 임상심리상담원 1인당 보호아동의 경우 47.4명으로 나형 시설(10.7명) 대비 약 4.4배 높은 것으로 조사되었다.

〈표 5-2-19〉 아동보호치료시설 종사자 1인당 보호아동 수

(단위: 명, %, 개소)

구분		종사자 1인당 보호아동 수							계
		전체 종사자 현원 (A)	보육사 현원 (B)	임상심리 상담원 현원 (C)	보호아동 현원 (D)	전체 종사자 1인당 아동 수 (D/A)	보육사 1인당 아동 수 (D/B)	임상심리 상담원 1인당 아동 수 (D/C)	
전체		311	151	14	443	1.4	2.9	31.6	(12)
시설 유형	가형	250	125	8	379	1.5	3.0	47.4	(8)
	나형	61	26	6	64	1.0	2.5	10.7	(4)
시설 구분	A	27	15	1	40	1.5	2.7	40.0	(1)
	B	21	9	1	29	1.4	3.2	29.0	(1)
	C	31	12	1	41	1.3	3.4	41.0	(1)
	D	26	16	1	33	1.3	2.1	33.0	(1)
	E	29	13	1	42	1.4	3.2	42.0	(1)
	F	47	27	1	99	2.1	3.7	99.0	(1)
	G	40	21	1	45	1.1	2.1	45.0	(1)
	H	29	12	1	50	1.7	4.2	50.0	(1)
	I	7	0	3	20	2.9	-	6.7	(1)
	J	24	12	1	8	0.3	0.7	8.0	(1)
	K	21	10	1	25	1.2	2.5	25.0	(1)
	L	9	4	1	11	1.2	2.8	11.0	(1)

나. 경계선지능아동 현황

　주지하다시피 아동보호치료시설 가형과 나형은 그 목적과 기능이 다르다. 가형 시설은 아동의 불량행위로 인하여 소위 6호 처분을 받은 아동이 6개월간 입소하여 선도 목적의 위탁보호를 받고, 나형 시설은 정서·행동적 장애로 인한 어려움이나 학대피해 경험이 있는 아동이 치료와 보호의 목적으로 입소한다. 다만, 가형 시설에 입소한 아동 중에도 경계선지능아동이 존재할 수 있어 본 조사에서는 나형 시설만이 아니라 가형 시설의 아동까지 포함하여 아동보호치료시설의 경계선지능아동 현황을 파악해 보았다.

　2024년 8월 말 기준, 아동보호치료시설에서 보호 중인 경계선지능아동 현황은 다음과 같다. 경계선지능으로 '진단'받은 아동은 전체 보호아동 현원 총 443명 중 76명, 17.2%였다. 시설 유형별로는 가형 시설의 경우 총 379명 중 60명으로 15.8%이었으며, 나형 시설은 총 64명 중 16명, 25.0%로 확인되었다. 보호아동 현원 대비 경계선지능 진단 아동 비율이 큰 시설은 G 시설과 J 시설로, 두 시설 모두 75%를 상회하였다. L 시설 역시 54.5%로 절반 이상의 아동들이 경계선지능을 진단받은 것으로 나타났다. 최소 2.5%에서 최대 75.6%로 시설별 편차가 매우 컸으며, 경계선지능 진단 아동이 없다고 응답한 시설은 4개소였다.

　경계선지능으로 '의심'되는 아동 현황을 파악한 결과, 전체 현원 총 443명 중 61명으로 13.8%를 차지하였다. 시설 유형으로는 가형 시설은 총 379명 중 57명으로 15.0%였던 반면, 나형 시설은 총 64명 중 4명으로 6.3%에 불과하였다. 보호아동 현원 대비 경계선지능 의심 아동 비율은 최소 7.5%에서 최대 45.5%로 시설별 편차가 비교적 큰 편이었으며, 경계선지능 의심 아동이 없다고 응답한 시설은 4개소였다.

　경계선지능아동으로 의심되는 주된 이유를 질문한 결과, 의심 아동의 경우 인지적으로 학습 속도가 느리고 이해력이 낮아 복잡한 지시를 따르거나 학습에 어려움을 느끼는 것으로 나타났으며, 주의집중 시간이 짧고 한 가지 일을 끈기 있게 수행하기 힘들어하므로 쉽게 포기하는 경향이 자주 보이는 특성이 있는 것으로 나타났다. 또한 정서적으로 부정적인 피드백이나 비판에 민감하게 반응하며, 사회적인 기술이 부족하고 의사소통에 어려움이 있어 또래 친구와의 관계 맺기를 어려워하거나 갈등이 발생할 시 해결책을 찾는 것을 어려워하는 특성이 보인다고 응답하였다.

〈표 5-2-20〉 아동보호치료시설 경계선지능아동 현황

(단위: %, 명)

구분		경계선지능아동 현황					
		경계선지능 진단 아동		경계선지능 의심 아동		보호아동 현원	
전체		17.2	(76)	13.8	(61)	100.0	(443)
시설 유형	가형	15.8	(60)	15.0	(57)	100.0	(379)
	나형	25.0	(16)	6.3	(4)	100.0	(64)
시설 구분	A	2.5	(1)	7.5	(3)	100.0	(40)
	B	-	(0)	17.2	(5)	100.0	(29)
	C	7.3	(3)	12.2	(5)	100.0	(41)
	D	-	(0)	45.5	(15)	100.0	(33)
	E	28.6	(12)	28.6	(12)	100.0	(42)
	F	-	(0)	12.1	(12)	100.0	(99)
	G	75.6	(34)	11.1	(5)	100.0	(45)
	H	20.0	(10)	-	(0)	100.0	(50)
	I	-	(0)	-	(0)	100.0	(20)
	J	75.0	(6)	-	(0)	100.0	(8)
	K	16.0	(4)	-	(0)	100.0	(25)
	L	54.5	(6)	36.4	(4)	100.0	(11)

3. 경계선지능 진단

이하의 경계선지능 진단 관련 문항에서는 현재 시설 내에 경계선지능 진단 아동이 있다고 응답한 시설 8개소만을 대상으로 실태를 파악하였다.

이들 경계선지능아동에 대한 주된 경계선지능 진단 시기를 중복응답으로 조사한 결과, 입소 전에 진단되었다는 응답이 50.0%로 가장 많았으며, 다음으로 입소 후 정기 심리검사 시 25.0%, 입소 시, 입소 후 의심되는 경우, 기타 각 8.3% 순이었다. 시설 유형별로도 가형 시설과 나형 시설 모두 입소 전이 각 57.1%, 40.0%로 가장 큰 비중을 차지하였다.

〈표 5-2-21〉 경계선지능 주된 진단 시기(중복응답)

(단위: %, 개)

구분		경계선지능 주된 진단 시기					
		입소 전	입소 시	입소 후 정기 심리검사 시	입소 후 의심되는 경우	기타	계
전체		50.0	8.3	25.0	8.3	8.3	100.0 (12)
시설 유형	가형	57.1	-	14.3	14.3	14.3	100.0 (7)
	나형	40.0	20.0	40.0	-	-	100.0 (5)
시설 구분	A	100.0	-	-	-	-	100.0 (1)
	C	100.0	-	-	-	-	100.0 (1)
	E	50.0	-	-	-	50.0	100.0 (2)
	G	50.0	-	-	50.0	-	100.0 (2)
	H	-	-	100.0	-	-	100.0 (1)
	J	50.0	-	50.0	-	-	100.0 (2)
	K	-	-	100.0	-	-	100.0 (1)
	L	50.0	50.0	-	-	-	100.0 (2)

주: 기타로 보호아동 개인이 신청한 경우가 응답됨.

경계선지능아동이 주로 진단받는 기관은 병의원과 심리(치료)상담센터인 것으로 확인되었다(각 37.5%). 시설 유형별로는 가형 시설의 경우 심리(치료)상담센터가 40.0%, 나형 시설은 병의원이 66.7%로 가장 큰 비중을 차지하였다. 주된 진단기관에 학교는 없는 것으로 확인되었으며, 기타로는 임상심리사에 의한 진단이 있었다.

〈표 5-2-22〉 경계선지능 주된 진단기관

(단위: %, 개)

구분		경계선지능 주된 진단기관					계
		병의원	심리(치료)상담센터	학교	기타	모름(입소전진단)	
전체		37.5	37.5	-	12.5	12.5	100.0 (8)
시설유형	가형	20.0	40.0	-	20.0	20.0	100.0 (5)
	나형	66.7	33.3	-	-	-	100.0 (3)
시설구분	A	-	-	-	-	100.0	100.0 (1)
	C	-	100.0	-	-	-	100.0 (1)
	E	-	-	-	100.0	-	100.0 (1)
	G	100.0	-	-	-	-	100.0 (1)
	H	-	100.0	-	-	-	100.0 (1)
	J	100.0	-	-	-	-	100.0 (1)
	K	-	100.0	-	-	-	100.0 (1)
	L	100.0	-	-	-	-	100.0 (1)

주: 기타로 임상심리사 진단이 응답됨.

경계선지능아동이 받은 주된 진단 심리검사를 중복응답으로 조사한 결과, 종합심리검사가 63.6%로 가장 많았으며, 다음으로 지능검사 18.2%, 아동·청소년행동평가척도 9.1% 등의 순이었다. 세 진단 심리검사 외에 함께 질문한 기초학습기능검사, 다면적 인성검사(MMPI), 발달척도(인지, 언어, 사회성발달수준평가), SCT 문장완성검사 등의 심리검사는 응답되지 않았다.

〈표 5-2-23〉 경계선지능 주된 진단 심리검사(중복응답)

(단위: %, 개)

<table>
<tr><th colspan="2">구분</th><th colspan="5">경계선지능 주된 진단 심리검사</th></tr>
<tr><th colspan="2"></th><th>지능검사</th><th>아동·청소년
행동평가척도</th><th>종합심리검사</th><th>기타</th><th>계</th></tr>
<tr><td colspan="2">전체</td><td>18.2</td><td>9.1</td><td>63.6</td><td>9.1</td><td>100.0 (11)</td></tr>
<tr><td rowspan="2">시설
유형</td><td>가형</td><td>16.7</td><td>-</td><td>66.7</td><td>16.7</td><td>100.0 (6)</td></tr>
<tr><td>나형</td><td>20.0</td><td>20.0</td><td>60.0</td><td>-</td><td>100.0 (5)</td></tr>
<tr><td rowspan="9">시설
구분</td><td>A</td><td>-</td><td>-</td><td>-</td><td>100.0</td><td>100.0 (1)</td></tr>
<tr><td>C</td><td>-</td><td>-</td><td>100.0</td><td>-</td><td>100.0 (1)</td></tr>
<tr><td>E</td><td>-</td><td>-</td><td>100.0</td><td>-</td><td>100.0 (1)</td></tr>
<tr><td>G</td><td>50.0</td><td>-</td><td>50.0</td><td>-</td><td>100.0 (2)</td></tr>
<tr><td>H</td><td>-</td><td>-</td><td>100.0</td><td>-</td><td>100.0 (1)</td></tr>
<tr><td>J</td><td>50.0</td><td>-</td><td>50.0</td><td>-</td><td>100.0 (2)</td></tr>
<tr><td>K</td><td>-</td><td>-</td><td>100.0</td><td>-</td><td>100.0 (1)</td></tr>
<tr><td>L</td><td>-</td><td>50.0</td><td>50.0</td><td>-</td><td>100.0 (2)</td></tr>
</table>

주: 1) ① 지능검사, ② 아동·청소년행동평가척도(CBCL/K-CBCL), ③ 기초학습기능검사, ④ 종합심리검사(풀배터리검사), ⑤ 다면적 인성검사(MMPI), ⑥ 발달척도(인지, 언어, 사회성발달수준평가), ⑦ SCT 문장완성검사, ⑧ 기타
2) 기타로 모름이 응답됨.

경계선지능아동 진단 시 비용의 주된 부담 주체가 어디인지 조사한 결과, 지자체 지원이 37.5%로 가장 높았으며, 다음으로 중앙정부 지원과 시설 자체 부담이 각 25.0%, 기타 12.5% 순이었다. 시설 유형별로는 가형 시설은 시설 자체 부담이 40.0%로 가장 높았고, 나형 시설은 지자체의 지원이 66.7%로 가장 높게 나타났다.

경계선지능 진단을 위한 심리검사 비용의 회당 평균 비용은 응답한 시설 7개소 기준 평균 35.7만 원(최저 30만 원, 최고 50만 원)으로 조사되었다.

<표 5-2-24> 경계선지능 진단 비용 부담 주체 및 회당 평균 비용

(단위: %, 천 원, 개)

구분		경계선지능 진단 비용 부담 주체 및 회당 평균 비용						
		중앙정부 지원	지자체 지원	시설 자체 부담	비영리 민간단체 후원	기타	회당 평균 비용	계
전체		25.0	37.5	25.0	-	12.5	357.1	100.0 (8)
시설 유형	가형	20.0	20.0	40.0	-	20.0	350.0	100.0 (5)
	나형	33.3	66.7	-	-	-	366.7	100.0 (3)
시설 구분	A	-	-	-	-	100.0	-	100.0 (1)
	C	-	100.0	-	-	-	400.0	100.0 (1)
	E	100.0	-	-	-	-	300.0	100.0 (1)
	G	-	-	100.0	-	-	350.0	100.0 (1)
	H	-	-	100.0	-	-	350.0	100.0 (1)
	J	-	100.0	-	-	-	300.0	100.0 (1)
	K	-	100.0	-	-	-	500.0	100.0 (1)
	L	100.0	-	-	-	-	300.0	100.0 (1)

주: 1) 일부 시설의 경우 회당 평균 비용 무응답
2) 기타로 개인이 응답됨.

보호아동이 경계선지능으로 진단된 경우, 어떤 프로그램을 우선적으로 제공하는지 1, 2순위로 조사하였고 이를 종합 기준으로 파악한 결과는 다음과 같다. 전체를 기준으로 보면, 심리치료 프로그램이 37.5%로 가장 큰 비중을 차지하였으며, 다음으로 학습지원 31.3%, 개별상담 25.0%, 기타(특기적성 프로그램) 6.3% 순이었다. 시설 유형별로는 가형 시설의 경우 학습지원 프로그램이 40.0%로 가장 높았으며, 나형 시설은 심리치료 프로그램이 50.0%로 가장 높았다.

<표 5-2-25> 경계선지능 진단 시 우선 제공 프로그램: 종합

(단위: %, 개)

구분		경계선지능 진단 시 우선 제공 프로그램(종합)				
		개별상담	심리치료	학습지원	기타	계
전체		25.0	37.5	31.3	6.3	100.0 (16)
시설 유형	가형	20.0	30.0	40.0	10.0	100.0 (10)
	나형	33.3	50.0	16.7	-	100.0 (6)

구분		경계선지능 진단 시 우선 제공 프로그램(종합)				
		개별상담	심리치료	학습지원	기타	계
시설 구분	A	-	-	50.0	50.0	100.0 (2)
	C	-	50.0	50.0	-	100.0 (2)
	E	50.0	-	50.0	-	100.0 (2)
	G	50.0	50.0	-	-	100.0 (2)
	H	-	50.0	50.0	-	100.0 (2)
	J	50.0	50.0	-	-	100.0 (2)
	K	50.0	-	50.0	-	100.0 (2)
	L	-	50.0	50.0	-	100.0 (2)

주: 1) ① 개별상담, ② 심리치료, ③ 학습지원, ④ 직업훈련교육, ⑤ 자립지원, ⑥ 사회적응훈련, ⑦ 지역사회 자원 연계를 통한 프로그램 제공, ⑧ 기타
2) 기타로는 특기적성 프로그램(예술)이 응답됨.

보호아동이 경계선지능으로 의심될 경우 우선적으로 제공되는 프로그램은 학습지원 프로그램이 37.5%, 심리치료 프로그램이 31.3%로 나타났으며, 시설 유형별로는 진단 시 우선 제공 프로그램과 유사한 경향으로 조사되었다.

〈표 5-2-26〉 경계선지능 의심 시 우선 제공 프로그램: 종합

(단위: %, 개)

구분		경계선지능 진단 시 우선 제공 프로그램(종합)				
		개별상담	심리치료	학습지원	기타	계
전체		25.0	31.3	37.5	6.3	100.0 (16)
시설 유형	가형	20.0	20.0	50.0	10.0	100.0 (10)
	나형	33.3	50.0	16.7	-	100.0 (6)
시설 구분	A	-	-	50.0	50.0	100.0 (2)
	C	-	50.0	50.0	-	100.0 (2)
	E	50.0	-	50.0	-	100.0 (2)
	G	50.0	-	50.0	-	100.0 (2)
	H	-	50.0	50.0	-	100.0 (2)
	J	50.0	-	-	-	100.0 (2)
	K	-	50.0	50.0	-	100.0 (2)
	L	50.0	50.0	-	-	100.0 (2)

주: 1) ① 개별상담, ② 심리치료, ③ 학습지원, ④ 직업훈련교육, ⑤ 자립지원, ⑥ 사회적응훈련, ⑦ 지역사회 자원 연계를 통한 프로그램 제공, ⑧ 기타
2) 기타로는 특기적성 프로그램(예술)이 응답됨.

4. 경계선지능아동 지원 및 제공 프로그램

가. 경계선지능 진단·의심 아동 보호의 어려움

각 아동보호치료시설에서 경계선지능으로 진단되거나 의심되는 아동을 보호하는 데 겪는 어려움의 정도를 4점 척도로 질문하였고, 그 결과는 다음과 같다. 현재 경계선지능 진단 아동이 없다고 응답한 시설 중 1개소를 제외하고 대부분의 시설에서 어려움을 느끼는 것으로 조사되었다(조금 어렵다 50.0%, 많이 어렵다 41.7%).

〈표 5-2-27〉 경계선지능 진단·의심 아동 보호의 어려움

(단위: %, 개)

구분		경계선지능 진단·의심 보호의 어려움				
		전혀 어렵지 않다	그다지 어렵지 않다	조금 어렵다	많이 어렵다	계
전체		-	8.3	50.0	41.7	100.0 (12)
시설 유형	가형	-	12.5	50.0	37.5	100.0 (8)
	나형	-	-	50.0	50.0	100.0 (4)
시설 구분	A	-	-	100.0	-	100.0 (1)
	B	-	-	100.0	-	100.0 (1)
	C	-	-	100.0	-	100.0 (1)
	D	-	-	-	100.0	100.0 (1)
	E	-	-	-	100.0	100.0 (1)
	F	-	100.0	-	-	100.0 (1)
	G	-	-	-	100.0	100.0 (1)
	H	-	-	100.0	-	100.0 (1)
	I	-	-	100.0	-	100.0 (1)
	J	-	-	100.0	-	100.0 (1)
	K	-	-	-	100.0	100.0 (1)
	L	-	-	-	100.0	100.0 (1)

경계선지능으로 진단되거나 의심되는 아동을 보호하는 데 어려움을 느끼는 시설을 대상으로 어려움의 이유를 중복응답으로 조사한 결과, '서비스 제공을 위한 인력이 부족해서'가 20.7%로 가장 큰 비중을 차지하였으며, 다음으로 경계선지능에 대한 전문적인 지식이 부족해서 17.2%, 서비스 제공을 위한 시설 및 환경적 조건이 갖춰지지 않아서, 서비스 제공을 위한 예산이 부족해서, 그 외에 담당해야 할 업무량이 많아서가 각 13.8%, 대상 아동의 협조나 참여가 부족해서 6.9%, 대상 아동에 대해 잘 몰라서 3.4% 순이었다.

가형과 나형 시설 모두 제공 인력의 부족이 가장 큰 이유이었으며, 두 유형 모두 경계선지능에 대한 전문 지식 부족의 비율도 비교적 높은 것으로 나타났다. 반면 가형 시설의 경우 시설 및 환경 미비, 업무량 과다가 상대적으로 비중이 컸고, 나형 시설의 경우 예산 부족에 따른 어려움을 비교적 더 크게 느끼는 것으로 조사되었다.

<표 5-2-28> 경계선지능 진단·의심 아동 보호 어려움 이유(중복응답)

(단위: %, 개)

구분		아동에 대한 이해 부족	아동의 협조 참여 부족	전문 지식 부족	시설 및 환경 미비	제공 인력 부족	예산 부족	매뉴얼 지침 부재	업무량 과다	계
전체		3.4	6.9	17.2	13.8	20.7	13.8	10.3	13.8	100.0 (29)
시설 유형	가형	5.3	5.3	15.8	15.8	21.1	10.5	10.5	15.8	100.0 (19)
	나형	-	10.0	20.0	10.0	20.0	20.0	10.0	10.0	100.0 (10)
시설 구분	A	-	-	33.3	-	33.3	-	33.3	-	100.0 (3)
	B	-	-	-	-	100.0	-	-	-	100.0 (1)
	C	-	-	50.0	-	-	-	-	50.0	100.0 (2)
	D	20.0	-	20.0	20.0	-	-	20.0	20.0	100.0 (5)
	E	-	33.3	-	33.3	33.3	-	-	-	100.0 (3)
	F	-	-	-	-	-	-	-	-	-
	G	-	-	-	33.3	-	33.3	-	33.3	100.0 (3)
	H	-	-	-	-	50.0	50.0	-	-	100.0 (2)
	I	-	-	33.3	33.3	33.3	-	-	-	100.0 (3)
	J	-	-	50.0	-	-	-	50.0	-	100.0 (2)
	K	-	50.0	50.0	-	-	-	-	-	100.0 (2)
	L	-	-	-	-	33.3	33.3	-	33.3	100.0 (3)

주: 1) ① 대상 아동에 대해 잘 몰라서, ② 대상 아동의 협조나 참여가 부족해서,
③ 경계선지능에 대한 전문적인 지식이 부족해서,
④ 서비스 제공을 위한 시설 및 환경적 조건이 갖춰지지 않아서,
⑤ 서비스 제공을 위한 인력이 부족해서, ⑥ 서비스 제공을 위한 예산이 부족해서,
⑦ 경계선지능아동 보호·치료 관련 매뉴얼이나 지침이 없어서,
⑧ 그 외에 담당해야 할 업무량이 많아서
2) 일부 시설의 경우 무응답

나. 경계선지능아동 맞춤형 사례관리서비스

보건복지부와 아동권리보장원에서 제공 중인 '경계선지능아동 맞춤형 사례관리서비스'에 대해 알고 있는지 인지 정도를 4점 척도로 질문하였고 그 결과는 다음과 같다. 해당 서비스를 알고 있는 시설은 58.3%로 나타났으나 매우 잘 아는 시설은 8.3%에 불과하였다. 들어본 적은 있으나 잘 모른다고 응답한 시설은 41.7%로 나타났다.

〈표 5-2-29〉 경계선지능아동 맞춤형 사례관리서비스 인지 정도

(단위: %, 개)

구분		경계선지능아동 맞춤형 사례관리서비스 인지 정도				계
		전혀 모른다	들어본 적은 있으나 잘 모른다	어느 정도 알고 있다	매우 잘 안다	
전체		-	41.7	50.0	8.3	100.0 (12)
시설 유형	가형	-	50.0	50.0	-	100.0 (8)
	나형	-	25.0	50.0	25.0	100.0 (4)
시설 구분	A	-	100.0	-	-	100.0 (1)
	B	-	-	100.0	-	100.0 (1)
	C	-	100.0	-	-	100.0 (1)
	D	-	100.0	-	-	100.0 (1)
	E	-	100.0	-	-	100.0 (1)
	F	-	-	100.0	-	100.0 (1)
	G	-	-	100.0	-	100.0 (1)
	H	-	-	100.0	-	100.0 (1)
	I	-	-	100.0	-	100.0 (1)
	J	-	100.0	-	-	100.0 (1)
	K	-	-	100.0	-	100.0 (1)
	L	-	-	-	100.0	100.0 (1)

'경계선지능아동 맞춤형 사례관리서비스'를 알고 있는 시설을 대상으로 해당 서비스가 경계선지능아동 발달에 어느 정도 도움이 되는지 4점 척도로 질문한 결과, 66.6%의 기관이 도움이 된다고 응답하였다(어느 정도 도움이 된다 33.3%, 매우 도움이 된다 33.3%). 반면 33.3%의 시설에서는 별로 도움이 되지 않는다고 응답하였다.

〈표 5-2-30〉 경계선지능아동 맞춤형 사례관리서비스 도움 정도

(단위: %, 개)

구분		경계선지능아동 맞춤형 사례관리서비스 도움 정도				계
		전혀 도움이 안된다	별로 도움이 안된다	어느 정도 도움이 된다	매우 도움이 된다	
전체		-	33.3	33.3	33.3	100.0 (6)
시설 유형	가형	-	33.3	66.7	-	100.0 (3)
	나형	-	33.3	-	66.7	100.0 (3)
시설 구분	F	-	-	100.0	-	100.0 (1)
	G	-	100.0	-	-	100.0 (1)
	H	-	-	100.0	-	100.0 (1)
	I	-	100.0	-	-	100.0 (1)
	K	-	-	-	100.0	100.0 (1)
	L	-	-	-	100.0	100.0 (1)

주: 일부 시설의 경우 무응답

'경계선지능아동 맞춤형 사례관리서비스'가 어느 정도 지원될 필요가 있는지 4점 척도로 질문한 결과, 모든 아동보호치료시설에서 지원이 필요하다고 인지하고 있었고, 절반은 지원 필요성에 대해 매우 동의하는 것으로 나타났다(매우 필요하다 50.0%).

지원이 필요한 이유를 구체적으로 질문한 결과, 해당 서비스는 현재 아동양육시설과 공동생활가정에서 보호 중인 경계선지능아동을 대상으로 제공되는데 아동보호치료시설의 보호아동 중에서도 최근 진단·의심 아동이 점차 증가하는 추세이므로 지원이 확대될 필요가 있다고 응답하였다.

또한 24시간 생활하는 생활시설 특성상 학교(대안) 운영, 자격증반 운영, 치료(상담) 프로그램 지원, 원가족 관계 향상 프로그램 등 다양한 서비스가 바쁜 일정으로 제공되므로 경계선지능아동을 위한 맞춤형 사례관리를 지원해줄 인력이 현저히 부족하며, 관련 교육 매뉴얼, 양육 컨설팅, 자문이 절대적으로 필요한 것으로 조사되었다. 특히 가형 시설의 경우 비행 및 품행의 문제로 인해 입소한 아동들에게 인성, 심리, 교육과 관련된 부분에 초점을 맞추고 있어 상대적으로 '경계선지능'이라는 요소에 대해서는 고려하지 못하고 있는 것으로 나타났다. 하지만 경계선지능아동에 대한 이해와 맞춤형 개입들이 우선적으로 진행되어야 더욱 효과적인 치료가 가능하다고 생각하기에 이에 대한 지원이 필요하다고 조사되었다.

〈표 5-2-31〉 경계선지능아동 맞춤형 사례관리서비스 지원 필요 정도

(단위: %, 개)

구분		경계선지능아동 맞춤형 사례관리서비스 지원 필요 정도				
		전혀 필요 없다	거의 필요 없다	어느 정도 필요하다	매우 필요하다	계
전체		-	-	50.0	50.0	100.0 (12)
시설 유형	가형	-	-	50.0	50.0	100.0 (8)
	나형	-	-	50.0	50.0	100.0 (4)
시설 구분	A	-	-	-	100.0	100.0 (1)
	B	-	-	-	100.0	100.0 (1)
	C	-	-	100.0	-	100.0 (1)
	D	-	-	-	100.0	100.0 (1)
	E	-	-	-	100.0	100.0 (1)
	F	-	-	100.0	-	100.0 (1)
	G	-	-	100.0	-	100.0 (1)
	H	-	-	100.0	-	100.0 (1)
	I	-	-	100.0	-	100.0 (1)
	J	-	-	100.0	-	100.0 (1)
	K	-	-	-	100.0	100.0 (1)
	L	-	-	-	100.0	100.0 (1)

다. 경계선지능아동 대상 자체 프로그램(서비스)

 각 아동보호치료시설에서 보호 중인 경계선지능 진단·의심 아동을 대상으로 자체적으로 운영·제공하는 프로그램(서비스) 현황을 파악한 결과는 다음과 같다. 시설에서 자체적으로 운영하는 프로그램은 총 34개인 것으로 나타났다. 이 중 심리치료 프로그램이 50.0%로 가장 큰 비중을 차지하였으며, 다음으로 학습 프로그램 20.6%, 상담 프로그램 11.8%, 자립지원 프로그램 8.8%, 기타 5.9%, 정서사회 발달 프로그램 2.9% 순이었다. 가형과 나형 시설 모두 심리치료 프로그램이 각 38.1%, 69.2%로 가장 높은 것으로 조사되었다. 시설별로 살펴보면, 최소 1개에서 최대 5개의 자체 운영 프로그램을 제공하는 것으로 확인되었으며, 별도의 자체 운영 프로그램이 없는 시설은 3개소였다.

〈표 5-2-32〉 경계선지능아동 대상 자체 운영 프로그램

(단위: %, 개)

구분		경계선지능아동 대상 자체 운영 프로그램						
		심리치료	정서사회 발달	학습	상담	자립지원	기타	계
전체		50.0	2.9	20.6	11.8	8.8	5.9	100.0 (34)
시설 유형	가형	38.1	-	28.6	14.3	9.5	9.5	100.0 (21)
	나형	69.2	7.7	7.7	7.7	7.7	-	100.0 (13)
시설 구분	A	20.0	-	20.0	20.0	20.0	20.0	100.0 (5)
	B	60.0	-	20.0	-	20.0	-	100.0 (5)
	C	40.0	-	40.0	20.0	-	-	100.0 (5)
	D	-	-	-	-	-	-	-
	E	-	-	50.0	50.0	-	-	100.0 (2)
	F	-	-	-	-	-	-	-
	G	-	-	-	-	-	-	-
	H	50.0	-	25.0	-	-	25.0	100.0 (4)
	I	100.0	-	-	-	-	-	100.0 (3)
	J	80.0	20.0	-	-	-	-	100.0 (5)

구분		경계선지능아동 대상 자체 운영 프로그램						
		심리치료	정서사회 발달	학습	상담	자립지원	기타	계
	K	50.0	-	25.0	25.0	-	-	100.0 (4)
	L	-	-	-	-	100.0	-	100.0 (1)

주 1) 심리치료 프로그램에는 미술, 음악, 모래놀이, 운동 치료 등이 해당됨
  2) 기타로 특기적성 프로그램(예술), 특성화 프로그램이 응답됨

다음으로 경계선지능아동을 대상으로 제공하는 자체 운영 프로그램의 주 대상자를 살펴보면, 대다수의 프로그램이 경계선지능 진단 또는 의심 아동을 포함하여 모든 입소 아동(82.4%)을 대상으로 하며, 경계선지능 아동만을 대상으로 하는 프로그램은 17.6%인 것으로 나타났다. 프로그램 별로 살펴보면, 자립지원 프로그램이 33.3%로 경계선지능아동만을 대상으로 하는 비율이 타 프로그램에 비해 비교적 높은 것으로 조사되었다. 다음으로 학습 프로그램 28.6%, 상담 프로그램 25.0%, 심리치료 프로그램 11.8% 등의 순이었다.

〈표 5-2-33〉 경계선지능아동 대상 자체 운영 프로그램: 주 대상자

(단위: %, 개)

구분		경계선지능아동 대상 자체 운영 프로그램(주 대상자)		
		모든 입소 아동	경계선지능 진단·의심 아동	계
전체		82.4	17.6	100.0 (34)
시설 유형	가형	81.0	19.0	100.0 (21)
	나형	84.6	15.4	100.0 (13)
자체 운영 프로그램	심리치료	88.2	11.8	100.0 (17)
	정서사회 발달	100.0	-	100.0 (1)
	학습	71.4	28.6	100.0 (7)
	상담	74.0	25.0	100.0 (4)
	자립지원	66.7	33.3	100.0 (3)
	기타	100.0	-	100.0 (2)

주 1) 심리치료 프로그램에는 미술, 음악, 모래놀이, 운동 치료 등이 해당됨.
  2) 기타로 특기적성 프로그램(예술), 특성화 프로그램이 응답됨.

아동보호치료시설에서 자체적으로 운영하는 프로그램의 1회당 이용 아동 수를 살펴보면, 전체 기준 평균 19.03명으로 조사되었다. 가형 시설의 경우 프로그램 1회당 평균 이용 아동 수는 24.67명으로 나형 시설(9.92명)에 비해 약 2.5배 정도 이용 아동의 규모가 컸다. 프로그램별로 살펴보면, 기타를 제외하고 자립지원 프로그램이 평균 이용 아동 수가 19.33명으로 가장 높았으며, 다음으로 학습 프로그램 19.00명, 심리치료 프로그램 17.88명, 상담 프로그램 13.50명, 정서사회 발달 프로그램 8.00명 순이었다. 주 대상자 기준으로는 경계선지능아동만을 대상으로 하는 프로그램이 평균 6.17명으로 모든 입소 아동 대상의 프로그램(21.79명)에 비해 상대적으로 이용 아동의 규모를 작게 운영하는 것으로 확인되었다.

〈표 5-2-34〉 경계선지능아동 대상 자체 운영 프로그램: 회당 이용 아동 수

(단위: 명, 개)

구분		경계선지능아동 대상 자체 운영 프로그램(회당 이용 아동 수)		
		평균	SD	계
전체		19.03	16.52	(34)
시설 유형	가형	24.67	18.25	(21)
	나형	9.92	7.08	(13)
자체 운영 프로그램	심리치료	17.88	15.22	(17)
	정서사회 발달	8.00	-	(1)
	학습	19.00	18.48	(7)
	상담	13.50	17.75	(4)
	자립지원	19.33	17.93	(3)
	기타	45.00	7.07	(2)
주 대상자	모든 입소 아동	21.79	16.93	(28)
	경계선지능아동	6.17	3.55	(6)

주: 1) 심리치료 프로그램에는 미술, 음악, 모래놀이, 운동 치료 등이 해당됨.
　　2) 기타로 특기적성 프로그램(예술), 특성화 프로그램이 응답됨.

아동보호치료시설에서 자체적으로 운영하는 프로그램의 주당 제공 주기를 파악한 결과는 다음과 같다. 전체를 기준으로 1주당 평균 1.68회 자체 운영 프로그램을 제공하는 것으로 나타났다. 가형 시설의 경우 1주당 평균 1.86회 프로그램을 제공하고 있으며, 나형 시설의 경우 1.39회로 조사되었다. 프로그램별로는 기타를 제외하고 자립지원 프로그램이 평균 2.83회로 가장 자주 제공되고 있었으며, 다음으로 학습 프로그램 2.57회, 심리치료 프로그램 1.24회, 상담 프로그램 1.00회, 정서사회 발달 프로그램 0.5회 순이었다. 주 대상자 기준으로 살펴보면, 모든 입소 아동 대상 프로그램은 1.59회였으며, 경계선지능아동만을 대상으로 하는 프로그램은 2.08회로 나타나 평균적으로 1주에 더 자주 프로그램을 운영하는 것으로 조사되었다.

〈표 5-2-35〉 경계선지능아동 대상 자체 운영 프로그램: 주당 제공 주기

(단위: 회, 개)

구분		경계선지능아동 대상 자체 운영 프로그램(주당 제공 주기)		
		평균	SD	계
전체		1.68	1.25	(34)
시설 유형	가형	1.86	1.42	(21)
	나형	1.39	0.88	(13)
자체 운영 프로그램	심리치료	1.24	0.55	(17)
	정서사회 발달	0.50	-	(1)
	학습	2.57	1.99	(7)
	상담	1.00	0.00	(4)
	자립지원	2.83	1.61	(3)
	기타	2.50	0.71	(2)
주 대상자	모든 입소 아동	1.59	1.14	(28)
	경계선지능아동	2.08	1.74	(6)

주: 1) 심리치료 프로그램에는 미술, 음악, 모래놀이, 운동 치료 등이 해당됨.
2) 기타로 특기적성 프로그램(예술), 특성화 프로그램이 응답됨.

아동보호치료시설에서 자체적으로 운영하는 프로그램의 1회당 제공 시간을 살펴보면, 전체 기준 프로그램 1회당 평균 80.88분 제공하는 것으로 나타났다. 가형 시설은 87.14분, 나형 시설은 70.77분으로 평균적으로 가형 시설의 프로그램이 더 길게 제공되는 것으로 조사되었다. 프로그램별로는 기타를 제외하고 자립지원 프로그램이 평균 130.00분으로 가장 길게 진행되었고, 다음으로 정서사회 발달 프로그램 120.00분, 학습 프로그램 77.14분, 심리치료 프로그램 75.29분, 상담 프로그램 52.50분이었다. 주 대상자를 기준으로는 모든 입소 아동 대상 프로그램은 평균 81.79분으로 운영되는 반면, 경계선지능아동만을 대상으로 하는 프로그램은 76.67분으로 비교적 1회당 더 짧게 운영하는 것으로 나타났다.

〈표 5-2-36〉 경계선지능아동 대상 자체 운영 프로그램: 회당 제공 시간

(단위: 분, 개)

구분		경계선지능아동 대상 자체 운영 프로그램(회당 제공 시간)		
		평균	SD	계
전체		80.88	35.19	(34)
시설 유형	가형	87.14	28.49	(21)
	나형	70.77	42.29	(13)
자체 운영 프로그램	심리치료	75.29	28.97	(17)
	정서사회 발달	120.00	-	(1)
	학습	77.14	33.02	(7)
	상담	52.50	28.72	(4)
	자립지원	130.00	45.83	(3)
	기타	105.00	21.21	(2)
주 대상자	모든 입소 아동	81.79	30.68	(28)
	경계선지능아동	76.67	55.38	(6)

주: 1) 심리치료 프로그램에는 미술, 음악, 모래놀이, 운동 치료 등이 해당됨.
　　2) 기타로 특기적성 프로그램(예술), 특성화 프로그램이 응답됨.

5. 아동보호치료시설의 경계선지능아동 보호·치료 기능

아동보호치료시설의 경계선지능아동 보호·치료 기능에 대해 조사하였으며 그 결과는 다음과 같다. 경계선지능아동 보호·치료에 있어 아동보호치료시설이 전문 기능을 수행하고 있는지 4점 척도로 질문한 결과, 절반 가량의 시설에서는 전문 기능을 수행하고 있다고 응답하였다(조금 그렇다 50.0%, 매우 그렇다 8.3%). 시설 유형 특성상 가형 시설에서는 50.0%가 전문 기능을 수행하고 있지 않다고 응답한 반면, 나형 시설에서는 전문 기능을 수행하고 있다고 생각하는 비율이 75.0%로 나타났다.

〈표 5-2-37〉 아동보호치료시설의 전문 기능 수행 정도

(단위: %, 개)

구분		아동보호치료시설의 전문 기능 수행 정도				
		전혀 그렇지 않다	별로 그렇지 않다	조금 그렇다	매우 그렇다	계
전체		25.0	16.7	50.0	8.3	100.0 (12)
시설 유형	가형	25.0	25.0	50.0	-	100.0 (8)
	나형	25.0	-	50.0	25.0	100.0 (4)

경계선지능아동의 보호·치료를 위해 아동보호치료시설의 전문 기능이 강화되어야 하는지 4점 척도로 조사한 결과, 대다수 시설(91.7%)에서 강화되어야 한다고 생각하는 것으로 나타났다. 특히 나형 시설에서는 매우 그렇다가 75.0%로 비교적 강화의 필요성을 더 크게 인지하고 있는 것으로 확인되었다.

경계선지능아동의 보호·치료를 위한 아동보호치료시설의 전문 기능을 강화하는 데 있어 그 이유를 구체적으로 질문한 결과, 최근 아동보호치료시설 입소 아동의 경우 경계선지능과 함께 ADHD 등 행동 문제 특성을 복합적으로 지니고 있으며 진단·의심 아동 수 또한 증가하고 있는 추세

이기 때문에 본 시설의 전문 기능을 강화하여 해당 아동들을 보호·치료하고 시설 퇴소 후 원만하게 원가정과 사회에 복귀할 수 있도록 도와주는 것이 필요하다고 응답하였다.

〈표 5-2-38〉 아동보호치료시설의 전문 기능 강화 필요 정도

(단위: %, 개)

구분		아동보호치료시설의 전문 기능 강화 필요 정도				
		전혀 그렇지 않다	별로 그렇지 않다	조금 그렇다	매우 그렇다	계
전체		-	8.3	41.7	50.0	100.0 (12)
시설 유형	가형	-	12.5	50.0	37.5	100.0 (8)
	나형	-	-	25.0	75.0	100.0 (4)

아동보호치료시설의 경계선지능아동 보호·치료 기능을 강화하기 위해 우선적으로 필요한 것이 무엇인지 1~3순위로 질문하고 이를 종합적으로 파악한 결과는 다음과 같다. 전체 기준 중앙정부 차원의 지원(정책, 예산) 확대가 25.7%로 가장 높았으며, 다음으로 전문인력 추가 배치 17.1%, 「아동복지법」 제52조 제1항 제3호의 아동보호치료시설 중 '나'목 확대, 종사자 배치 기준 유연화 각 11.4%, 지방정부 차원의 지원(정책, 예산) 확대, 아동복지법 등 관련 법 제·개정 각 8.6% 등의 순이었다. 조사 대상 아동보호치료시설들은 중앙 또는 지방 등 정부 차원에서의 지원 확대와 전문인력 증원, 배치 기준 유연화 등 종사자 관련 지원에 대한 수요가 큰 것으로 나타났다. 특히 가형 시설의 경우, 아동보호치료시설의 전문 기능을 강화하기 위해 「아동복지법」 제52조 제1항 제3호의 '나'목 시설 확대에 대해 상대적으로 필요성을 더 크게 느끼고 있는 것으로 확인되었다.

〈표 5-2-39〉 아동보호치료시설의 전문 기능 강화 우선순위: 종합

(단위: %, 개)

구분		아동보호치료시설의 전문 기능 강화 우선순위(종합)									
		시설 전국 확대	'나'목 시설 확대	기능 특화	자원 연계· 활용 확대	중앙 정부 지원 확대	지방 정부 지원 확대	전문 인력 추가 배치	종사자 전문성 자격 기준 강화	종사자 배치 기준 유연화	관련 법 제·개 정	계
전체		2.9	11.4	5.7	2.9	25.7	8.6	17.1	5.7	11.4	8.6	100.0 (35)
시설 유형	가형	4.3	13.0	4.3	4.3	30.4	4.3	17.4	8.7	8.7	4.3	100.0 (23)
	나형	-	8.3	8.3	-	16.7	16.7	16.7	-	16.7	16.7	100.0 (12)

주: ① 아동보호치료시설 전국 확대, ② 아동보호치료시설 중 '나'목 확대, ③ 아동양육시설의 아동보호치료시설로의 기능 특화, ④ 지역사회 자원 연계·활용 확대, ⑤ 중앙정부 차원의 지원(정책, 예산) 확대, ⑥ 지방정부 차원의 지원(정책, 예산) 확대, ⑦ 전문인력 추가 배치, ⑧ 종사자의 전문성·자격 기준 강화, ⑨ 종사자 배치 기준 유연화(「아동복지법」 시행령 별표 14에 따른 종사자 배치 기준(직종, 수)), ⑩ 아동복지법 등 관련 법 제·개정, ⑪ 기타

6. 개선 및 지원 욕구

아동보호치료시설의 경계선지능아동 보호 및 지원과 관련해 개선 및 지원 욕구를 파악한 결과는 다음과 같다. 경계선지능아동을 보호 및 지원할 때 가장 큰 어려움은 무엇인지 질문한 결과, 전체 기준 아동보호치료시설에 대한 관심 및 지원 부족과 종사자 수 부족이 각 33.3%로 가장 큰 비중을 차지하였으며, 다음으로 종사자의 전문성 부족 16.7%, 아동의 관심과 동기 저하, 「아동복지법」 제52조 제1항 제3호의 아동보호치료시설 '나'목 시설의 공급 부족 각 8.3%로 나타났다. 가형 시설의 경우 종사자 수 부족이 37.5%로 가장 큰 어려움으로 작용하는 것으로 나타났으며, 나형 시설은 아동보호치료시설에 대한 관심 및 지원 부족(50.0%)이 상대적으로 큰 어려움으로 조사되었다.

〈표 5-2-40〉 경계선지능아동 보호 및 지원 시 가장 큰 어려움

(단위: %, 개)

구분		경계선지능아동 보호 및 지원 시 가장 큰 어려움					
		아동의 관심 동기 저하	시설에 대한 관심 및 지원 부족	'나'목 시설 공급 부족	종사자 전문성 부족	종사자 수 부족	계
전체		8.3	33.3	8.3	16.7	33.3	100.0 (12)
시설 유형	가형	12.5	25.0	12.5	12.5	37.5	100.0 (8)
	나형	-	50.0	-	25.0	25.0	100.0 (4)

주: ① 아동의 인지적인 발달 미숙, ② 아동의 관심과 동기 저하, ③ 관련 법·제도의 미흡, ④ 지자체 차원의 지원 부족, ⑤ 아동보호치료시설에 대한 관심 및 지원 부족, ⑥ 아동보호치료시설 '나'목의 공급 부족, ⑦ 종사자의 전문성 부족, ⑧ 종사자 수 부족, ⑨ 활용 가능한 지역사회 자원(의료기관, 전문기관 등) 부족, ⑩ 기타

아동보호치료시설의 경계선지능아동 대상 자체 프로그램 운영을 위해 가장 필요하다고 생각하는 것은 무엇인지 1~2순위로 질문하고 이를 종합적으로 파악한 결과는 다음과 같다. 전체 기준 담당 종사자의 전문적인 역량 강화 교육이 33.3%로 가장 높았으며, 다음으로 충분한 종사자 인력 규모 29.2%, 아동 특성에 부합하는 프로그램 구성 16.7%, 시설, 공간, 교재·교구 등 환경 마련·개선 12.5%, 꾸준하고 지속적인 회기 구성 8.3% 순이었다. 가형 시설의 경우 종사자의 역량 강화와 충분한 규모 등 인력 지원 측면에서 보다 수요가 높았던 반면, 나형 시설의 경우 양질의 프로그램 구성에 상대적으로 필요성을 크게 가지고 있는 것으로 나타났다.

〈표 5-2-41〉 경계선지능아동 대상 자체 프로그램 운영 필요 사항(전체)

(단위: %, 개)

구분		경계선지능아동 대상 자체 프로그램 운영 필요 사항(전체)					
		아동 특성에 부합하는 프로그램 구성	꾸준하고 지속적인 회기 구성	담당 종사자 역량 강화 교육	충분한 종사자 인력 규모	시설, 공간, 교재·교구 등 환경 마련·개선	계
전체		16.7	8.3	33.3	29.2	12.5	100.0 (24)
시설 유형	가형	12.5	-	37.5	37.5	12.5	100.0 (16)
	나형	25.0	25.0	25.0	12.5	12.5	100.0 (8)

주: ① 아동 연령 및 발달 수준에 부합하는(욕구 맞춤형) 프로그램 구성, ② 꾸준하고 지속적인 회기 구성, ③ 담당 종사자의 전문적인 역량 강화 교육, ④ 충분한 종사자 인력 규모, ⑤ 프로그램 이용 시간 및 횟수 증대, ⑥ 시설, 공간, 교재·교구 등 환경 마련·개선, ⑦ 외부 전문기관과의 연계, ⑧ 기타

아동보호치료시설에서의 경계선지능아동에 대한 효과적인 진단 및 지원을 위하여 가장 필요한 부분은 무엇인지 1~2순위로 질문하고 이를 종합적으로 파악한 결과, 전체 기준 전문인력의 추가 배치가 27.3%로 가장 큰 비중을 차지하였다. 다음으로 프로그램 예산 지원 22.7%, 입소 아동 대상 조기 선별 단계 구성 및 배치 기준 마련, 경계선지능 여부 진단을 위한 검사 비용 지원, 종사자의 아동 심리·정서지원 역량 강화를 위한 교육 확대 각 13.6% 등의 순이었다. 가형 시설의 경우 인력 지원에 대한 수요가 31.3%로 가장 높았던 반면, 나형 시설은 프로그램 예산 지원 (33.3%)이 가장 높은 것으로 나타났다.

〈표 5-2-42〉 경계선지능아동 대상 효과적인 진단 및 지원을 위한 필요사항(전체)

(단위: %, 개)

구분		경계선지능아동 대상 효과적인 진단 및 지원을 위한 필요사항(전체)							계
		조기 선별 단계 구성 및 배치 기준 마련	진단 검사 비용 지원	프로그램 예산 지원	외부 전문 기관 연계 강화	전문 인력 추가 배치	종사자 역량 강화 교육 확대	단기 특화 보호 공간 마련	
전체		13.6	13.6	22.7	4.5	27.3	13.6	4.5	100.0 (22)
시설 유형	가형	12.5	18.8	18.8	6.3	31.3	12.5	-	100.0 (16)
	나형	16.7	-	33.3	-	16.7	16.7	16.7	100.0 (6)

주: 1) ① 입소 아동 대상 조기 선별 단계 구성 및 배치 기준 마련, ② 경계선지능 여부 진단을 위한 검사 비용 지원, ③ 시설 내 프로그램 개발·진행을 위한 예산 지원, ④ 외부 심리·정서지원 기관과의 연계 강화, ⑤ 전문인력의 추가 배치, ⑥ 종사자의 아동 심리·정서지원 역량 강화를 위한 교육 확대, ⑦ 경계선지능아동을 위한 특화된 단기(1~3개월) 보호 공간 마련, ⑧ 기타
2) 일부 시설의 경우 무응답

마지막으로 경계선지능아동을 보호·치료하기 위한 아동보호치료시설의 역할과 기능의 개선 혹은 발전을 위한 구체적인 의견을 질문한 결과는 다음과 같다.

첫째, 통합적인 지원시스템의 구축이 필요한 것으로 나타났다. 아동보호치료시설의 보호아동들은 경계선지능, ADHD, 심리·정서적 문제, 학습 어려움, 비행 및 폭력 등 복합적인 문제 특성을 가지는데, 이에 따라 문제 또한 인지, 정서, 행동 등 복합적으로 발현하게 된다. 따라서 지역사회 차원의 통합적 관심과 지원체계가 원스톱으로 구축될 필요가 있는 것으로 나타났다. 또한 경계선지능아동은 좁은 의미로 '느린 학습자'를 의미하는데, 학교에서는 학습 능력은 떨어지지만 문제행동이 없고 조용한 아동으로 분류되어 조기에 발견하거나 개입하는 것이 어려울 수 있다. 따라서 이를 위해 지역사회 차원에서의 협력이 매우 필요한 것으로 응답되었다.

둘째, 전문인력 추가 배치, 법정 종사자 배치 기준 개선 등 종사자 지원에 대한 수요가 매우 큰 것으로 나타났다. 특히 아동보호치료시설 가형은 「아동복지법」에서 규정하는 목적상 가정외보호 경계선지능아동을 고려한 시설에 해당하지 않는다. 그러나 가형 시설에서도 경계선지능아동이 증가하고 있고, 가형 시설에 입소하는 아동이 나형 시설을 이용할 수 없는 현실에서 가형 시설에 입소하는 경계선지능아동에 대해서도 보호와 치료가 진행되려면 종사자 인력 배치, 종사자에 대한 교육, 예산 지원, 전문가 연계 등이 원활하게 이루어져야 한다고 조사되었다.

셋째, 경계선지능아동을 위한 꾸준한 관심과 보다 장기간의 지속적인 지원이 필요한 것으로 확인되었다. 경계선지능을 포함하여 복합적인 문제 특성을 지닌 아동보호치료시설 보호아동의 특성상 효과적인 교육과 치료를 위해서는 아동의 심리·행동적 차원뿐만 아니라 가족관계 개선 등 환경적 요인들도 개입이 필요하다. 특히 가형 시설은 평균 입소기간이 6개월로 이는 너무 짧다고 생각되며 실질적인 보호아동들의 변화를 위해 최소 1년 정도의 보호기간이 필요하다는 의견이 제안되었다.

제3절 요약 및 시사점

첫째, 본 연구에서는 전국 아동보호치료시설을 대상으로 시설 및 보호아동의 전반적인 실태, 경계선지능아동 대상 보호·치료 기능의 현황, 어려움·한계, 개선 사항, 지원 욕구 등을 조사하였다. 다만, 경계선지능아동은 「아동복지법」 제52조 제1항 제3호에 의거하여 아동보호치료시설 나형으로 보호조치가 가능한 상황이다. 그러나 본 연구에서는 현재 아동보호치료시설 가형과 나형의 전반적인 현황 및 실태를 함께 파악하여 가정외보호 경계선지능아동 대상 전문적인 보호·치료 기능 정도를 진단하고자 하였다.

둘째, 조사 결과, 2024년 8월 말 기준, 전국 12개소 아동보호치료시설 중 가형은 8개소, 나형은 4개소에 불과하였다. 이들 시설에서 보호 중인 아동은 총 443명이었다(정원 603명 대비 73.47%). 경계선지능으로 진단받은 아동은 443명 중 76명(17.2%)이었으며, 경계선지능으로 의심되는 아동은 61명(13.8%)으로 조사되었다. 이러한 수치는 많게는 25.5%에서 적게는 12.2%까지 보고되는 아동양육시설 및 공동생활가정의 경계선지능아동 분포와 크게 다르지 않았다. 또한 아동보호치료시설에서 경계선지능으로 진단받은 아동의 비율은 대부분의 연구에서 일반적으로 추정하는 경계선지능아동 분포 15.9%보다 더 높은 것으로 확인되었다. 본 조사를 통해 아동보호치료시설에서 보호 중인 경계선지능아동 분포의 변화 양상을 수치상으로 파악할 수는 없었으나, 현장에서는 최근 시설 입소 아동의 경우 경계선지능과 함께 ADHD 등 행동 문제 특성을 복합적으로 지니고 있으며, 진단·의심 아동 수 또한 증가하는 추세임을 체감하고 있는 것으로 나타났다.

셋째, 전체 12개소 중 3곳을 제외한 아동보호치료시설에서는 경계선지능 진단 또는 의심 아동을 포함하여 시설 내 보호아동들을 위해 자체적으로 프로그램을 운영하고 있으며, 이 중 17.6%는 경계선지능아동만을 대상으로 제공되고 있는 것으로 조사되었다. 경계선지능아동만을 대상으로 제공되는 프로그램은 모든 입소 아동을 대상으로 하는 프로그램에 비해 평균적으로 회당 프로그램 운영 규모가 작고 제공 시간이 짧으며, 제공 주기는 한 주에 더 많이 제공되는 특성을 보였다. 이는 경계선지능 아동들이 인지적으로 학습 속도가 느리고 이해력이 낮아 복잡한 지시를 따르거나 학습하는 데 어려움을 느끼고, 주의집중 시간이 짧으며, 한 가지 일을 끈기 있게 수행하기 힘들어하기 때문에 쉽게 포기하는 경향이 자주 보이는데 이러한 인지행동적 특성이 프로그램 운영에 반영된 것으로 유추할 수 있을 것이다.

넷째, 조사 결과, 전체 12개 시설 모두 보건복지부와 아동권리보장원에서 제공 중인 '경계선지능아동 맞춤형 사례관리서비스'에 대한 지원 필요성에 대해 동의하고 있는 것으로 나타났다. 해당 서비스는 현재 아동양육시설과 공동생활가정에서 보호 중인 경계선지능아동을 대상으로 제공되는데, 아동보호치료시설의 보호아동 중에도 최근 진단·의심 아동이 점차 증가하는 추세이며, 이들을 대상으로 맞춤형 사례관리 지원을 해줄 인력이 현저히 부족하여, 관련 교육 매뉴얼, 양육 컨설팅, 자문이 절대적으로 필요한 것으로 조사되었다.

다섯째, 아동보호치료시설에 대한 관심 및 지원 부족과 종사자 수 부족은 경계선지능아동을 보호 및 지원하는 데 아동보호치료시설에서 겪는 가장 큰 어려움인 것으로 나타났다. 이에 따라 아동보호치료시설에서 경계선지능아동에 대한 자체 운영 프로그램과 효과적인 진단 및 지원을 위해 전문인력 추가 배치, 법정 종사자 배치 기준 개선 등 종사자 지원에 대한 수요도 가장 큰 것으로 조사되었다. 본 연구에서 조사한 아동보호치료시설의 종사자 1인당 보호아동 수를 단순 분석한 결과, 전체 시설 기준 임상심리상담원 1인당 보호아동은 평균 31.6명이었으며, 특히 가형 시설의 경우 47.4명으로 매우 높게 나타났다.

여섯째, 현재 「아동복지법」 시행령 별표 14의 기준에 따라 보호아동 현원을 기준으로 종사자가 배치되고 있는데, 가형 시설의 경우 입소 기간이 평균 6개월로 단기이며, 보호아동들의 입·퇴소가 계속해서 이어지기 때문에 이에 따라 보호아동 현원 기준이 아닌 정원 기준으로 배치 기준을 변경해야 할 필요성이 제기된다. 그리고 현장에서는 복합적인 경계선지능아동의 특성을 고려하여 지금의 종사자 배치 기준이 개선될 필요가 있다고 느끼고 있었다. 보호아동의 보호, 치료, 상담, 교육 등 최일선에서 필요한 보육사, 임상심리상담원, 생활복지사 등의 직종의 경우 현재 배치 기준으로는 그 수가 턱없이 부족하다는 점을 공통적으로 지적하였다. 더구나 별도의 배치 기준이 없는 직업훈련교사와 상담지도원의 경우 법을 개정하여 필수 인력화하거나 보육사가 그 역할을 병행할 수 있도록 재량권을 부여하는 방식 등이 고려될 필요가 있다. 그리고 일부 시설은 언어발달 등 보호 중인 경계선지능아동에 대한 치료적 접근을 위해 전문 치료사를 필수 직종으로 포함하여 배치하거나, 학습지원을 위해 교육청과 연계하여 대안학교를 설치하는 등의 방법으로 학습지원 교사를 추가 배치하면 좋겠다는 의견도 제시하였다. 이를 보아 현장에서도 보호 중인 경계선지능아동들의 문제에 대해 인지하고 있으며, 이들을 보호하고 치료하기 위해 아동보호치료시설의 역할과 기능을 개선해야 할 것을 고민하고 있는 것으로 보인다.

제6장

결론

제1절 연구 결과 종합
제2절 정책 제언

제6장 결론

제1절 연구 결과 종합

본 연구의 결과를 종합하면 다음과 같다. 연구 내용별 구체적인 결과는 장별 마지막 절인 '요약 및 시사점'에 제시하였다.

1. 가정외보호 경계선지능아동

첫째, 선행연구 결과에 의하면 가정외보호 경계선지능아동의 출현율은 일반 아동의 경계선지능 출현율(15.9%)보다 높은 것으로 보고된다. 특히, 아동양육시설의 경우 경계선지능아동의 비율이 12.2%에서 25.5%까지 분포하는 것으로 조사되었으며, 최근으로 올수록 그 비율이 증가하는 추세를 보인다. 단, 경계선지능 관련 진단 도구가 상이하고, 진단 대상 아동의 표본 등에도 한계가 있어 절대적인 비교는 유의할 필요가 있다. 본 연구의 FGI에서도 종사자들은 기존에도 경계선지능아동이 많았으나 최근 경계선지능에 대한 관심이 늘어나면서 '경계선지능'으로 분류되는 아동이 점차 급증하는 것으로 인식된다고 하였다.

둘째, 가정외보호 경계선지능아동의 지원 욕구는 크게 발달 관련, 거주 환경 적응, 자립 준비의 세 영역에서 주요하다. 발달 영역에서는 인지적 어려움과 정서·행동 문제가 복합적으로 나타났으며, 거주 환경 적응에서는 또래 관계 형성과 일상생활 기술 습득의 어려움을 보였다. 자립 준비 영역에서는 직업탐색, 금전관리, 독립생활 기술 습득 등에서 추가적인 지원이 필요한 것으로 분석되었다. 이는 이들 아동이 단순히 인지능력 외에 중첩적 어려움을 갖고 있으므로 개별 아동의 역량 강화를 중심으로 장기적인 관점의 지원체계가 구축되어야 함을 시사한다.

셋째, 아동복지시설에서 보호 중인 아동은 「아동복지법」 제15조에 근거하여 상담·조사 사정, 보호 계획 및 결정, 보호조치, 사후관리의 단계로 관리가 이루어지고 있다. 그러나 지자체 및 시설별로 경계선지능 진단을 위한 진단 절차가 임의적이고, 진단 도구도 혼재되어 있다. 체계적인 사례관리도 제한적이다. 법·지침과 현장 실천에서의 괴리가 일정 부분 존재한다고 판단된다. 무엇보다 청소년복지체계에 해당하는 청소년쉼터는 경계선지능 진단에서 지원에 이르는 체계가 더욱 열악하여 통합적 관점의 지원체계 구축이 시급하다.

넷째, 경계선지능아동의 경우, 「아동복지법」 제38조에 근거하여 자립지원이라는 제한된 영역에서만 서비스가 제공되는 한계가 있다. 이는 경계선지능아동이 전 생애주기에 걸쳐 필요로 하는 다면적이고 포괄적인 지원을 제공하는 데 제약요인이 되고 있다. 2024년 현재 경계선지능아동과 관련하여 5개의 비슷한 법안들이 발의되었다. 그러나 발의된 법안에서도 '가정외보호 경계선지능아동'에 대한 특수성은 반영되어 있지 않고, 「아동복지법」 제38조의 자립지원 조항과 연계성도 부족하여, 다면적이고 포괄적인 지원을 제공하는 데 한계가 있다. 특히 보호대상아동이면서 경계선지능을 가진 아동의 특수한 필요를 반영한 맞춤형 지원체계 구축에 대한 구체적인 내용이 부족한 실정이다.

2. 가정외보호 경계선지능청소년

첫째, 가정 내의 여러 가지 사유로 보호자로부터 이탈되어 사회 적응에 어려움을 겪는 가정 밖 경계선지능청소년의 비율이 청소년복지시설 내 전체 보호청소년의 21%에 해당하는 것으로 나타났다. 이는 일반적인 경계선지능청소년의 출현율 추정치인 14%를 넘어선 수치이므로 청소년보호시설 내의 경계선지능청소년을 위한 진단과 보호체계를 마련하는 일이 시급함을 시사한다.

둘째, 청소년복지시설의 경계선지능청소년은 일반적인 위기청소년과 마찬가지로 자존감이 낮고 삶에 대한 긍정적 인식이 적다는 특성을 가지고 있다. 동일한 시설에서 거주하는 비경계선지능청소년에 비해 충동성이 높고 자기통제 능력이 낮고, 타인에 대한 이해의 정도가 낮으며, 문제해결을 위해 타인과 공유하고 합심해서 노력하는 부분이 현저히 낮았으며, 은둔형 외톨이의 성향을 더 많이 갖고 있는 것으로 밝혀졌다. 이는 청소년복지시설 내 경계선지능청소년의 심리적 특성과 사회적 특성을 고려해서 이들에게 적합한 지원책을 마련해야 함을 뜻한다. 특히 은둔형 외톨이의 성향을 고려해서 경계선지능청소년의 문제가 은둔형 외톨이라는 사회문제로 커지지 않게 하는 노력이 필요함을 시사한다.

셋째, 위기청소년이나 동일 기관 내에 거주하는 비경계선지능청소년에 비해 경계선지능청소년은 가정폭력, 학교폭력 피해나 성폭행 피해 경험의 정도가 더 높은 것으로 나타났다. 그러나 이들의 인지적 특성상 폭력을 잘 인식하지 못하거나 진술하지 못함으로 인해 신고하거나 도움을 요청하지 못하는 경우가 많다. 가정 안팎의 폭력으로 인해 위기에 처한 경계선지능청소년의 폭력 피해를 조기에 발견해서 장기적으로 심각한 피해를 입지 않게 할 보호체계의 수립이 시급함을 시사한다.

넷째, 경계선지능청소년은 우울과 불안을 비롯해 다양한 심리적 어려움을 갖고 있는 경우가 많고, 자해 경험의 정도가 더 심하고, 자살 생각을 더 많이 하는 등의 특성을 보이는 것으로 나타났다. 경계선지능청소년의 상당수는 심각한 수준의 정서적 어려움을 가지고 있으며 이러한 특성이 청소년복지시설 내에서의 보호와 지원을 특히 어렵게 하는 요소가 되므로 이에 대한 대비책을 마련해야 할 것이다.

다섯째, 경계선지능청소년의 어려움은 '가족 간의 갈등'과 '미래에 대한 불안감'인 것으로 나타났다. 이들은 생계가 불안정하고 돈이 필요하다는 것은 알고 있지만, 무기력하고 문제해결 능력이 낮아서 적극적으로 행동하지 못하는 경향이 있다. 정책 수요 부분에서 경계선지능청소년이 원하는 서비스 내용은 '청소년이 마음 놓고 일할 수 있는 일자리 제공'이나 '직업 교육 훈련'이었다. 위기청소년이나 비경계선지능청소년과 달리 '언어폭력, 임금체불 등 일하면서 겪는 피해에 대한 보호'를 희망한 점에서 경계선지능청소년의 고용이 안전하고 안정적으로 유지될 때까지 세심한 자립 지원 서비스가 지속되어야 함을 알 수 있다.

여섯째, 청소년복지시설의 종사자들은 경계선지능청소년이 청소년복지시설에 입소할 때 경계선지능청소년인지를 구분하기가 어렵고, 당사자가 진단을 위한 검사나 심리치료에 동의하지 않아서 적절한 보호와 지원을 하지 못하는 것으로 나타났다. 청소년쉼터에서는 입소 당시에 위기 스크리닝, 문장완성검사, 가출청소년 평가지 등의 관련 검사를 시행하고 있다. 하지만 이러한 검사들을 통해 경계선지능을 구분해내기에는 어려움이 있다고 보고했으며 청소년복지시설에 적합한 경계선지능 선별 검사를 개발해서 사용할 수 있기를 희망했다. 현재 개발된 경계선지능 선별 검사(박현숙, 2022; 김범구 외, 2023)가 청소년복지시설 내에서 잘 쓰일 수 있도록 이용 방안을 모색해야 할 것이다.

일곱째, 청소년복지시설 종사자가 경계선지능청소년을 보호하는 과정에서 경계선지능청소년의 심리적 어려움, 문제해결 능력과 사회성 부족으로 인한 시설 내 비경계선지능인과의 갈등, 경계선지능청소년에 대한 이해와 지원을 위한 역량 교육의 부족, 자립 준비에 필요한 표준화된 프로그램과 매뉴얼의 부족과 관련한 어려움을 호소했다. 이 부분에 대한 지원을 포함해 청소년복지시설 내 경계선지능청소년의 통합적 지원체계 수립을 요구한 바 있다.

3. 경계선지능아동을 위한 아동보호치료시설(나형)의 기능

첫째, 현재의 아동보호치료시설 나형은 경계선지능아동을 위한 보호·치료 기능을 수행하기에는 명백한 한계가 존재하였다. 우선적으로 전국에 해당 시설이 4개소에 불과하며, 전문적인 보호·치료 역량은 아직 미흡한 상황이었다. 아동보호치료시설 나형에서는 경계선지능보다는 보다 심각한 수준의 정서·행동 문제를 갖고 있는 아동을 보호하고 있어, 경계선지능은 아동의 다양한 특성 중 일부분에 해당하였다. 이로 인해 시설 내 경계선지능 관련 프로그램은 그 비중이 작았다.

둘째, 아동보호치료시설 나형은 단기와 장기로 구분되었는데, 단기와 장기 시설의 기능이 명백히 제시되지 않고 있다. 또한 단기라도 아동보호치료시설로의 일시적 격리나 통제에 따른 아동의 심리적 상처를 우려하는 목소리가 존재하였다. 아동보호치료시설에 대한 관심과 지원도 매우 부족하여 단기·장기 시설 모두 예산, 인력, 프로그램, 시설 등의 인프라가 열악하였다. 특히 전문인력의 수도 부족한 상황에서 처우 수준은 낮고 업무 강도가 높아 이직의 위험이 높았다.

셋째, 「아동복지법」 시행령 별표 14에 따른 인력 배치 기준은 보호아동 현원보다 정원 기준으로 변경될 필요성이 제기되었다. 보호아동의 보호, 치료, 상담, 교육 등을 위한 보육사, 임상심리상담원, 생활복지사 등의 직종은 현재 배치 기준으로는 그 수가 상당히 부족하였다. 별도 배치 기준이 없는 직업훈련교사와 상담지도원은 법 개정을 통해 필수 인력화하거나 보육사가 그 역할을 병행할 수 있도록 재량권을 부여하는 방식 등이 고려될 필요가 있다. 언어발달 등 치료를 위해 전문 치료사를 필수 직종에 포함하여 배치하거나, 학습지원을 위해 교육청과 연계하여 대안학교를 설치하는 등이 방법으로 학습지원 교사를 추가 배치하는 것에 대한 의견도 제시되었다.

제2절 정책 제언

연구 결과, '경계선지능'은 아동이 갖고 있는 '여러 어려움 중의 하나'라는 점에 초점이 맞추어야 함을 확인할 수 있었다. 따라서 경계선지능의 진단보다는 인지능력 외에 아동이 갖고 있는 복합적이고 다층적인 심리·정서·행동적 어려움을 극복하고 '아동의 개별 특성에 부합하는 지원 요구'에 우선순위를 두는 것이 중요하다. 즉, 아동의 연령, 성별, 학령기, 원가정(부모, 형제·자매, 친인척 등) 존재 여부, 보호 상태, 지역 특성 등 아동이 처한 상황까지 모두 고려할 필요가 있다.

현재는 아동복지체계와 청소년복지체계로 분절적으로 구분되어 있고, 관련 법령도 각기 제정되어 있으나 향후에는 아동·청소년 통합 전달체계를 구축할 수 있는 법적·제도적 근거가 마련될 필요가 있다.

1. 경계선지능아동 지원을 위한 정책 제언

본 연구에서의 정책적 제안은 [그림 6-2-1]과 같이 크게 '양육 환경 개선', '제도적 기반 마련', '지원체계 구축'의 세 가지 영역으로 구분된다. '양육 환경 개선'은 경계선지능아동이 실제 생활하는 공간에서 이루어지는 직접적인 지원 강화에 초점을 두고 있으며, '제도적 기반 마련'은 이러한 지원이 안정적이고 지속 가능하게 이루어질 수 있도록 하는 법적·제도적 토대 구축에 관한 것이다. 마지막으로 '지원체계 구축'은 이러한 제도와 환경이 효과적으로 작동할 수 있도록 하는 구체적인 실행체계에 대한 것이다. 이러한 세 영역의 시사점들은 상호 연관되어 있으며, 각각의 영역이 유기적으로 작동할 때 경계선지능아동에 대한 실질적인 지원이 가능할 것이다.

[그림 6-2-1] 가정외보호 경계선지능아동 지원 관련 정책 제안

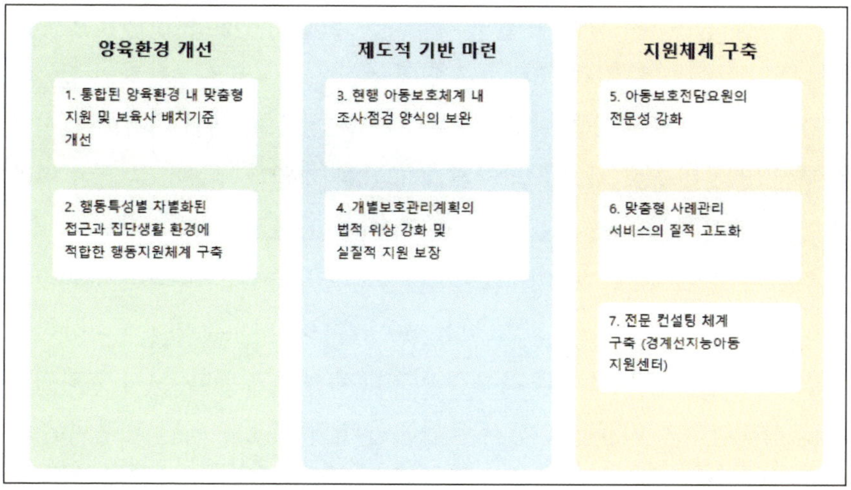

양육환경 개선	제도적 기반 마련	지원체계 구축
1. 통합된 양육환경 내 맞춤형 지원 및 보육사 배치기준 개선	3. 현행 아동보호체계 내 조사·점검 양식의 보완	5. 아동보호전담요원의 전문성 강화
2. 행동특성별 차별화된 접근과 집단생활 환경에 적합한 행동지원체계 구축	4. 개별보호관리계획의 법적 위상 강화 및 실질적 지원 보장	6. 맞춤형 사례관리 서비스의 질적 고도화
		7. 전문 컨설팅 체계 구축 (경계선지능아동 지원센터)

출처: 저자 작성

첫째, 아동양육시설과 공동생활가정의 양육 인프라 개선이 시급하다.
특히 현행 보육사나 임상심리상담원 배치 기준을 아동의 발달 특성과 지원 요구 수준에 따라 차등 적용할 수 있는 탄력적인 기준으로 개선해야 한다. 가정외보호 아동의 상당수가 경계선지능 특성을 보이는 것으로 나타나, 이들을 위한 별도의 분리된 지원체계를 구축하기보다는 통합적

환경 내에서의 맞춤형 지원이 더욱 효과적일 것으로 판단된다. 정밀한 진단과 분류를 통한 전문화된 지원체계 구축은 일견 전문성을 높이는 것처럼 보이나, 이는 오히려 일상적 환경으로부터 분리와 고립을 초래할 수 있다. 이미 원가정으로부터 분리된 아동들을 다시 특성에 따라 분류하고 구분하는 것은 이들의 건강한 발달과 사회통합에 부정적 영향을 미칠 수 있다. 더욱이 개별 아동의 특성과 어려움을 기준으로 지원체계를 분리하기 시작하면, 정서·행동 문제, 학습 부진, 발달 지연 등 다양한 특성들에 따른 끝없는 분리가 이루어질 수 있다.

경계선지능아동이 겪는 어려움은 인지발달, 학습능력, 사회성 발달, 정서적 안정성 등 발달 전반에 걸쳐 나타나므로(Van IJzendoorm et al., 2011), 이들에 대한 지원 역시 발달 영역 전반을 아우르는 통합적인 접근이 필요하다. 따라서 통합된 양육환경을 기본으로 하되, 개별 아동의 특성과 요구에 맞는 맞춤형 사례관리를 통해 필요한 지원을 제공하는 것이 바람직할 것이다(Berridge et al., 2020; James et al., 2012).

현행 보육사 배치 기준이 단순히 아동의 연령별로 구분되어 있어(7세 이상 아동 7명당 보육사 1명, 아동 30명 이상인 경우 임상심리상담원 1명 등) 개별 아동의 특성과 욕구를 반영하지 못하고 있다. 보다 효과적인 개별 사례관리와 지원을 위해서는 아동의 발달 특성과 지원 요구 수준에 따라 보육사 배치 기준을 차등 적용할 수 있는 탄력적인 기준 마련이 필요하다. 또한 시설에서 보호하는 아동 중 상당수가 학대나 방임 등으로 인한 심리·정서적 어려움을 겪고 있는 점을 고려하여, 임상심리전문가 배치 기준을 강화할 필요가 있다. 현재 아동 30명 이상 시설에만 적용되는 임상심리상담원 배치 기준을 완화하여, 더 많은 시설에서 전문적인 심리·정서 지원이 가능하도록 해야 한다.

둘째, 경계선지능아동의 행동 특성에 따른 차별화된 접근과 함께, 집단생활 환경에 적합한 행동지원체계 구축이 필요하다.

경계선지능아동 중에서도 특별한 행동 문제를 보이지 않는 아동과 ADHD 등 행동 문제가 복합된 아동에 대해서는 차별화된 접근이 필요하다. 전자의 경우 일상적인 양육환경 내에서 개별화된 지원을 통해 충분히 돌봄이 가능하나, 후자의 경우 보다 체계적이고 전문적인 지원체계가 요구된다. 다만, 경직적으로 양분화된 접근 방식이 아닌 지원 요구에 대한 열린 사정체계를 기반으로 할 필요가 있다. 즉, 아동의 변화 정도를 지속적으로 관찰하여 다른 어려움이 발견되면 조기 개입이 가능하도록 유연한 접근이 요구된다.

특히 행동 문제를 동반한 경계선지능아동에 대해서는, 이들을 아동보호치료시설이나 아동양육시설 내 다른 공간으로 분리하여 지원하기보다 시설 내에서 효과적으로 활용할 수 있는 체계적인 행동지원 프로그램의 도입이 필요하다. 예를 들어, 학교 현장에서 활용되고 있는 다층 지원체계(Multi-Tiered System of Supports, MTSS)의 보편적 지원 프로그램이나 핀란드의 KIVA 프로그램과 같은 효과가 검증된 행동지원 프로그램을 시설 환경에 맞게 수정·보완하여 도입하는 것을 고려할 수 있다.

구체적으로 MTSS를 시설 환경에 적용할 경우, 1단계 보편적 지원에서는 모든 아동을 대상으로 긍정적 행동지원 원칙에 기반한 일관된 양육 환경을 조성하고, 명확한 행동 기대치를 설정하며, 친사회적 행동에 대한 체계적 강화와 자기조절 기술 교육을 실시할 수 있다. 2단계 목표집단 지원에서는 경계선지능 및 경미한 행동 문제를 보이는 아동을 대상으로 소그룹 단위의 사회기술 훈련, 또래 멘토링, 개별화된 행동 계약 등 보다 집중적인 중재를 제공한다. 3단계 집중 지원에서는 심각한 행동 문제를 동반한 경계선지능아동을 대상으로 개별화된 행동 중재 계획을 수립하고, 전문가 자문을 통한 맞춤형 개입과 외부 전문기관과의 연계를 지원한다.

이러한 다층 지원체계가 효과적으로 작동하기 위해서는 정기적인 행동 스크리닝과 진전도 모니터링, 데이터 기반 의사결정 시스템 구축, 지원팀 구성 및 정기적 사례회의, 보육사 및 시설 종사자 교육·훈련, 외부 전문가 자문체계 등이 뒷받침되어야 한다. 이를 통해 모든 아동에게 예방적 지원을 제공하면서도, 추가적인 지원이 필요한 아동에게는 단계적으로 강화된 중재를 제공할 수 있을 것이다. 비록 아동양육시설과 공동생활가정이 학교는 아니지만 집단생활이 이루어지는 공간이라는 점에서, 이러한 프로그램들의 핵심 요소들을 시설 환경에 맞게 적용하는 것이 효과적일 수 있다.

셋째, 현행 아동보호체계가 갖추고 있는 다양한 조사·점검 도구들을 경계선지능아동의 특성과 요구를 충분히 반영할 수 있도록 정교화할 필요가 있다.

현재 아동보호체계는 아동 발견 시점의 정보수집에서부터 보호종결 이후까지 아동의 욕구조사, 개별보호관리계획 수립, 양육 상황 점검, 자립 지원계획 등 아동의 발달 상태와 양육 상황을 파악할 수 있는 다양한 체계를 갖추고 있다. 그러나 이러한 조사·점검 도구들이 경계선지능아동의 특성과 요구를 충분히 반영하지 못하고 있는 실정이다. 예를 들어, 욕구조사 시 활용되는 서식 4호와 서식 9호, 개별보호·관리계획서 등에 경계선지능 관련 항목을 추가하고, 이들의 인지적 특성과 발달상의 어려움을 보다 세밀하게 파악할 수 있도록 내용이 보강되어야 한다. 이는 단순히 항목을 추가하는 차원을 넘어, 아동보호 전 과정에서 경계선지능아동의 요구가 충분히 반영될 수 있도록 현행 체계에 대한 심도 있는 점검과 개선이 필요함을 의미한다.

넷째, 개별보호관리계획의 법적 위상을 강화하고 그 역할과 기능을 구체화할 필요가 있다.

「장애인 등에 대한 특수교육법」에서 개별화 교육계획을 법제화하여 특수교육 대상자의 교육적 요구를 보장하고 있는 것처럼, 가정외보호 아동을 위한 개별보호관리계획 역시 법적 근거를 통해 실효성을 담보할 필요가 있다. 특히 현재의 '개별보호·관리 계획'을 '개별지원계획'으로 명칭을 변경하고, 법령에서 계획의 수립 절차, 필수 포함 사항, 점검 체계 등을 구체적으로 명시하여 아동에게 필요한 지원이 실질적으로 보장될 수 있도록 하는 제도적 개선이 요구된다.

더욱이 경계선지능아동의 경우 인지발달, 학습, 사회성, 일상생활 기술 등 다양한 영역에서 어려움과 지원 요구를 가지고 있으며, 이는 일시적이 아닌 지속적인 특성을 보인다. 따라서 개별지원계획을 통해 보호 초기 단계부터 자립까지 연속성 있는 지원이 이루어질 수 있도록 체계적으로 관리할 필요가 있다. 이러한 개별지원계획은 지자체의 아동보호전담요원, 아동보육사, 시설 종사자 등 아동 양육에 관여하는 모든 관계자들이 공유하고 이해할 필요가 있다. 이를 통해 아동의 특성과 요구에 대한 공통된 이해를 바탕으로 일관되고 통합적인 지원이 이루어질 수 있을 것이다.

다섯째, 경계선지능아동 지원체계의 성공적 작동을 위해서는 이를 실질적으로 운영하는 지자체 아동보호전담요원의 역량 강화가 무엇보다 중요하다.

아동보호전담요원은 아동 발견 시점의 욕구조사와 심리검사부터 보호계획 수립, 배치, 양육 상황 점검, 자립지원계획 수립에 이르기까지 아동 보호의 전 과정에서 핵심적 역할을 수행한다. 특히 이들은 개별보호관리계획 수립 과정에서 아동의 특성과 요구를 정확히 파악하고, 이에 따른 적절한 지원 방안을 모색하는 데 있어 중추적인 역할을 담당하고 있다.

따라서 아동보호전담요원들이 경계선지능아동의 특성과 욕구에 대한 깊이 있는 이해를 갖출 수 있도록 하는 것이 매우 중요하다. 이들의 경계선지능에 대한 이해도가 높아질수록 아동의 요구를 보다 정확하게 파악하고, 이에 기반한 구체적이고 촘촘한 지원 방안을 개발할 수 있을 것이다. 이는 궁극적으로 경계선지능아동을 위한 보다 효과적이고 체계적인 지원체계 구축으로 이어질 수 있다.

여섯째, 보건복지부와 아동권리보장원의 '경계선지능아동 맞춤형 사례관리서비스'가 보다 포괄적이고 실효성 있는 지원체계로 발전할 필요가 있다.

현재 이 서비스는 「아동복지법」 제38조의 자립지원 조항에 근거하여 운영되고 있어, 자립지원이라는 제한된 영역 내에서만 서비스가 제공되는 한계가 있다. 그러나 경계선지능아동에 대한 지원은 자립 준비뿐만 아니라 인지발달, 학습능력, 사회성 발달 등 전반적인 발달 영역을 포괄하는 통합적 접근이 필요하다.

또한 현행 서비스 체계는 회기당 3만 5천 원으로 비용이 고정되어 있어, 아동의 특성과 요구 수준에 따른 탄력적인 서비스 제공이 어려운 실정이다. 이는 전문적이고 집중적인 지원이 필요한 아동에 대한 충분한 서비스 제공을 제한할 수 있다. 따라서 서비스 제공 범위의 확대와 함께 비용 체계의 유연화, 전문인력의 확보, 서비스 품질관리 체계 구축 등을 통해 사례관리서비스의 질적 고도화가 이루어져야 할 것이다.

일곱째, 가정외보호 현장에서 경계선지능아동을 지원하는 전문 컨설팅 체계 구축이 필요하다.

현재 전문위탁가정이나 아동양육시설과 공동생활가정의 종사자들은 경계선지능아동의 보호 과정에서 다양한 어려움을 겪고 있으나, 이에 대한 전문적인 자문이나 지원을 받을 수 있는 체계가 미비한 실정이다. 개별아동 보호가 가능한 전문위탁가정은 오히려 경계선지능아동을 보호·양육하기에 더 큰 어려움이 존재한다. 이로 인해 경계선지능아동은 가정위탁보다 시설보호로 집중되는 추세가 유지되고 있다.

따라서 예를 들면, 아동권리보장원 내에 관련 인력이나 업무를 배치하여 전문위탁가정이나 시설 종사자들이 아동 양육 과정에서 겪는 어려움에 대해 경계선지능을 포함한 전문적인 컨설팅을 제공받을 수 있도록 지원할 필요가 있다. 특히 보호 형태와 관계없이 모든 경계선지능아동이 적절한 지원을 받을 수 있는 기반을 마련해야 할 것이다. 이를 통해 경계선지능 아동 지원에 대한 전문성을 축적하고, 현장의 실질적인 어려움에 대응할 수 있는 지원체계를 구축할 수 있을 것이다.

2. 경계선지능청소년 지원을 위한 정책 제언

가. 청소년 관련 법령

첫째, 경계선지능청소년을 위기청소년 중 특별지원 대상으로 선정해서 지원할 수 있도록 「청소년복지지원법」의 개정을 제안한다.

「청소년복지지원법」 제2조(정의)에 따르면 '가정 밖 청소년'이란 "가정 내 갈등·학대·폭력·방임·가정해체·가출 등의 사유로 보호자로부터 이탈된 청소년으로서 사회적 보호 및 지원이 필요한 청소년"을 말한다. 또한 '위기청소년'이란 "가정 문제가 있거나 학업 수행 또는 사회 적응에 어려움을 겪는 등 조화롭고 건강한 성장과 생활에 필요한 여건을 갖추지 못한 청소년"을 뜻한다. 청소년쉼터를 비롯한 청소년복지시설을 이용하는 경계선지능청소년은 가정 내 갈등·학대·폭력·방임·가정해체·가출 등의 사유로 보호자로부터 이탈된 가정 밖 청소년이면서, 동시에 학업 수행 또는 사회 적응에 어려움을 겪는 등 조화롭고 건강한 성장과 생활에 필요한 심리적 여건을 갖추지 못한 위기청소년에 해당하여 중복된 어려움에 처했다고 볼 수 있다. 경계선지능청소년의 중복된 어려움을 시급히 해결하지 않으면 해당 청소년이 가정 밖의 사회 적응과 자립 준비에 심각한 어려움을 겪을 수 있다.

즉각적인 개입의 근거가 될 수 있도록 위기청소년 중 특별대상 선정 조건에 경계선지능을 포함시키는 법안 개정이 필요하다. 이를 위해 3년마다 실시되는 위기청소년 실태조사에 경계선지능청소년과 관련된 조사 내용을 포함시켜야 한다. 또한, 위기청소년 실태조사에서 조사 대상 위기청소년은 12~18세 미만으로 제한되어 있다. 아동양육시설의 청소년에 비해 청소년쉼터를 이용하는 청소년의 연령이 유의하게 더 높은 것으로 나타나서(전연우 외, 2023), 청소년쉼터나 자립지원관과 같은 청소년복지시설에 거주하는 18세 이상의 경계선지능청소년의 거주 비율이 월등히 더 높을 것으로 추측된다. 그럼에도 불구하고 위기청소년에 속하는 18세 이상 24세 이하의 청소년복지시설 내 경계선지능청소년에 대한 실태조사는 현재로서는 불가한 상황이다. 청소년복지시설에 있는 전체 연령을 대상으로 경계선지능청소년 현황에 대한 조사를 정기적으로 실시할 수 있는 방안을 마련하여 경계선지능청소년 지원의 기초자료로 삼아야 할 것이다.

둘째, 경계선지능청소년에 대한 관련 정보의 통합지원정보시스템을 구축하고 적극적인 홍보를 통해 활발히 운영할 것을 제안한다.

아동양육시설에 비해 입·퇴소가 빈번하고 여러 시설을 전전하는 경계선지능청소년의 특성상 위기청소년 관련 정보의 효율적 처리, 정보 공유 및 기관 간 서비스 연계는 경계선지능청소년 보호와 지원의 중요한 과제라 할 수 있다. 「청소년복지지원법」 제12조의 2(위기청소년통합지원정보시스템의 구축과 운영)의 사항들을 적극적으로 시행하여 현장에서 적용할 수 있어야 한다. 선별과 진단 단계, 지원 서비스의 내용, 지원의 적합성에 대한 모니터링 등에 관한 정보들이 정책 수혜자인 경계선지능청소년의 편에서 안전하게 공유되고 기관 간 연계될 수 있는 방안을 마련해야 한다.

셋째, 가정 밖 경계선지능청소년의 자립지원을 위해 청소년 본인과 청소년복지시설 종사자의 역량을 키울 수 있는 지원책을 시급히 수립해야 한다.

「청소년복지지원법」 시행령 제17조의 3(자립지원)에서는 가정 밖 청소년의 자립 역량 강화를 위한 교육·훈련 등의 프로그램 개발 및 운영, 청소년복지시설 종사자에 대한 가정 밖 청소년의 자립지원 관련 교육·훈련의 실시를 명하고 있다(시행 2024. 4. 25). 이러한 법령을 근거로 청소년복지시설 내 경계선지능청소년의 자립지원에 특화된 교육과 훈련, 청소년복지시설 종사자의 교육 및 역량강화 활동이 적극적으로 행해져야 할 것이다.

나. 경계선지능청소년 지원체계

첫째, 경계선지능청소년 선별, 진단 및 지원체계의 구축을 제안한다.

청소년복지시설 입소 때의 검사에서 경계선지능을 선별할 수 있는 간편하고 신뢰할 수 있는 검사의 개발과 적용을 권하는 바이다. 경계선지능 선별 검사는 선별의 기능뿐 아니라 경계선지능청소년의 하위 특성들을 평가하여 차후에 청소년의 보호와 지원계획 수립을 위한 기초자료로 쓸 수 있도록 제작되어야 한다. 선별 단계에서 구분된 경계선지능이 의심되는 청소년은 곧바로 종합심리검사 등의 진단을 할 수 있는 협력기관으로 연계할 수 있는 체계를 마련해야 한다. 경계선지능 선별 검사와 종합심리검사 결과를 바탕으로 체계적인 지원계획을 세울 수 있는 사례관리팀의 운영을 제안한다. 이때 선별과 진단을 위한 시간이 길어져서 경계선지능청소년이 중도퇴소하거나 지원 서비스 제공이 지체되지 않아야 할 것이다.

사례관리는 시설 거주기간은 물론 퇴소 후 일정 기간 동안의 사후관리까지를 포함해야 한다.

둘째, 경계선지능청소년의 입소, 시설 적응 및 자립지원을 위한 매뉴얼을 개발하고 적용해야 한다.

청소년복지시설 종사자는 가정 밖 청소년의 입소 당시에 경계선지능의 구분, 시설 적응, 지원프로그램의 제공, 경계선지능청소년의 정신병리 등 다양한 어려움에 처한다. 그럼에도 불구하고 역량 강화를 위한 교육이나 자문을 위한 기관 협력 등이 매우 어려운 실정이다. 경계선지능청소년의 청소년복지시설 입소, 시설 이용, 퇴소, 퇴소 후 사후관리 기간 동안에 행해질 체계적인 지원 방법과 과정을 수록한 매뉴얼을 개발하여 배포해야 할 것이다.

셋째, 경계선지능청소년 지도와 관련한 전문 역량을 키울 수 있도록 청소년복지시설 종사자의 체계적 교육과 훈련 실시를 제안한다.

아동양육시설에서는 경계선지능아동 사례관리서비스를 위해 경계선지능아동지도사 자격제도를 실시하고 있다. 이를 참고해서 청소년보호시설 내 종사자가 경계선지능청소년 보호와 자립 지원에 특화된 교육을 받아서 전문 역량을 키울 수 있는 방안을 마련해야 한다. 청소년보호 현장에 경계선지능청소년에 특화된 전문인력이 상주해야 애써 만든 경계선지능청소년 지원체계나 매뉴얼 등을 더 잘 사용할 수 있을 것이다.

참고문헌

구성 EAP. (2025). 심리검사 및 평가 - 종합심리검사. https://www.gusung.co.kr/theme/gusung/html/psychological/01.php
국가기초학력지원센터. (2023). 느린 학습자 선별 체크리스트. https://k-basics.org/user/studyList.do?menuSeq=671
국가기초학력지원센터. (2024). 중학교 경계선 지능 학생 선별 간편 체크리스트. https://k-basics.org/user/studyList.do?menuSeq=678
김경준, 김영지, 윤철경, 이은주, 이은주, 임성은. (2023). 취약계층 청소년 지원정책 진단 및 제도보완 연구Ⅱ. 한국청소년정책연구원.
김광혁. (2024). 기능전환과 다기능화를 통한 보호아동을 위한 최상의 양육환경 및 한국형 아동복지시설 발전방안. 한국아동복지협회, 전주대학교 산학협력단.
김근하, 김동일. (2007). 경계선급 지능 초등학생의 학년별 학업 성취 변화. 한국특수교육학회 2007년 학술대회, 2007(3), 73-97.
김동일, 장세영, 김은삼, 신재현, 조은정. (2023). 느린학습자 선별 체크리스트 타당성 탐색. 교육과정평가연구, 26(2), 237-258.
김범구, 조아미, 김민정, 조은실. (2023). 가정 밖 청소년의 효율적 지원과 청소년복지시설 지원체계 개선을 위한 실태조사. 희망친구 기아대책, 한국청소년쉼터협의회.
김용훈. (2023). 경계선지능의 개념 정의의 재구조화 및 교육지원 체계 연구. 발달장애연구, 27(1), 1-17.
김진희, 황현철. (2017). 아동양육시설 장애아동 자립지원 방안연구. 광주복지재단.
류인혜. (2020). 국내 경계선 지적기능 학생의 언어관련 연구 동향분석. 한국청각언어장애교육연구, 11(2), 65-95.
박애규, 이세화, 이여름, 장미경. (2022). 느린학습자 아동에 대한 사회·정서 개입 프로그램 동향 연구. 아동복지연구, 20(2), 115-143.

박윤희, 박승희, 한경인. (2022). '경계선급 지적기능성' 통일된 용어 제안 및 교육지원 쟁점과 과제. 특수교육학연구, 57(2), 31-69.

박진경, 이종훈, 이창호, 정지은, 이은주, 홍석진, 박혜진, 김진경. (2015). 말이 늦는 아동의 임상적 고찰. 대한소아신경학회지, 23(3), 91-98.

박현숙. (2022). 청소년쉼터 내 경계선지능청소년 실태조사 및 지원방안. 여성가족부, 한국청소년정책연구원 청소년정책분석평가센터.

법제처 국가법령정보센터. (2025). 자치법규. 2025.1.31. 검색, https://www.law.go.kr/ordinSc.do?menuId=3&subMenuId=27&tabMenuId=139&eventGubun=060116

변관석, 신진숙. (2017). 경계선 지능에 관한 국내연구 동향 분석. 특수아동교육연구, 19(1), 79-109.

변숙영, 이정민, 박미희, 오혁제. (2022). 경계선지능 자립준비청년 취업활성화 방안: 양육시설을 중심으로. 아동권리보장원, 한국직업능력연구원.

변숙영, 한상근, 류지은, 이정민, 김호진, 임언, 정익중. (2021). 취약청년의 자립과 취업지원 방안: 시설보호청소년. 한국직업능력연구원.

보건복지부, 아동권리보장원. (2024). 2024 아동보호서비스 업무매뉴얼.

보건복지부. (2020~2023). 보호대상아동현황보고 [데이터 세트]. 국가통계포털. 2025.1.20. 검색, https://kosis.kr/statHtml/statHtml.do?orgId=117&tblId=TX_117341138&conn_path=I2

보건복지부. (2023a). 2023 보건복지통계연보. 보건복지부.

보건복지부. (2023b). 2023 아동분야 사업안내 [2권]. 보건복지부.

보건복지부. (2024a). 2024 아동분야 사업안내 [1권]. 보건복지부.

보건복지부. (2024b). 2024 아동분야 사업안내 [2권]. 보건복지부.

보건복지부. (2024c). 2024년도 아동복지시설 현황(생활시설 4종 및 이용시설 2종, 학대쉼터) (2023년 12월 31일 현재). 보건복지부.

보건복지부. (2025). 보호대상아동 현황보고. 지표누리 e-나라지표. 2025.1.24. 검색,

https://www.index.go.kr/unity/potal/main/EachDtlPageDetail.do?idx_cd=1421

서재욱, 홍재은, 윤상용, 박혜진, 김동건. (2019). 청주시 경계선지능 의심아동 실태조사 및 지원방안 모색연구. 청주복지재단.

서해정, 박현숙, 이혜수. (2019). 아동양육시설 퇴소 후 경계선 지적기능아동의 지원방안 연구. 한국장애인개발원.

소년법, 법률 제17505호 (2020).

손선옥, 박현용. (2023). 경계선지능 자립준비 청소년의 자립지원 과정에서 나타나는 한계와 대안: 청소년보호체계를 중심으로. 청소년상담연구, 31(1), 213-236.

손재환, 김범구, 한유화, 김세진. (2020). 청소년쉼터 입소청소년 및 종사자 실태조사연구. 한국청소년상담복지개발원.

신혜령, 주보라. (2013). 아동복지시설 경계선 지적기능 아동 실태조사 및 발전 방안. 보건복지부, 한국보건복지인력개발원 아동자립지원사업단.

아동권리보장원. (2023.3.31.). 사업실명제 (2023-11) 경계선지능아동 맞춤형 사례관리서비스(경계선지능아동 자립지원).

https://www.ncrc.or.kr/ncrc/na/ntt/selectNttInfo.do?mi=1072&bbsId=1041&nttSn=4965&cataGori=&tabName=)

아동권리보장원. (2024.1.30.). 공지사항. 2024년 경계선지능아동 맞춤형 사례관리서비스 1차 참여시설 모집.

https://ncrc.or.kr/ncrc/na/ntt/selectNttInfo.do?mi=1547&bbsId=1021&nttSn=6503&cataGori=&tabName=

아동권리보장원. (2025.2.4.). 2025년 1월 대기위탁부모(전문/일반)현황 안내.

https://www.ncrc.or.kr/ncrc/na/ntt/selectNttInfo.do?mi=1505&bbsId=1162&nttSn=8174&cataGori=&tabName=

아동권리보장원. (2024). 경계선지능아동 맞춤형 사례관리서비스 참여 현황(24. 8. 6.). 아동권리보장원 내부자료.

아동권리보장원. (2025.2.4.). 공지사항. 2025년 경계선지능아동 맞춤형 사례관리서비스 1차 대상자 모집.
https://www.ncrc.or.kr/ncrc/na/ntt/selectNttInfo.do?mi=1053&bbsId=1021&nttSn=8171&cataGori=&tabName=

아동복지법, 법률 제20218호 (2024).

아동복지법 시행령, 대통령령 제34684호 (2024).

아동복지법 시행규칙, 보건복지부령 제1028호 (2024).

아주대학교 아주심리상담센터. (2025). 심리검사 – 종합심리검사.
https://www.ajou.ac.kr/apcc1721/test/psychological.do

안예지. (2025.1.31). 경계선지능의 정의, DSM-IV를 넘어야 할 때. 느린IN뉴스.
https://www.slowlearnernews.org/news/articleView.html?idxno=458

염지혜. (2024.8.8). 청소년쉼터 경계선지능아동·청소년 실태. [비공개 발표자료]. '가정외보호 경계선지능아동 지원체계 진단 및 내실화 방안 연구'의 제1차 정책 포럼, 세종.

오혜정, 임희수. (2023). 아동양육시설 생활지도원의 양육스트레스와 아동의 행동문제 관계에서 양육효능감 및 양육행동의 매개효과. 아동과 권리, 27(4), 697-714.

유진희, 김민경. (2020). 아동양육시설 퇴소를 앞둔 경증지적장애 청소년의 자립 준비를 위한 단일 사례연구. 한국융합학회논문지, 11(5), 229-239.

이금진. (2011). 학령기 경계선 지능 아동의 사회성숙도와 자존감향상을 위한 멘토링 효과성 분석 -대학생 멘토와 경계선 아동의 상호효과를 중심으로-. 한국가족복지학, 34, 137-165.

이상정, 류정희, 김지연, 김무현, 김지민. (2019). 가정 외 보호 아동의 자립 준비 실태와 자립 지원 체계 개선 방안 연구. 한국보건사회연구원.

이선주, 조혜수, 오상우. (2014). 양육시설아동들의 인지능력 특성. 한국심리학회지: 건강, 19(1), 303-321.

이종성, 곽영숙. (2001). 보호시설 가출청소년의 정신병리에 대한 평가와 분류. 소아청소년정신의학, 12(2), 192-217.

임성은, 황주희, 이민경, 강지원, 조영림, 김형모, 안동현, 정선영, 손병덕. (2019). 아동복지시설 기능 전환을 위한 운영 모델 개발 연구. 보건복지부, 한국보건사회연구원.

임주원, 김서현, 홍진주. (2021). 자립준비청년의 지역사회 자립지원 프로그램 참여경험. 사회과학연구논총, 38(2), 145-186.

임한결. (2023). [기획3] 장애와 비장애 사이, 사각지대에 빠진 경계선 지능 아동. 참여연대 월간복지동향, 295, 18-22.

  https://www.peoplepower21.org/?cat=1898&p=1939582&paged=4

장세희. (2024). 느린학습자에 대한 인지학습치료사의 어려움인식과 느린학습자 지원방안 탐색. 발달장애연구, 28(4), 109-125.

장애인 등에 대한 특수교육법, 법률 제20565호 (2024).

장애인복지법, 법률 제20111호 (2024).

전연우, 신철규, 김현정, 오근, 서희영, 이종국, 이제정. (2023). 아동양육시설과 청소년 쉼터에 거주중인 청소년들의 정신건강 수준 비교. 정신신체의학, 31(2), 125-133.

정보름, 김윤희, 박성옥. (2021). 양육시설아동의 인지·정서·행동 특성에 관한 연구: KPI-C, 지능검사와 CCTT, STROOP, BGT의 관련성을 중심으로. 정서·행동장애연구, 37(4), 29-59.

정혜은, 변서후, 박수빈. (2023). 아동양육시설 경계선지능 및 ADHD 아동 지원 강화 방안. 인천연구원.

정희정, 이재연 (2005). 경계선급 지능 아동의 인지적 행동적 특성. 아동복지연구, 3(3), 109-124.

주해란, 마미나, 이예진, 황소연, 안태구. (2022). 아동양육시설의 양육환경에 대한 질적 사례연구: 보호종료아동의 관점에서. 청소년학연구, 29(7), 25-59.

초·중등교육법, 법률 제20566호 (2024).

청소년기본법, 법률 제20420호 (2024).

청소년복지 지원법, 법률 제19841호 (2023).

한윤선, 박현숙, 정희재, 강한솔, 이유진. (2017). 경계선지적기능아동 자립지원

체계연구: 경계선지능아동 자립지원서비스 효과성. 보건복지부, 한국보건복지인력개발원 아동자립지원단.

황여정, 임희진, 정은주, 유설희, 정윤미, 구본호. (2022). 위기청소년 지원기관 이용자 생활실태조사. 여성가족부, 한국청소년정책연구원.

American Psychiatric Association. (1952). Diagnostic and statistical manual of mental disorders. Washington, DC: Author.

American Psychiatric Association. (1968). Diagnostic and statistical manual of mental disorders (2nd ed.). Washington, DC: Author.

American Psychiatric Association. (1994). Diagnostic and statistical manual of mental disorders (4th ed.). Washington, DC: Author.

Berridge, D., Luke, N., Sebba, J., Strand, S., Cartwright, M., Staples, E., McGrath-Lone, L., Ward, J., & O'Higgins, A. (2020). Children in need and children in care: Educational attainment and progress. Nuffield Foundation. https://www.nuffieldfoundation.org/wp-content/uploads/2020/04/ Main-report-children-in-need-and-children-in-care.pdf

de Ruiter, K. P., Dekker, M. C., Verhulst, F. C., & Koot, H. M. (2007). Developmental course of psychopathology in youths with and without intellectual disabilities. Journal of Child Psychology and Psychiatry, 48(5), 498-507.

Dekker, M. C., & Koot, H. M. (2003). DSM-IV disorders in children with borderline to moderate intellectual disability. I: Prevalence and impact. Journal of the American Academy of Child & Adolescent Psychiatry, 42(8), 915-922.

Dozier, M., Zeanah, C. H., Wallin, A. R., & Shauffer, C. (2012). Institutional care for young children: Review of literature and policy implications. Social Issues and Policy Review, 6(1), 1-25.

Emerson, E., Einfeld, S., & Stancliffe, R. J. (2010). The mental health of young children with intellectual disabilities or borderline intellectual functioning. Social Psychiatry and Psychiatric Epidemiology, 45(5), 579-587.

Fenning, R. M., Baker, B. L., & Juvonen, J. (2011). Emotion discourse, social cognition, and social skills in children with and without developmental delays. Child Development, 82(2), 717-731.

Ford, T., Vostanis, P., Meltzer, H., & Goodman, R. (2007). Psychiatric disorder among British children looked after by local authorities: Comparison with children living in private households. The British Journal of Psychiatry, 190(4), 319-325.

Geenen, S., & Powers, L. E. (2006). Are we ignoring youths with disabilities in foster care? An examination of their school performance. Social Work, 51(3), 233-241.

Gigi K, Werbeloff N, Goldberg S, Portuguese S, Reichenberg A, Fruchter E, Weiser M. (2014). Borderline intellectual functioning is associated with poor social functioning, increased rates of psychiatric diagnosis and drug use – a cross sectional population based study. European Neuropsychopharmacology, 42(11), 1793-1797.

Gresham, F. M. (2009). Evolving conceptualizations of functional impairment and their influence on the assessment and measurement of social skills. In Social Behavior and Skills in Children (pp. 13-30). Springer, New York, NY.

Hassiotis, A., Strydom, A., Hall, I., Ali, A., Lawrence-Smith, G., Meltzer, H., Head, J., & Bebbington, P. (2008). Psychiatric morbidity and social functioning among adults with borderline intelligence living in private households. Journal of Intellectual Disability Research, 52(2), 95-106.

James, S., Roesch, S., & Zhang, J. J. (2012). Characteristics and behavioral outcomes for youth in group care and family-based foster care: A Propensity Score Matching Approach Using National Data. Journal of Emotional Behavioral Disorders, 20(3), 144-156.

Lee, S.Y., & Cheon, K. A. (2024). Epidemiology and diagnosis of slow learners (borderline intellectual functioning). Journal of the Korean Academy of Child and Adolescent Psychiatry, 35(3), 175-180.

Lightfoot, E., Hill, K., & LaLiberte, T. (2011). Prevalence of children with disabilities in the child welfare system and out of home placement: An examination of administrative records. Children and Youth Services Review, 33(11), 2069-2075.

McCall, R. B., & Groark, C. J. (2015). Research on institutionalized children: Implications for international child welfare practitioners and policymakers. International Perspectives in Psychology: Research, Practice, Consultation, 4(2), 142-159.

Nouwens, P. J. G., Smulders, N. B. M., Embregts, P. J. C. M., & van Nieuwenhuizen, C. (2020). Differentiating care for persons with mild intellectual disability or borderline intellectual functioning: a Delphi study on the opinions of primary and professional caregivers and scientists. *BMC psychiatry*, 20(1), 57.

Oswald, S. H., Heil, K., & Goldbeck, L. (2010). History of maltreatment and mental health problems in foster children: A review of the literature. Journal of Pediatric Psychology, 35(5), 462-472.

Peltopuro, M., Ahonen, T., Kaartinen, J., Seppälä, H., & Närhi, V. (2014). Borderline intellectual functioning: a systematic literature review. Intellectual and developmental disabilities,

52(6), 419-443.

Sallnäs, M., Vinnerljung, B., & Kyhle Westermark, P. (2004). Breakdown of teenage placements in Swedish foster and residential care. Child & Family Social Work, 9(2), 141-152.

Slayter, E. (2016). Youth with Disabilities in the United States Child Welfare System. Children and Youth Services Review, 64, 155-165.

Snell, M. E., Luckasson, R., Borthwick-Duffy, S., Bradley, V., Buntinx, W. H., Coulter, D. L., ... & Yeager, M. H. (2009). Characteristics and needs of people with intellectual disability who have higher IQs. Intellectual and Developmental Disabilities, 47(3), 220-233.

Stein, D. S., Blum, N. J., & Barbaresi, W. J. (2011). Developmental and behavioral disorders through the life span. Pediatrics, 128(2), 364-373.

Unrau, Y. A., Seita, J. R., & Putney, K. S. (2008). Former foster youth remember multiple placement moves: A journey of loss and hope. Children and Youth Services Review, 30(11), 1256-1266.

Vacaru, V. S., Sterkenburg, P. S., & Schuengel, C. (2018). Self-concept in institutionalized children with disturbed attachment: The mediating role of exploratory behaviours. Child: Care, Health and Development, 44(3), 476-484.

Van IJzendoorn, M. H., Luijk, M. P. C. M., & Juffer, F. (2008). IQ of children growing up in children's homes: A meta-analysis of IQ delays in orphanages. Merrill-Palmer Quarterly, 54(3), 341-366.

Van IJzendoorn, M. H., Palacios, J., Sonuga-Barke, E. J., Gunnar, M. R., Vorria, P., McCall, R. B., & Juffer, F. (2011). Children in institutional care: Delayed development and resilience. Monographs of the Society for Research in Child Development,

76(4), 8-30.

Wieland, J., & Zitman, F.G. (2016). It is time to bring borderline intellectual functioning back into the main fold of classification systems. BJPsych Bulletin, 40(4): 204-206.

World Health Organization. (1952). International statistical classification of diseases, injuries, and causes of death (6th ed.). Geneva: Author.

부록

[부록 1] 아동보호치료시설 설문조사

본 조사표에 기재된 내용은 통계법 제33조에 따라 비밀이 보장됩니다.
통계법 제33조(비밀의 보호 등에 대한 조항)
통계 작성 과정에서 알려진 사항으로서 개인 또는 법인이나 단체의 비밀에 속하는 사항은 보호되어야 한다

"가정외보호 경계선지능아동 지원체계 진단 및 내실화 방안 연구"
아동보호치료시설 설문조사

안녕하십니까?

국무총리실 산하 국책연구기관인 한국보건사회연구원에서는 『가정외보호 경계선지능아동 지원체계 진단 및 내실화 방안 연구』를 수행하고 있습니다. 본 연구의 일환으로 아동보호치료시설의 경계선지능아동 대상 보호·치료 기능의 현황, 어려움·한계, 개선사항, 지원욕구 등을 파악하고자 합니다. 본 조사는 2024년 8월 말 기준, 전국 12개소 아동보호치료시설 기관장을 대상으로 합니다. 설문 응답시간은 약 15분 정도 소요될 예정입니다. 귀하께서 본 조사 응답을 완료하시는 경우 감사의 의미로 3만원의 사례비를 지급합니다.

귀하께서 응답해 주신 모든 내용은 「통계법」 제33조(비밀보호) 및 제34조(통계종사자의 의무)에 따라 통계 목적으로만 사용되고, 그 비밀은 반드시 보장됩니다. 원하지 않으면 언제든지 조사 참여를 거절할 수 있고, 응답 도중 설문 참여를 중단할 수 있습니다. 조사 거절 및 중단으로 인한 위험과 불이익은 발생하지 않습니다. 개인정보보호법 시행령 제30조(개인정보의 안정성 확보 조치)에 의거 응답한 내용은 데이터화하여 한국보건사회연구원 내 보안처리가 되어있는 본 연구의 연구진 컴퓨터에 파일로 보관할 예정이며, 연구 종료 시 전량 폐기할 예정입니다.

귀하께서 응답하신 내용은 가정외보호 경계선지능아동을 위한 지원체계 진단 및 내실화 방안 모색을 위한 귀한 정책 자료로 활용됩니다. 연구의 최종결과물(연구보고서, 데이터, 녹취록 등)은 비식별화 절차를 거친 이후 공공데이터 제공 및 이용 활성화에 관한 법률 제26조(공공데이터의 제공)에 의해 공개될 수 있습니다. 조사결과는 연구용도로만 사용될 것이며, 국내외 사회복지 및 사회정책 분야의 연구 자료로 발표 및 게재될 수 있습니다.

본 조사가 연구의 소중한 자료로 활용될 수 있도록 귀하의 적극적인 참여를 부탁드립니다.
감사합니다.

2024년 9월
한국보건사회연구원 원장직무대행 강혜규
연구책임자: 한국보건사회연구원 임성은 부연구위원

연구에 대하여 궁금하신 사항은 다음으로 연락주시기 바랍니다.
조사 수행기관: 한국보건사회연구원 이주민 연구원(044-287-8240, joomin@kihasa.re.kr)

[조사 참여 동의서]

■ 본 연구에 관한 내용을 이해하고 아래의 구체적 항목에 동의하시면 서명해 주십시오.

1. 나는 본 연구의 설명문을 읽었으며 연구자와 이에 대하여 의논하였습니다.
2. 나는 면접 참여로 인한 위험과 이득에 관하여 들었습니다.
3. 나는 본 면접에 참여하는 것에 대하여 자발적으로 동의합니다.
4. 나는 언제라도 연구 참여를 철회할 수 있고 이러한 결정이 나에게 어떠한 해도 되지 않을 것을 압니다.
5. 나는 본 연구에서 얻어진 나에 대한 정보를 현행 법률과 한국보건사회연구원 생명윤리위원회 규정이 허용하는 범위 내에서 연구자가 수집하고 처리하는데 동의합니다.
6. 나는 관련 자료의 폐기와 방법에 대해 들었습니다.

■ 귀하는 위 사항들을 이해하였고, '가정외보호 경계선지능아동 지원체계 진단 및 내실화 방안 연구'의 아동보호치료시설 설문조사에 참여하는 것에 동의합니다.

☐ 동의함　　　　　☐ 동의하지 않음

2024년　월　일

참여자 이름: _____　서명: _____

[개인정보 제공 동의서]

■ 개인정보보호법에 따라 귀하의 개인정보를 다음과 같이 수집/이용하고자 합니다.

[개인정보 수집 목적]
아동보호치료시설 및 경계선지능아동 지원체계 진단을 위한 자료로 활용, 설문조사 참여 수당 지급을 위한 개인정보 수집

[개인정보 수집·이용 항목]
이름, 주민등록번호, 휴대전화번호, 계좌번호, 주소, 직함, 재직기간, 조사문항 의견 등

[개인정보 보유 및 이용기간]
상기 「개인정보의 수집·이용목적」을 달성하는데 필요한 기간 동안에 한하여 보유 및 이용됩니다.
다만, 수집 및 이용 목적이 달성된 경우에도 다른 법령 등에 의하여 보관의 필요성이 있는 경우에는 개인정보를 보관할 수 있습니다.

■ 귀하는 위 사항들을 이해하였고, '가정외보호 경계선지능아동 지원체계 진단 및 내실화 방안 연구'의 아동보호치료시설 설문조사에 참여하는 것에 동의합니다.

※ 본 연구에 참여 완료해주시는 경우 감사의 의미로 30,000원의 사례비를 지급하고자 하오니 별도 제공되는 수당지급내역 및 개인정보제공 동의서에 정보 작성을 부탁드립니다.

☐ 동의함　　　　　☐ 동의하지 않음

2024년　월　일

참여자 이름: _____　서명: _____

A. 일반 시설 현황

A1. 귀 기관의 설립연도는 언제입니까?

☐☐☐☐ 년 ☐☐ 월

A2. 귀 기관의 아동보호치료시설 유형은 무엇입니까?

> **응답가이드** 「아동복지법」 제52조(아동복지시설의 종류)
> 아동보호치료시설: 아동에게 보호 및 치료 서비스를 제공하는 다음 각 목의 시설
> 가. 불량행위를 하거나 불량행위를 할 우려가 있는 아동으로서 보호자가 없거나 친권자나 후견인이 입소를 신청한 아동 또는 가정법원, 지방법원소년부지원에서 보호위탁된 19세 미만인 사람을 입소시켜 치료와 선도를 통하여 건전한 사회인으로 육성하는 것을 목적으로 하는 시설(6호 처분 시설)
> 나. 정서적·행동적 장애로 인하여 어려움을 겪고 있는 아동 또는 학대로 인하여 부모로부터 일시 격리되어 치료받을 필요가 있는 아동을 보호·치료하는 시설

① 가형
② 나형
③ 가, 나 혼합형

A3. 귀 기관의 조직(운영)형태는 무엇입니까?

> **응답가이드**
> 1) 개인 사업체: 법인 또는 단체가 아닌 개인이 독립적으로 운영하는 사업체
> 2) 국가 및 지방자치단체: 입법·사법·행정기관, 국·공립학교, 국·공립 의료법인 등
> 3) 회사법인: 상법상의 주식회사·유한·합자·합명회사
> 4) 회사이외법인: 사립학교, 의료법인, 특수법인(법무 회계법인,공사,공단), 종교·재단·사단법인 등
> 5) 비법인단체: 법인격이 없는 종교단체, 종친회, 동창회, 후원회 등

① 개인 사업체
② 국가 및 지방자치단체
③ 회사법인
④ 회사이외법인   (☞ A3-1로 이동)
⑤ 비법인단체   (☞ A3-2로 이동)

A3-1. (A3의 ④ 응답자) 그렇다면 어떤 유형의 '회사이외법인'인지 선택해 주십시오.

① 종교법인   ② 학교법인   ③ 사회복지법인
④ 의료법인   ⑤ 특수법인   ⑥ 법무법인
⑦ 기타 비영리법인(_____)

A3-2. (A3의 ⑤ 응답자) 그렇다면 어떤 유형의 '비법인단체'인지 선택해 주십시오.

① 등록 민간단체
② 미등록 민간단체

A4. 2024년 6월 30일 기준으로 전체 종사자 수(정원, 현원)는 몇 명입니까? (기관장 포함)

정원	현원
명	명

A5. 2024년 6월 30일 기준으로 귀 기관의 고용 현황에 관한 질문입니다. 전체 종사자에 대해 다음의 인적 사항에 응답해 주시기 바랍니다. (기관장 포함)

구분	1) 직위	2) 직종	3) 성별	4) 연령	5) 경력기간	6) 자격증
보기 문항	① 기관장 ② 종사자	① 아동복지시설장 ② 사무국장 ③ 의사(또는 계약의사) ④ 간호사 또는 간호조무사 ⑤ 사무원 ⑥ 영양사 ⑦ 보육사 ⑧ 생활복지사 ⑨ 직업훈련교사 ⑩ 상담지도원 ⑪ 임상심리상담원 ⑫ 조리원 ⑬ 위생원 ⑭ 안전관리원 ⑮ 자립지원전담요원	① 남성 ② 여성	만 나이 기입	다른 기관의 경력을 포함하여 현재 하고 있는 일의 총 경력기간 기입	① 언어재활사 ② 청소년상담사 ③ 전문상담교사 ④ 특수학교교사 ⑤ 정신건강전문요원 ⑥ 임상심리사 ⑦ 사회복지사 ⑧ 국가자격증 없음 ⑨ 기타(직접 기입: 　)
1	(　　)	(　　)	(　　)	만　　세	년　　개월	(　　)
2	(　　)	(　　)	(　　)	만　　세	년　　개월	(　　)
3	(　　)	(　　)	(　　)	만　　세	년　　개월	(　　)
4	(　　)	(　　)	(　　)	만　　세	년　　개월	(　　)
5	(　　)	(　　)	(　　)	만　　세	년　　개월	(　　)
6	(　　)	(　　)	(　　)	만　　세	년　　개월	(　　)
7	(　　)	(　　)	(　　)	만　　세	년　　개월	(　　)
8	(　　)	(　　)	(　　)	만　　세	년　　개월	(　　)
9	(　　)	(　　)	(　　)	만　　세	년　　개월	(　　)
10	(　　)	(　　)	(　　)	만　　세	년　　개월	(　　)
11	(　　)	(　　)	(　　)	만　　세	년　　개월	(　　)
12	(　　)	(　　)	(　　)	만　　세	년　　개월	(　　)
13	(　　)	(　　)	(　　)	만　　세	년　　개월	(　　)
14	(　　)	(　　)	(　　)	만　　세	년　　개월	(　　)
15	(　　)	(　　)	(　　)	만　　세	년　　개월	(　　)

A6. **2023년 12월 31일 기준으로 귀 기관의 재무 실태에 관한 질문입니다. 연간 총 수입액과 총 지출액, 총 인건비를** 응답하여 주십시오.

| 응답
가이드 | - 연간 총 수입액: 2023년 1년간 총 수입액으로, 사업수입, 보조금수입, 후원금수입, 차입금, 전입금, 잡수입 등을 포함합니다.
- 연간 총 지출액: 2023년 1년간 총 지출액으로 사무비(인건비, 업무추진비, 운영비 포함), 사업비, 재산조성비, 전출금, 상환금, 잡지출 등을 모두 포함합니다.
- 인건비: 4대보험, 복리후생비 등 모든 급여와 수당을 포함합니다. |

분류	금액
연간 총 수입액 (단위: 원)	십억 , 억 천만 백만 , 십만 만 천 , 백 십 일 원
연간 총 지출액 (단위: 원)	십억 , 억 천만 백만 , 십만 만 천 , 백 십 일 원
연간 총 인건비 (단위: 원)	십억 , 억 천만 백만 , 십만 만 천 , 백 십 일 원

B. 보호아동 현황

B1. 2024년 6월 30일 기준으로 귀 기관에서 보호하고 있는 전체 아동 수는 몇 명입니까?

정원	현원
☐☐ 명	☐☐☐ 명

B2. 2024년 6월 30일 기준으로 귀 기관에서 보호하고 있는 아동에 대해 다음의 인적 사항 및 특성에 응답해주시기 바랍니다. (현원 기준)

응답 가이드	- 인적 사항 구분별 각 인원 수의 총합과 위 A5 문항의 현원 수와 일치해야 합니다. - 경계선지능아동: 지능지수(IQ) 71~84에 속하면서 인지·정서·사회적응 능력이 낮은 아동

구분		현원 기준 보호 아동 ☐☐☐ 명 중	
인적 사항	A6-1. 성별	① 남성 ☐☐ 명	② 여성 ☐☐ 명
	A6-2. 연령	① 0~2세 ☐☐ 명 ② 3~6세 ☐☐ 명 ③ 7~12세 ☐☐ 명	④ 13~16세 ☐☐ 명 ⑤ 17세 이상 ☐☐ 명
	A6-3. 부모/보호자 여부	① 있는 보호 아동 ☐☐☐ 명	② 없는 보호 아동 ☐☐☐ 명
특성	A6-4. 6호 처분 아동 수	☐☐☐ 명	
	A6-5. 아동 1인당 평균 입퇴소 기간	___년 ___개월	
	A6-6. 경계선지능아동 수	☐☐☐ 명	

C. 경계선지능아동 보호조치 및 진단 절차

C1. 아동보호치료시설로 아동 보호조치 절차

C2. 경계선지능아동 진단 ~ 복귀 절차

D. 경계선지능아동 지원 프로그램 현황

D1. 2024년 6월 30일 기준으로 귀 기관에서 보호 아동을 대상으로 운영 중인 프로그램에 대해 상세히 응답해주시기 바랍니다.

번호	1. 프로그램 명	2. 주 대상자	3. 이용 아동 수	4. 제공 주기(월)	5. 1회당 제공시간(분)
1	직접기입	① 모든 입소 아동 ② 6호 처분 아동 ③ 경계선지능아동	☐☐☐ 명	☐☐ 회	☐☐☐ 분
2	직접기입	① 모든 입소 아동 ② 6호 처분 아동 ③ 경계선지능아동	☐☐☐ 명	☐☐ 회	☐☐☐ 분
3	직접기입	① 모든 입소 아동 ② 6호 처분 아동 ③ 경계선지능아동	☐☐☐ 명	☐☐ 회	☐☐☐ 분
4	직접기입	① 모든 입소 아동 ② 6호 처분 아동 ③ 경계선지능아동	☐☐☐ 명	☐☐ 회	☐☐☐ 분
5	직접기입	① 모든 입소 아동 ② 6호 처분 아동 ③ 경계선지능아동	☐☐☐ 명	☐☐ 회	☐☐☐ 분
…					

D2. 귀 기관 내외부 자원 및 활용 현황

E. 전문인력 배치 현황 및 개선 방안에 대한 의견

E1. 전문인력 확보/운용/배치 현황

E2. 전문직 종사자 추가배치 필요성, 어떠한 자격이나 직종의 종사자 필요?

E3. 아동복지법 시행령 별표 14에 따른 종사자 배치기준(직종, 수)에 대한 의견

E1. 귀하는 경계선지능아동 지원체계의 개선 및 강화를 위해 <u>전문인력 자격기준을 강화하는</u> 것에 대해 어떻게 생각하십니까?
① 전혀 동의하지 않는다 　(☞ E1-3로 이동)
② 동의하지 않는 편이다 　(☞ E1-3로 이동)
③ 보통이다
④ 동의하는 편이다 　(☞ E1-1로 이동)
⑤ 매우 동의한다 　(☞ E1-1로 이동)

E1-1. (E1의 ④,⑤ 응답자)왜 강화되어야 한다고 생각하십니까?
① 진입장벽 강화를 통한 서비스 질 향상을 위해서
② 무분별하고 검증되지 않은 민간자격에 의한 질 저하 방지를 위해서
③ 자격수준과 실제 업무간 미스매칭을 해결하기 위해서

E1-2. (E1의 ④,⑤ 응답자)제공인력 자격기준을 강화한다면 <u>어떤 기준을 강화해야</u> 한다고 생각하십니까?
① 학력
② 전공
③ 자격증
④ 경력

E1-3. (E1의 ①,② 응답자)제공인력 자격기준을 <u>현재 수준으로 유지해야</u> 한다면, 이유는 무엇입니까?
① 현재의 서비스 품질도 충분한 수준임
② 자격기준에 맞는 제공인력 구인의 어려움
③ 자격기준을 강화하면 인건비가 상승하여 운영 부담이 커짐
④ 자격기준을 강화해도 실제 업무와의 미스매칭 해소는 어려움

F. 정부지원 정책 개선에 대한 의견

F1. 경계선지능아동 맞춤형 사례관리서비스 이용/성과/효과성

F2. 중앙정부 및 지자체 정책/지원 필요사항

F3. 관련 법(아동복지법 등) 개선 필요사항

F4. 아동보호치료시설의 역할 및 기능(아동보호치료시설 확대 또는 양육시설 등 기능 전환 방식으로 기능 등)

F5. 시설보호에서의 경계선지능아동 보호/지원 문제점, 애로사항, 개선 필요사항 등

F6. 귀하는 경계선지능아동·청소년 지원체계의 내실화를 위해 위해 가장 필요한 정책은 무엇이라고 생각하십니까?
① 서비스 제공인력의 전문성 강화
② 욕구 맞춤형 다양한 부가 서비스 제공
③ 서비스 이용시간 및 횟수 증대
④ 서비스 기관의 시설 및 환경 개선
⑤ 기타(직접 기입:)

♣ 설문에 응답해 주셔서 감사합니다 ♣

[부록 2] 국가기초학력지원센터 느린 학습자 선별 체크리스트(초등학생)

느린학습자 선별 체크리스트

교사(평가자)		검사일	년 월 일
학생 학년/반		학년 반	
학생 이름			

점수 집단 판정	원점수: 점		
	경계선 지능 위험군 ☐	경계선 지능 탐색군 ☐	일반군 ☐
1학년	64점 이상	58점 이상~64점 미만	58점 미만
2학년	62점 이상	53점 이상~62점 미만	53점 미만
3학년	59점 이상	53점 이상~59점 미만	53점 미만
4학년	60점 이상	54점 이상~60점 미만	54점 미만
5학년	56점 이상	51점 이상~56점 미만	51점 미만
6학년	60점 이상	52점 이상~60점 미만	52점 미만

※ 기타 의견:

※ 다음의 문항을 잘 읽으시고, 대상 학생에 해당되는 것에 √표 해 주세요.

문 항	그렇지 않다	조금 그렇다	그렇다	매우 그렇다
	1	2	3	4
언어				
1. 단순한 질문에는 대답하지만, 생각해야 하는 질문에는 논리적으로 표현하지 못한다.				
2. 상대방이 말한 의도를 제대로 파악하지 못한다.				
3. 말을 할 때 적절한 단어를 떠올리지 못해 머뭇거린다.				
4. 구체적으로 지시하지 않으면 엉뚱한 행동을 한다.				
5. 또래보다 어휘력이 부족하다.				
기억력				
6. 오늘 배운 내용을 다음날 물어보면 기억하지 못한다.				
7. 여러 번 반복해도 잘 기억하지 못한다.				
8. 방금 알려주었는데 돌아서면 잊어버린다.				
9. 연속적인 순서를 기억하지 못한다.				
10. 수업시간에 손을 들지만 물어보면 대답을 잊어버린다.				
11. 순서가 있는 활동에서 자신의 차례를 잊어버린다.				

지각			
12. 비슷한 글자나 숫자를 읽을 때 자주 혼동한다.			
13. 상하좌우 등 방향을 혼동한다.			
14. 비슷하게 발음되는 단어들을 듣고 구별하는 데 어려움이 있다.			
15. 간단한 그림이나 도형을 보고 그대로 따라 그리기 어려워한다.			
집중			
16. 과제를 할 때 주의가 산만해진다.			
17. 과제를 할 때 주의집중 시간이 짧다.			
18. 교사의 안내나 지시에 집중하지 못하고 관련 없는 행동을 한다.			
19. 수업시간에 과제에 집중하지 못하고 멍하니 앉아 있다.			
20. 주의집중을 필요로 하는 활동에서 또래보다 쉽게 지친다.			
처리속도			
21. 또래보다 학습속도가 느리다.			
22. 정해진 시간 내에 과제를 마치지 못한다.			
23. 칠판이나 책에 쓰여 있는 단어나 문장을 노트에 옮겨 적는 데 오래 걸린다.			
총점 (원점수)		점	

[부록 3] 국가기초학력지원센터 느린 학습자 선별 체크리스트(중학생)

중학교 경계선 지능 학생 선별을 위한 간편 체크리스트

학생 및 검사자 정보

학생이름		학교	중학교
성별	□ 남 □ 여	학년	□1학년 □2학년 □3학년
생년월일	년 월 일	반/번호	( )반 ( )번
검사자(교사명)		검사일	년 월 일

검사 결과

원점수			
절단점 점수	□ 66점 이하	□ 67-75점	□ 76점 이상
판정	일반군	경계선 지능 탐색군	경계선 지능 위험군

기타 의견

※ 다음의 문항을 잘 읽으시고 해당되는 것에 ✓표 해 주세요.

문항	전혀 그렇지 않다 1	그렇지 않다 2	보통이다 3	그렇다 4	매우 그렇다 5
집중	집중 문항 점수 합계(점)				
1. 수업 중 집중하는 시간이 짧다.					
2. 주어진 과제를 끝까지 완수하지 못할 때가 많다.					
3. 주어진 과제에 집중하지 못한다.					
4. 쉽게 산만해져 수업과 관련 없는 행동을 한다.					
기억	기억 문항 점수 합계(점)				
5. 초등학교 고학년 수준의 개념을 잘 이해하지 못한다.					
6. 수업 중 암기한 내용을 잘 기억하지 못한다.					
7. 조금 전에 읽었거나 들었던 내용을 질문하면 잘 대답하지 못한다.					
8. 반복하여 학습해도 진도가 나가지 않는다.					
추론	추론 문항 점수 합계(점)				
9. 문제 상황이 일어났을 때 원인과 결과를 파악하지 못한다.					
10. 일반적으로 예측 가능한 결과를 생각하지 못하고 행동한다.					
11. 문제를 해결하기 위한 절차나 방법을 알지 못한다.					
언어	언어 문항 점수 합계(점)				
12. 사용하는 어휘 수준이 또래보다 낮다.					
13. 글을 쓸 때 맞춤법에 오류가 많다.					
14. 글을 쓸 때 단순한 문장구조만 사용하거나 어색한 표현이 많다.					
15. 교사의 질문을 잘 이해하지 못한다.					
16. 대화 중 비유나 추상적인 표현을 잘 이해하지 못한다.					
17. 듣거나 읽은 내용을 다른 사람에게 제대로 설명하지 못한다.					
처리속도	처리속도 문항 점수 합계(점)				
18. 정해진 시간 내에 과제를 완료하지 못한다.					
19. 교사가 질문을 했을 때 대답이 느리다.					
20. 같은 내용을 학습할 때 또래보다 시간이 더 걸린다.					
21. 해야 할 과제 중에서 무엇을 먼저 해야 할지 모른다.					
총점					

Abstract

The Support System for Children with Borderline Intelligence in Out-of-Home Care
: Diagnosis and Policy Recommendations

Project Head: Lim, Sung Eun

This study was conducted to analyze the current status of support policies and the overall support system for children with borderline intelligence receiving out-of-home care. It aimed to diagnose existing conditions and explore ways to strengthen practical support and improve the support system. To this end, various research methods were employed, including analysis of domestic and international literature, quantitative and qualitative surveys, policy forums, and consultations.

First, the theoretical background related to borderline intelligence was examined. This included a review of the concept of borderline intelligence, diagnostic tools, support needs, interventions, and their effectiveness, based on analysis of domestic research and literature concerning children and adolescents in out-of-home care.

Second, the current status of and the support systems for children and adolescents with borderline intelligence in out-of-home care in Korea were analyzed. This involved examining diagnostic procedures, protection and support

---

Co-Researchers: Lee, Eun Joo·Park, Hyun Suk·Lee, Joo Min·Min, Koo Hong systems, and related laws and policies. We identified the status, characteristics, protection and support policy status, and limitations of children and adolescents with borderline intelligence residing in child care facilities, group homes, professional foster homes, youth shelters, and youth self-reliance support centers. These were analyzed separately under the child protection systems and youth protection systems, and implications for policy recommendations were drawn.

Third, the main issues of the borderline intelligence diagnosis and support system for children and adolescents in out-of-home care were analyzed. Focus group interviews (FGIs) were conducted with child protection specialists, facility directors and staff, and foster mothers to identify the status and limitations of support provided.

Fourth, the role of child protection and treatment facilities in supporting children with borderline intelligence was examined through a survey. Type B child protection and treatment facilities offer integrated protection and treatment for children with emotional and behavioral issues that arise from abuse. Although children with borderline intelligence are not specifically designated as target beneficiaries, many exhibit characteristics that overlap with those protected in these facilities.

Fifth, we derived ways to develop a support system for children and adolescents with borderline intelligence in out-of-home care based on the research results. By synthesizing the contents presented and discussed in previous studies, administrative and literature data analysis, field surveys, FGIs, and policy forums, and consulting with field practitioners and experts, we presented a development plan that can solidify the support system from diagnosis of borderline intelligence to support and aftercare.

Currently, the support system for children and youth with borderline intelligence is divided into the child welfare system and youth welfare system, each governed by separate legal frameworks. In the future, it is essential to establish a unified legal and institutional basis for an integrated service delivery system for this population.

Key words: Out-of-home care, children and youth with borderline intelligence, child protection system, youth protection system